国际贸易系列教材

INTERNATIONAL TRADE
THEORY AND PRACTICE

国际贸易
理论与实务

陈丽云 ◎主编

覃 娜 程炜杰 易海峰 ◎副主编

ZHEJIANG UNIVERSITY PRESS
浙江大学出版社
·杭州·

图书在版编目（CIP）数据

国际贸易理论与实务 / 陈丽云主编. -- 杭州 ：浙
江大学出版社，2025. 5. -- ISBN 978-7-308-26181-4

Ⅰ. F740

中国国家版本馆CIP数据核字第20250VB189号

国际贸易理论与实务

GUOJI MAOYI LILUN YU SHIWU

陈丽云　主　编

策划编辑	李　晨
责任编辑	陈丽勋
责任校对	潘英妃
封面设计	春天书装
出版发行	浙江大学出版社
	（杭州市天目山路148号　邮政编码310007）
	（网址：http://www.zjupress.com）
排　　版	杭州林智广告有限公司
印　　刷	杭州宏雅印刷有限公司
开　　本	787mm×1092mm　1/16
印　　张	14.25
字　　数	383千
版 印 次	2025年5月第1版　2025年5月第1次印刷
书　　号	ISBN 978-7-308-26181-4
定　　价	46.00元

浙江大学出版社市场运营中心联系方式：0571 - 88925591；http://zjdxcbs.tmall.com

PREFACE

随着全球经济一体化的加速，国际货物贸易的深度和广度不断扩大。在"一带一路"倡议的推动下，我国的国际货物贸易保持着快速发展的势头。2009 年，我国货物出口额首次超过德国，跃居世界第一；货物进出口总额仅次于美国，居世界第二。2013 年，我国货物贸易进出口总额首次突破 4 万亿美元大关，超过美国，位居世界第一；2014—2015 年，我国保持货物贸易进出口总额世界第一；2017—2023 年，我国货物贸易进出口总额连续 7 年居于世界首位。

我国积极推进改革开放，国际货物贸易保持良好的发展势头，民营企业已成为外贸的主力军。面对日益复杂的国际贸易环境和持续演变的国际货物贸易方式，市场迫切需要一大批高素质、复合型的国际货物贸易人才。

本教材响应党的二十大报告提出的"加快建设海南自由贸易港，实施自由贸易试验区提升战略，扩大面向全球的高标准自由贸易区网络"[①]的精神，结合近年来海南自由贸易港建设成果以及参与中国特色高水平高职学校和专业建设计划（简称"双高计划"）"国际经济与贸易专业群"的建设心得编写。为培养既掌握国际贸易基础理论，又熟知国际贸易法律、惯例，并能熟练掌握国际货物贸易合同履行操作流程及操作技能技巧的外贸从业者，我们将教材内容分为理论篇与实务篇两部分。理论篇主要介绍国际贸易的基本概念、国际贸易基本理论、国际贸易政策与措施，以及区域经济一体化。实务篇以进出口合同为主线，逐一介绍国际货物贸易交易磋商及合同的商定，国际货物贸易合同的品质、数量、包装等条款；国际贸易术语与商品的价格、国际货物运输与保险、国际贸易货款的结算，以及商品检验、索赔、不可抗力及仲裁；最后为进出口合同的履约。教材中每一章都设定学习的知识目标、技能目标、素养目标，并通过导入案例，引出本章知识内容，中间穿插"知识链接""案例分析"等内容，每章最后都有对应的导入案例分析并配有本章习题，便于学生的预习和复习，加深学生对所学知识的记忆和理解。本教材也可以作为国际货物贸易初学者的参考用书。

本教材由陈丽云担任主编，覃娜、程炜杰、易海峰担任副主编。参加本书编写的人员有海南经贸职业技术学院陈丽云（第四章、第十章、第十一章）、海南经贸职业技术学院覃娜（第七章、第八章）、山东外贸职业学院程炜杰（第五章、第六章）、河南经贸职

[①] 习近平：《高举中国特色社会主义伟大旗帜 为全面建设社会主义现代化国家而团结奋斗——在中国共产党第二十次全国代表大会上的报告》，人民出版社 2022 年版，第 33 页。

业学院易海峰（第一章、第二章）、海南经贸职业技术学院辛宪章（第三章）、海南经贸职业技术学院李晓欢（第九章）。全书由陈丽云统稿总纂。

本教材在编写过程中，得到了福州宝华进出口有限公司运营中心总监、佛山欧唯斯陶瓷有限公司副总经理林隆杰在案例素材与实务技能操作等方面的大力支持和协助，在此表示衷心的感谢。

由于编者水平有限，书中难免存在疏漏及不足之处，恳请广大读者批评指正。您的宝贵意见可发至：765208323@qq.com。

编　者
2025 年 4 月

目 录
CONTENTS

理论篇

第一章

国际贸易概述

◎ 学习目标

知识目标：

1. 理解国际贸易①的含义及实质

2. 熟练掌握国际贸易的基本概念及分类

3. 了解国际贸易的产生与发展历史

技能目标：

1. 能利用国际贸易的基本概念和指标描述一国或地区的贸易发展状况

2. 能领会国际贸易与国内贸易的异同，运用所学知识分析国际贸易财经新闻

素养目标：

通过学习我国对外贸易的发展，增强民族自豪感，激发爱国情怀

■ 导入案例

"十三五"时期，在党中央坚强领导下，我国积极应对保护主义和单边主义蔓延、新冠疫情严重冲击等重大风险挑战，外贸发展呈现出极强的韧性和蓬勃的活力，取得显著发展成就，为国内经济社会发展和全球共同发展作出积极贡献。

一是成为对外贸易第一大国。2020年，我国货物与服务贸易总额跃升至全球首位，贸易伙伴扩展至230多个国家和地区。货物贸易总额从2015年的3.95万亿美元增至2020年的4.65万亿美元，年均增长3.3%，国际市场份额从13.8%提升至14.7%，2017年起连续保持货物贸易第一大国地位。服务贸易总额从6542亿美元增至6617亿美元，稳居全球第二，服务出口年均增速达5.1%。

二是对外贸易结构持续优化。2020年新兴市场占货物进出口的比重达58.6%，较2015年提高2.7个百分点。中西部地区进出口占比达18.4%，提高3.6个百分点。机电产品出口占比达59.5%，提高1.9个百分点。一般贸易进出口占比达59.8%，提高5.8个百分点。消费品进口占比达10.8%，提高3个百分点。知识密集型服务贸易占服务进出口的比重达44.5%，提高17.1个百分点。

（资料来源：商务部《"十四五"对外贸易高质量发展规划》。）

请查阅相关资料，了解"十四五"期间我国推动对外贸易高质量发展的具体举措。

---

① 国际贸易发展到当下，其中的"国"已不能论以"主权国家"，需要以单独关境区来论之。比如，欧盟是由多个国家组成的关税同盟区。在我国，包括在建的海南自由贸易港在内的22个中国自由贸易试验区，以及174个海关特殊监管区域（保税区），其区内区外企业的交易都属于我国海关统计的国际贸易范畴；中国台湾、中国香港、中国澳门三个单独关境区都是世界贸易组织成员。

第一节 国际贸易的基本概念与分类

在经济全球化趋势日益明显，地球已成为"地球村"的今天，国际贸易已经成为连接各国或各地区经济发展的重要桥梁和连通各国或各地区经济脉搏的重要纽带。

一、国际贸易的基本概念

（一）国际贸易与对外贸易

国际贸易（international trade）是指国家（地区）间货物和服务的交换活动。国际贸易与对外贸易（foreign trade）是同一事物的两种不同称法。从全世界范围的角度看，一个国家（地区）与其他国家（地区）发生的贸易即为国际贸易，而从本国（地区）的角度看，就称之为对外贸易。

（二）对外贸易额与对外贸易量

1. 对外贸易额

对外贸易额（value of foreign trade），又称对外贸易值，是指在一定时期内（通常为一年）一个国家（地区）进出口商品的价值或金额。一般以本国（地区）货币或国际通用货币来表示，是反映一国（地区）对外贸易规模的重要指标。对于一国（地区）而言，一定时期内从境外进口商品的价值总额即为进口总额，向境外出口商品的价值总额即为出口总额，两者相加即为一国（地区）的对外贸易总额。如 2022 年我国对外贸易进出口总额达 63096 亿美元，同比增长 4.3%。其中出口 35936 亿美元，增长 6.9%；进口 21760 亿美元，增长 1.1%。

从全球来看，将世界上所有国家（地区）的进口总额或出口总额换算成同一种货币后加在一起，即为世界进口贸易总额或世界出口贸易总额。但需要注意的是，由于从世界范围看，一国（地区）的出口就是另一国（地区）的进口，因此世界贸易总额不能简单地由世界进口贸易总额和世界出口贸易总额相加得出，否则就重复计算了。一般而言，习惯以世界出口贸易总额表示世界贸易总额，如根据世界贸易组织（World Trade Organization，WTO）统计，以出口贸易总额表示的 2022 年世界贸易总额为 32 万亿美元，同比增长 11%。

2. 对外贸易量

对外贸易量（quantum of foreign trade）是以一定时期的不变价格为标准来计算的对外贸易额，即剔除价格变动因素来计算的贸易额。其原义是用进出口商品的数量、重量、长度、面积、体积等计量单位来表示进出口商品的多少和变化的实际情况。然而，世界各个国家（地区）的进出口商品种类成千上万，计量单位也各不一样，无法用统一的计量单位来表示世界或某国（地区）在一定时期的实际贸易量。而以货币金额表示的对外贸易额由于经常受到价格变动的影响，也不能准确地反映一国（地区）对外贸易的实际规模，尤其是不同时期的对外贸易额在相互比较时，可比性不强。于是人们使用一个替代办法，即以某年的价格为不变价格，计算出各年的进出口商品价格指数，用各年的进出口贸易值除以该年的进出口商品价格指数，把价格因素造成的贸易额变化剔除掉，就得到以不变价格计算的贸易额，以衡量实际进出口商品量的变化。对外贸易额和对外贸易量的换算公式如下：

$$对外贸易量 = 对外贸易额 / 对外贸易价格指数$$
$$对外贸易价格指数 = （报告期价格 / 基期价格）\times 100\%$$

【例题 1-1】我国 2018 年的进出口总额为 46224.4 亿美元，其中出口为 24867 亿美元，进口为21357.4亿美元。2022年的进出口总额为63096亿美元，其中出口为35936亿美元，进口为27160亿美元。若以2018年为基期，假定2022年的进口、出口价格指数分别为170%和165%，请计算我国2022年的对外贸易量。

解答：2022年的出口贸易量=35936/165%=21779.4（亿美元）

2022年的进口贸易量=21760/170%=12800（亿美元）

2022年的对外贸易量=21779.4+12800=34579.4（亿美元）

（三）贸易差额

贸易差额（balance of trade）是指一国（地区）在一定时期内出口总值与进口总值之间的差额。若一定时期内出口总值与进口总值相等，即为贸易平衡。出口总值大于进口总值则为贸易顺差，也称为出超或贸易黑字；出口总值小于进口总值则为贸易逆差，也称为入超或贸易赤字。通常贸易顺差以正数表示，贸易逆差以负数表示。表1-1为2023年世界货物贸易顺差（逆差）前10名的国家或地区。

表1-1 2023年世界货物贸易顺差（逆差）前10名情况

单位：亿美元

排名	国家/地区	顺差总额	排名	国家/地区	逆差总额
1	中国	5939	1	美国	11530
2	德国	2499	2	印度	2455
3	爱尔兰	1686	3	英国	2331
4	新加坡	1548	4	土耳其	863
5	沙特阿拉伯	1269	5	法国	823
6	瑞士	1249	6	菲律宾	659
7	俄罗斯	1216	7	日本	479
8	巴西	923	8	西班牙	375
9	荷兰	920	9	希腊	357
10	澳大利亚	834	10	罗马尼亚	313

资料来源：WTO。

（四）对外贸易商品结构与国际贸易商品结构

对于某一国家（地区）来说，对外贸易商品结构（composition of foreign trade）是指一定时期内一国（地区）进出口贸易中各类商品的构成，通常以某大类或某种商品的进出口贸易额在整个进出口贸易额中所占的比重表示。对外贸易商品结构可以反映出该国（地区）的经济发展水平、产业结构状况和科技发展水平。

知识链接1-1

国际贸易商品结构（composition of international trade）是指一定时期内国际贸易中各类商品的构成，通常以某大类或某种商品的进出口贸易额在整个国际贸易额中所占的比重表示。国际贸易商品结构可以反映出整个世界的经济发展水平、产业结构状况和科技发展水平。

【案例分析1-1】我国出口商品结构不断优化

2006年以来，我国陆续出台了限制部分高能耗、高污染及资源性产品出口的政策措施，此类产品出口持续下降，而机电产品及高新技术产品出口持续增长。我国出口商品结构不断优化，出口产品的质量、档次和附加值不断提高。

知识链接1-2

以人民币计算，2023年我国出口总值为23.77万亿元，同比增长0.6%。其中，机电产品出口13.92万亿元，占出口总值的58.6%；劳动密集型产品出口4.11万亿元，占出口总值的17.3%。机电产品中，电动载人汽车、锂离子蓄电池和太阳能电池等"新三样"产品合计出口1.06万亿元，首次突破万亿元大关，增长了29.9%。这表明，我国在以工业制成品为主的贸易格局中，出口商品结构不断改善，其主要特征表现为原有的低附加值的初级加工制成品出口逐步下降，而一些资本技术更加密集、附加值更高的深加工和精加工制成品出口不断增加，特别是机电产品、高新技术产品日益成为我国出口的重心所在。

（资料来源：根据商务部网站数据整理。）

（五）对外贸易地理方向与国际贸易地理方向

对外贸易地理方向（direction of foreign trade）又称对外贸易地区分布，是指一定时期内各个国家（地区）在一国（地区）对外贸易中所占的地位，通常以它们占该国（地区）进出口总额或进口总额、出口总额的比重来表示。对外贸易地理方向能够表明某一国（地区）出口商品的去向和进口商品的来源，从而反映某一国（地区）与其他国家（地区）之间经济贸易联系的程度。表1-2简要介绍了我国2020—2023年的对外贸易地理方向情况。

表1-2　我国2020—2023年对外贸易地理方向

2020年十大贸易伙伴	1.美国 2.日本 3.韩国 4.中国香港 5.中国台湾 6.越南 7.德国 8.澳大利亚 9.马来西亚 10.巴西
2021年十大贸易伙伴	1.美国 2.日本 3.韩国 4.中国香港 5.中国台湾 6.德国 7.澳大利亚 8.越南 9.马来西亚 10.巴西
2022年十大贸易伙伴	1.美国 2.韩国 3.日本 4.中国台湾 5.中国香港 6.越南 7.德国 8.澳大利亚 9.马来西亚 10.俄罗斯
2023年十大贸易伙伴	1.美国 2.日本 3.韩国 4.中国香港 5.中国台湾 6.俄罗斯 7.越南 8.澳大利亚 9.德国 10.马来西亚
主要顺差贸易伙伴	美国、中国香港、荷兰、印度、英国
主要逆差贸易伙伴	中国台湾、澳大利亚、巴西、俄罗斯、韩国

资料来源：根据商务部网站数据整理。

国际贸易地理方向（direction of international trade）也称国际贸易地区分布，用以表明世界各国（地区）在世界贸易中所占的地位，通常以各国（地区）进出口额占世界进出口额的比重或各国（地区）进出口总额占世界贸易总额的比重表示。

国际贸易地理方向用以表明各国（地区）在世界贸易中所占的比重大小，以显示各国（地区）对世界经济与贸易的影响，表明各国（地区）在国际贸易中的地位、参与度及依赖程度。

知识链接 1-3

（六）对外贸易依存度

对外贸易依存度（degree of dependence upon foreign trade）又叫对外贸易系数，以一国（地区）对外贸易额占该国（地区）国内生产总值（GDP）或国民生产总值（GNP）的比重来表示，用以反映该国（地区）经济发展对对外贸易的依赖程度、对外开放程度的高低以及对外贸易在国民经济中的地位。一般而言，一国（地区）的外贸依存度越高，表明该国（地区）经济发展对国际贸易的依赖程度越高，而且对外开放程度较高的国家（地区），其外贸依存度

也一般较高。

对外贸易依存度通常有三种表示方法，分别是对外贸易依存度、出口贸易依存度和进口贸易依存度。其计算公式分别为：

$$对外贸易依存度=对外贸易额/GDP×100\%$$
$$出口贸易依存度=出口贸易额/GDP×100\%$$
$$进口贸易依存度=进口贸易额/GDP×100\%$$

知识链接1-4

【例题1-2】某年世界国际贸易额为45000亿美元，该年A国的出口额为5500亿美元，进口额为5800亿美元，国内生产总值为85000亿美元。求：（1）该国在世界国际贸易额中所占的比重。（2）该国的对外贸易依存度。

解答：（1）[（5500+5800）/45000]×100%
= （11300/45000）×100%=25.11%
（2）[（5500+5800）/85000]×100%
= （11300/85000）×100%=13.29%

（七）贸易条件

贸易条件（term of trade）又叫交换比价或贸易比价，是一个国家（地区）以出口交换进口的条件，即两国（地区）进行贸易时的交换比例，是衡量一国（地区）一定时期出口盈利能力或对外贸易经济效益的重要指标。

贸易条件有两种表示方法：一是用物物交换表示，即用实物形态来表示的贸易条件，它不牵涉货币因素和物价水平的变动。当出口商品能交换到更多的进口商品时，说明贸易条件改善，反之则贸易条件恶化。二是用价格来表示的贸易条件，这种贸易条件就是一国（地区）所有的出口商品价格与所有的进口商品价格的比率。由于现实生活中参与国际交换的商品种类很多，而且价格水平也在不断变化，因此贸易条件指数通常用一定时期内的出口商品价格指数与进口商品价格指数之比来表示：

$$贸易条件指数（N）=（出口商品价格指数/进口商品价格指数）×100\%$$

知识链接1-5

应当强调的是，贸易条件中的价格是国际市场价格而非本国（地区）市场的价格，贸易条件的改善与恶化取决于所有出口商品和进口商品在国际市场的供求变化。一般来说，出口商品供大于求，会使出口商品价格下降从而使贸易条件恶化。如果进口商品供大于求，情况则相反。贸易条件的变化不仅取决于本国（地区）的行为，也取决于其他国家（地区）在国际市场上的行为。同时，本国（地区）或其他国家（地区）的贸易政策、汇率政策等都会影响贸易条件。

贸易条件指数除了可以从一国的角度来研究，还可以从一定的地区或整个世界范围内来考察。比如，可以计算出一定时期内世界上初级产品出口的贸易条件，即世界市场上初级产品与工业制造品的比价关系等。从第二次世界大战以后的情况来看，发展中国家初级产品的贸易条件一直趋于恶化。其中重要的原因在于工业制成品的生产率提高较快，而初级产品的生产率提高较慢。同时，初级产品的需求又相对下降。这是由各种替代品的出现，对原材料的消耗降低，以及需求的结构性转变等原因造成的。

二、国际贸易的分类

（一）出口贸易、进口贸易与过境贸易

按照国际贸易中商品流向的不同，可将国际贸易分为出口贸易（export trade）、进口贸易

（import trade）和过境贸易（transit trade）。

出口贸易是指将本国（地区）生产和加工的货物输出境外市场销售。不属于外销的货物则不能作为出口贸易，如运出境外供驻外领馆使用的物品和旅客个人携带的自用物品不列入出口贸易统计。

进口贸易是指将境外生产和加工的货物输入本国（地区）市场销售。同样，不属于内销的货物不能作为进口贸易，如外国使馆运进供自用的货物、旅客带入供自用的货物均不列入进口贸易。此外，从境外输入的货物未经加工又出口的情况称为复出口（re-export trade），如转口贸易。反之，从本国（地区）输出的货物未经加工又输入本国（地区）的情况称为复进口（re-import trade），如出口退货、未售出的寄售货物退回等。

过境贸易是指甲、乙两国进行货物贸易必须经过丙国国境运输时，对丙国而言就是过境贸易。如有些内陆国家同非邻国的贸易，其货物运输必须通过第三国的国境。在这种情况下，货物所有权不属于丙国，丙国也没有参加交易。不过，如果这类贸易是通过航空运输越过第三国，第三国海关不会将其列入过境贸易。

知识链接 1-6

（二）有形贸易与无形贸易

按照贸易标的的不同，可将国际贸易分为有形贸易（visible trade）和无形贸易（invisible trade）。有形贸易又称货物贸易，其交易标的为具体的、有形的实物商品，这些商品具有可触摸的、可看见的外在物理特性。海关对进出口贸易的监管和征税措施即是针对这类贸易。

无形贸易包括服务贸易和技术贸易，指没有实物形态的技术和服务的进出口交易，如运输、保险、旅游、租赁、技术等交换活动。随着生产力的发展和国际贸易范围的扩大，无形贸易占整个经济的比重不断提高。无形贸易的标的主要包括：①和商品进出口有关的一切从属费用收支，如运输费、保险费、商品加工费、装卸费等；②和商品进出口无关的其他收支，如国际旅游费用、外交人员费用、侨民汇款、使用专利特许权的费用、技术服务与技术咨询、工程承包、国外投资汇回的股息和红利、公司或个人在国外服务的收支等。

由于有形贸易的进口和出口都要办理海关通关手续，有形贸易金额都显示在一国（地区）的海关统计中。而无形贸易不经过海关办理手续，其金额无法反映在海关统计上。但这两种贸易额都是一国（地区）国际收支的重要组成部分，都会显示在该国（地区）的国际收支表上。

（三）总贸易体系与专门贸易体系

按照一国（地区）进出口贸易统计口径的不同，可将国际贸易分为总贸易体系（general trade system）与专门贸易体系（special trade system）。总贸易体系也称一般贸易体系，以国境为标准统计进出口货物。凡进入本国国境的货物一律列为总进口，凡离开本国国境的货物一律列为总出口。专门贸易体系亦称特殊贸易体系，以关境为标准统计进出口货物，即以货物经过海关办理结关手续为统计进出口的标准。总贸易体系与专门贸易体系都是各国（地区）用来登记进出口货物的统计方法，以表明一国（地区）在世界贸易中的地位和作用，但二者所侧重反映的问题有所不同。前者主要反映一国（地区）在国际商品流通中的地位和所起的作用，后者主要反映一国（地区）作为生产者和消费者在国际贸易中所具有的意义。

国境与关境是两个概念，国境指一个主权国家行使主权的领域范围，即疆域边界线；关境指一个主权国家行使关税权力的领域范围，即海关管辖的区域。一般情况下，国境即为关境。

当一国国境内设立有自由贸易区、保税区等经济特区时，国境大于关境，此时总贸易体系统计的贸易数额就会大于专门贸易体系。当几个国家结成关税同盟，对外实施统一的关税法令，对内免征关税时，一国的关境就向外延伸了，此时关境大于国境，总贸易体系统计的贸易数额就会小于专门贸易体系。

目前采用总贸易体系的有中国、美国、日本、英国、加拿大、澳大利亚等国。采用专门贸易体系的有德国、意大利、法国、瑞士等国。

（四）直接贸易、间接贸易与转口贸易

按照生产国和消费国在贸易中的关系，可将国际贸易分为直接贸易（direct trade）、间接贸易（indirect trade）与转口贸易（intermediary trade / re-export trade）。直接贸易是指货物生产国与货物消费国直接交易的行为。间接贸易是指货物生产国与消费国通过第三国进行交易的贸易。间接贸易是对生产国和消费国而言的；对第三国而言则称转口贸易，即商品生产国将商品售给第三国的商人，然后第三国的商人再将商品转售给商品消费国。

虽然都涉及第三国，但转口贸易与过境贸易还是不同的，过境贸易与转口贸易的区别在于第三国是否直接参与商品的交易过程和第三国是否以营利为目的。第三国以营利为目的参与交易就是转口贸易，第三国没有参与交易就是过境贸易。另外，转口贸易的货物可以从生产国直接运往消费国，也可以间接运输，即经过转口国运往消费国；而过境贸易一定是间接运输。

（五）现汇贸易、记账贸易与易货贸易

按照结算方式的不同，可将国际贸易分为现汇贸易（cash trade）、记账贸易（clearing account trade）与易货贸易（barter trade）。

现汇贸易也称自由结汇贸易，是指采用可自由兑换的货币进行结算的贸易。目前国际贸易中可自由兑换的货币主要有美元、欧元等。记账贸易是指由两国政府签订贸易协定或支付协定，按照记账方法进行结算的贸易，即贸易往来不用现汇逐笔结算，而是到期后一次性结清。易货贸易是指以经过计价的实物来结算的贸易，即以货物换货物。它一般适用于贸易双方国家的货币无法自由兑换或缺少可自由兑换货币的情况，双方将进口和出口直接联系起来，互通有无，能够基本达到进出口平衡。

（六）一般贸易、加工贸易与对销贸易

按照贸易方式的不同，可将国际贸易分为一般贸易（general trade）、加工贸易（processing trade）和对销贸易（counter trade）。

一般贸易是指单纯或绝大部分使用本国资源和材料进行生产与出口的贸易方式。加工贸易是指从境外保税进口全部或部分原辅材料、零部件、元器件、包装物料等进口料件，经境内企业加工或装配后，制成品复出口的经营活动，包括来料加工和进料加工。来料加工和进料加工都属于"两头在外，中间在内"的加工贸易。

广义的来料加工包括来料加工和来件装配两种，指由外商提供一定的原料或配件，由国内企业按照外商的要求加工或装配成成品或半成品交给外商处置，并按协定的标准向外商收取加工费。在这种贸易方式中，原料和成品的所有权始终属于委托方，受托方只提供劳务并收取约定的加工费，因此，这种委托加工的方式属于劳务贸易的范畴，是以商品为载体的劳务出口。进料加工一般指从国外购进原料，加工生产出成品再销往国外。由于进口原料的目的是扶植出口，因此进料加工又称"以进养出"。

对销贸易包括易货贸易或补偿贸易，是指在互惠的前提下，由两个或两个以上的贸易方达成协议，规定一方的进口产品可以部分或全部以对方的出口产品来支付。对销贸易不同于单边进出口，实质上是进口与出口相结合的贸易方式，这样做有利于保持国际收支平衡，对外汇储备较紧张的国家具有重要意义。

知识链接 1-7

第二节　国际贸易的产生与发展

一、国际贸易的产生

国际贸易不是人类社会一产生就有的，它是人类社会生产力发展到一定阶段才产生和发展起来的，是一个历史的范畴。国际贸易的产生必须具备两个基本条件：一是要有可供交换的剩余产品；二是存在国家或各自为政的社会实体。

在原始社会初期，生产力水平极低，劳动成果仅能维持群体最基本的生存需要，不可能有用以交换的剩余产品，自然也就不存在国际贸易。国际贸易产生的两个基本条件是伴随着人类社会三次大分工而出现的。无论是畜牧业与农业的分离、手工业与农业的分离，还是商业的出现，每次社会大分工都促进了社会生产力的发展和剩余产品的增加，同时也促进了私有制的发展和奴隶制的形成。于是在原始社会末期和奴隶社会初期，随着阶级和国家的出现，商品交换超出了国界，便产生了国际贸易的萌芽。

可见，在社会生产力和社会分工得到发展的前提下，商品生产和交换的扩大，以及国家的形成是国际贸易产生的必要条件。

二、国际贸易的发展

（一）奴隶社会的国际贸易

在奴隶社会出现了国际贸易的萌芽。奴隶社会是奴隶主占有生产资料和奴隶的社会，自给自足的自然经济占主导地位，虽然出现了手工业和商品生产，但进入流通的商品数量很少。同时，由于交通工具简陋，道路条件恶劣，对外贸易的范围、规模和内容都受到了很大限制。

奴隶社会的对外贸易是为奴隶主阶级服务的，其贸易的对象主要是奴隶、粮食、酒以及专供奴隶主阶级享用的奢侈品，如宝石、香料和各种织物等。当时从事国际贸易的国家主要有腓尼基、古希腊、古罗马等，他们在地中海东部和黑海沿岸地区从事贩运贸易。

（二）封建社会的国际贸易

在封建社会，生产力得到了进一步发展，人们的活动范围有所扩大，国际贸易有了较大的发展。

首先，参加国际贸易的商品种类有所丰富。除了奢侈品，还有日用手工业品和食品，如棉织品、地毯、瓷器、谷物和酒等。这些商品主要供国王、君主、教会高层、封建地主和部分富裕的城市居民享用。

其次，贸易的地理范围有所扩大。亚洲各国的贸易范围由近海扩展到远洋。如中国在西汉时期，开辟了从长安经中亚通往西亚和欧洲的陆路商路——丝绸之路，用中国的丝绸、茶叶换回良马、种子、药材和饰品等。到了唐朝，开辟了通往波斯湾的"海上丝绸之路"以及与朝鲜和日本等地的海上贸易。明朝的郑和下西洋，经东南亚、印度洋到达非洲东海岸，到达 30 多个国家并与之开展贸易。在欧洲，11 世纪以后，随着意大利北部和波罗的海沿岸城市的兴起，国际贸易的范围由地中海东部逐步扩展到整个地中海以及北海、波罗的海和黑海的沿岸地区。当时，南欧的贸易中心是意大利的一些城市，如威尼斯、热那亚等，北欧的贸易中心是汉撒同盟的一些城市，如汉堡等。

（三）资本主义时期的国际贸易

真正具有世界性质的国际贸易是在资本主义生产方式确立之后，在资本主义生产方式下出现的。随着国际贸易的规模急剧扩大，国际贸易活动遍及全球，贸易商品种类日益繁多，国际贸易越来越成为影响世界经济发展的重要因素之一。

1. 15 世纪末至 16 世纪初的地理大发现

15 世纪末至 16 世纪初，随着欧洲人航行探险而出现的一系列地理大发现，开辟了连接世界各地的新航路，扩大了国际贸易的范围，将世界各国联系起来，真正意义上的国际贸易由此发展。1492 年，意大利人哥伦布率领的西班牙船队发现了美洲新大陆；1497 年，达·伽马率领的葡萄牙船队绕过好望角，打通了欧洲通往印度的新航路；1519—1522 年，麦哲伦率领的西班牙船队环球航行成功。

这些地理大发现对西欧经济发展和全球国际贸易产生了十分深远的影响。大批欧洲冒险家通过对其发现的"新大陆"进行掠夺性的国际贸易，这既加速了原始资本积累，为资本主义生产方式的产生提供了足够的劳动力、资本和市场，同时又大大促进了国际贸易的发展。随着贸易范围的扩大和贸易量的增加，国际贸易的商品种类和数量迅速增加，也产生了一批新型商业机构。英国人托马斯·孟（Thomas Mun）在其 1664 年出版的代表作《英国得自对外贸易的财富》中就写道，对外贸易是"国王的大量收入，国家的荣誉，商人的高尚职业，我们的技艺的学校，我们的需要的供应，我们的贫民的就业机会，我们的土地的改进，我们的海员的培养，我们的王国的城墙，我们的财富的来源，我们的战争的命脉，我们的敌人所怕的对象"[1]。

2. 18 世纪 60 年代至 19 世纪中期的第一次工业革命

18 世纪后半叶，从英国开始的第一次工业革命推动了国际贸易的发展，同时国际贸易成为资本主义经济的重要组成部分。蒸汽机、织布机、冶金新技术等的发明和应用使工场手工业发展到机器大工业，大大提高了社会生产力，使可供交换的商品种类和数量空前丰富，这些丰富的商品很快便使国内市场饱和；同时交通运输和通信联络的发展，缩短了各国的距离，也推动了国际贸易的发展，从原先局部的、地区性的交易活动转变为全球性的国际贸易。

3. 19 世纪 70 年代至 1914 年的第二次工业革命

19 世纪 70 年代开始的第二次工业革命，主要发生在德国和美国。石油勘探和开采技术、发电技术、照明技术、电信技术、各种化学产品的发明和生产使这些资本主义强国的经济进一步增强，资本主义进入垄断阶段。为追求高额垄断利润，他们积极向世界市场扩张，争夺商品销售市场、原料产地和投资场所。加上苏伊士运河（1869 年）、巴拿马运河（1914 年）的建成，电缆的出现，进一步降低了贸易成本，极大地推动了国际贸易的发展，国际贸易也成为垄断组织追求高额垄断利润的手段。

工业革命显著加速了国际贸易增长：18 世纪初至 19 世纪初的 100 年间，世界贸易总额仅

---

① 托马斯·孟：《英国得自对外贸易的财富》，袁南宇译，商务印书馆 1997 年版，第 89 页。

增长 1 倍多；而 19 世纪 70 年代后，在第二次工业革命的推动下，贸易规模呈爆发式增长（如 1870—1913 年间增长约 6.7 倍，年均增长率达 9%）。

（四）第二次世界大战后的国际贸易

两次世界大战之间，资本主义世界爆发了三次经济危机，战争的破坏和空前的经济危机使世界工业生产的发展极为缓慢，且贸易保护主义显著增强，国际贸易的发展几乎停滞。1913—1938 年，世界贸易量只增长了 3%，年增长率为 0.7%，世界贸易额减少了 32%。

第二次世界大战以后，世界进入了一个较长的和平时期，在各种因素的共同推动下，国际贸易进入了飞速增长时期。1950—2000 年的 50 年中，世界商品出口总值从 610 亿美元增加到 79210 亿美元，增长约 129 倍，超过了以往历史上任何一个时期的国际贸易增长速度。世界贸易的增长速度（年均 6%）超过同期世界 GDP 的增长速度（年均 3.8%）。

这段时期国际贸易的增长主要得益于两个方面。

一是战后出现的第三次科技革命和 20 世纪 90 年代的信息产业革命。第二次世界大战后，以美国为先导出现了以原子能、电子、合成材料、航天技术和生物技术为代表的新的技术革命，产生了一系列新的产业，包括原子能产业、半导体工业、石油工业、化学工业、电子工业、宇航工业、生物工业等。这些新产业的发展带来了大量新的工业品，使国际贸易的产品更加丰富，制成品越来越成为国际贸易的主要产品。20 世纪 90 年代以后，以互联网为代表的现代信息技术革命进一步推动了这场规模大、范围广、影响深的技术革命，它不仅创造了一个新的产业，还为现代贸易提供了新的信息交流和交易方式。

二是战后国际经济秩序的重建，特别是 1995 年 WTO 的成立，为国际贸易的发展提供了一个相对稳定、公正和自由的环境。1995—2004 年，世界经济总量增加了 40%，而国际贸易增长了 76.7%。国际贸易的增长速度远远高于世界经济的增长速度，且在各国的经济发展中占据越来越重要的地位。

第二次世界大战以后，伴随着世界经济与政治格局的变化，国际贸易的发展大致经历了三个阶段。

1. 第一阶段：迅速发展阶段

第一阶段是从第二次世界大战结束到 1973 年，是国际贸易迅速发展的"黄金时代"。从 1948 年到 1973 年，世界出口贸易量的增长速度达到年均 7.8%，大大超过战前的 0.7%，且超过同期的世界工业生产增长率 6.1%。这一阶段，国际贸易能够迅速发展主要是得益于良好的外部宏观环境。

1947 年 6 月 5 日，美国国务卿乔治·马歇尔（Geroge Marshall）在哈佛大学演讲中提出援助欧洲的构想（后称"马歇尔计划"）。经国会批准，该计划于 1948 年 4 月正式启动，至 1951 年结束，累计拨款 131.5 亿美元，覆盖西欧 16 国，其中 2/3 由西欧国家用来偿付美国货物的进口，这在客观上对缓解美元荒、推动国际贸易的发展起到了重要的作用。其次，为了促进贸易的自由化发展，关税与贸易总协定于 1948 年 1 月 1 日生效。在关税与贸易总协定的推动下，各国的贸易障碍和壁垒大幅减少，为国际贸易的发展营造了宽松自由的环境。最后，战后出现的以原子能、电子、合成材料、生物技术、航天技术为代表的新技术革命使一些新产业得以出现，这些新产业的出现不仅使贸易的产品更加丰富，而且还使国际分工更加深化，促进了产业内贸易的发展。

2. 第二阶段：缓慢发展甚至停滞阶段

第二阶段是从 1974 年到 20 世纪 80 年代初期的经济危机期间，国际贸易发生急剧变化，陷入停滞和混乱。在这段世界经济的动荡时期，两次石油危机引发了西方国家的经济危机，并且出现了经济停滞和通货膨胀并存的滞涨局面，各国的生产和贸易发展速度都大大下降，经济普遍出现衰退。新贸易保护主义抬头，非关税措施的种类和使用大大增加，破坏了战后相对稳定的自由贸易环境。同时，随着西欧和日本经济的恢复与发展，美国的贸易和经济地位相对衰落，西方国家之间矛盾加剧。美国的贸易逆差和国际收支失衡动摇了美元的地位，国际贸易和金融秩序陷入一片混乱，各种主要货币出现自由浮动，"布雷顿森林体系"瓦解。

知识链接 1-8

3. 第三阶段：深入发展阶段

第三阶段是从 20 世纪 80 年代中期至今，国际贸易进入深入发展的时期。一方面，乌拉圭回合多边谈判建立起更加全面和完善的协调国际经贸关系的法律规范体系，涵盖了农产品贸易、服务贸易、知识产权、与贸易有关的直接投资等问题，再加上 1995 年 WTO 的成立，大大推动了贸易自由化的进程，并为国际贸易营造了一个相对稳定、公正和自由的环境。另一方面，20 世纪 90 年代以互联网为代表的信息技术革命不仅促进了技术的发展，而且还推动了产业结构的调整和服务贸易的发展。

三、当代国际贸易的发展趋势及特点

进入 21 世纪以来，随着经济全球化的进一步深入，国际贸易在世界经济发展中扮演着重要角色，而且国际贸易在各个国家经济发展中的地位和作用日益重要。

（一）发达国家一直是国际贸易的主体

在全球贸易格局中，虽然发展中国家在国际贸易中的占比呈上升趋势，但发达经济体仍在国际贸易中占有绝对比重。无论是在国际服务贸易还是在国际货物贸易中，发达国家所占比重都远高于发展中国家。根据 WTO《2022 年世界贸易统计评论》，在 2021 年国际货物贸易中，发达国家货物贸易进出口总额占国际货物贸易总额的 43.9%，而发展中国家占 34.9%。2021 年，发达国家服务贸易进出口总额占国际服务贸易总额的 49.3%，而发展中国家仅占 20.8%。

（二）国际贸易商品结构向高科技、服务业发展

根据 WTO《2022 年世界贸易统计评论》，截至 2021 年，工业制成品占世界货物贸易比重超过 75%，其中高新技术产品占制成品出口的 20%，且比重持续上升。国际服务贸易占比从 1985 年的 16.1% 增长至 2019 年的 20%，但受新冠疫情影响，2020 年短期下滑至 18%。

（三）区域性经济合作组织迅速发展

近年来，经济全球化与区域经济一体化已成为世界经济发展的重要趋势。区域化和全球化相互补充、相互促进。特别是，由于 WTO 新一轮多边谈判步履维艰，全球范围内区域经济合作发展的速度大大加快，各地区相继建立或正筹划建立各种形式的经济一体化组织。根据 WTO 数据，在 WTO 备案的地区经济集团有 260 个左右，涉及 97% 的 WTO 成员。其中，欧盟多次吸收新的成员，目前已成为全球最大、拥有 27 个成员的经济一体化组织。中国与东南亚国家联盟早于 2010 年 1 月 1 日成立中国—东盟自由贸易区。中国、日本、韩国、澳大利亚、新西兰和东盟十国于 2020 年 11 月 15 日正式签署《区域全面经济伙伴关系协定》，标志着世

界上人口最多、经贸规模最大、最具发展潜力的自由贸易区正式启航。

区域性经济合作组织的迅速发展使贸易自由化、生产国际化和经济一体化不断突破国家和地域的限制，使各国和各地区之间的经济联系日益增强，推动经济全球化进入一个新的发展阶段。通过区域经济合作来推进一国或地区的经济贸易增长，已成为当今国际经贸发展的重要趋势。

（四）跨国公司已成为国际贸易的重要角色

第二次世界大战以后，跨国公司的数量急剧增加，其总数从 1993 年的 3.5 万家增加到 2020 年的将近 8 万家，在全球的子公司数量已超过 70 万家。特别是近年来，随着经济全球化步伐的加快，跨国公司在全球范围内配置资源、扩张经营，获得了更加有利的环境。当前，跨国公司在全球的生产、贸易和投资中均居于主要地位。跨国公司所生产和销售的产品与服务约占世界 GDP 的 1/3，跨国公司内部以及它们之间所进行的贸易约占世界贸易额的 70%，跨国公司对外直接投资占世界对外直接投资的 90% 左右。世界科技研究和开发以及科技成果转让的绝大部分也是跨国公司进行的。有些跨国公司是真正的"巨人"，它们的年销售额都是以千亿美元计的，甚至超过了一些国家的国民收入总值。

当前，跨国投资已成为国际贸易的加速器，不仅带动了东道国的对外贸易量，也使跨国公司内部贸易量急剧增长。跨国公司作为国际贸易主体的特征日益突出。

（五）电子商务广泛应用，无纸贸易和网上贸易发展迅速

20 世纪 90 年代，随着信息技术的发展，计算机、互联网等高科技手段在国际贸易中广泛应用，出现了电子商务这种新型的贸易手段，无纸贸易和网上贸易发展迅速。20 世纪 90 年代之前的全球电子市场交易额屈指可数，到 1997 年迅速达到 300 亿美元左右，2000 年增至 2500 亿美元。2019 年全球电子商务销售额跃升至 26.7 万亿美元，较 2018 年增长 4%。这包括企业对企业（business to business，B2B）和企业对消费者（business to consumer，B2C）的销售额，相当于当年全球 GDP 的 30%。电子商务以其自身特有的优势，使信息跨国界传递和资源共享得以实现，从而使各国间的经济、贸易联系大大加强，并推动经济全球化进一步深入。

（六）世界贸易体制加强，贸易自由化成为贸易政策的主流

第二次世界大战以后，为了促进世界经济的恢复与重建，1947 年建立了关税与贸易总协定，成为世界贸易体制的组织和法律基础。通过关税与贸易总协定主持下的多边贸易谈判，关税不断下调，非关税壁垒受到约束，推动了其各缔约方的贸易自由化。经济全球化的发展，促使世界贸易体制得到加强，1995 年建立的 WTO 取代了 1947 年的关税与贸易总协定。WTO 管理的贸易协定与协议，从货物延伸到投资、服务贸易和知识产权等领域，使世界贸易体制更加巩固和完善，使贸易自由化向纵深发展。

（七）中国贸易地位崛起

新中国成立后的前 10 年，中国对外贸易开始起步。20 世纪 60 年代中国对外贸易发展总体缓慢，70 年代中国对外贸易发展总体处于停滞状态。1978 年实施改革开放以后，中国对外贸易进入了快速发展时期，占世界出口贸易额的比重从 1980 年的 0.9% 上升到 2000 年的 3.9%；同期，在国际贸易中的名次从第 26 位提高到第 7 位。自 2001 年加入 WTO 之后，中国对外贸易高速发展，占世界货物出口贸易额的比重从 2001 年的 4.3% 上升到 2020 年的 15.8%，并从 2017 年起连续保持货物贸易第一大国地位。

◇ 导入案例分析

我国外贸在"十三五"期间的高质量发展，首先得益于我国外贸政策体系的日益完善。党中央、国务院出台贸易高质量发展、对外贸易创新发展等重要文件，明确新形势下外贸发展方向和任务。多轮稳外贸政策措施及时出台。外贸"放管服"改革持续推进，原油等重要商品进出口管理体制更加完善，"十三五"末进口关税总水平降至 7.5%，出口退税进度不断加快，贸易便利化协定全面落实，跨境贸易便利化水平不断提升。

其次得益于贸易新业态新模式快速发展。"十三五"期间跨境电商综试区增至 105 个，区内企业建设海外仓超过 1800 个，跨境电商零售进口试点扩大至 86 个城市及海南全岛，跨境电商进出口规模较 2015 年增长 9 倍。市场采购贸易方式试点增至 31 个，出口规模增长 3 倍。服务贸易创新发展试点地区增至 28 个，31 个服务外包示范城市加快转型升级，42 个特色服务出口基地加快建设，"一试点、一示范、多基地"服务贸易平台体系基本建立。与贸易相关的知识产权保护全面加强。

外贸有力促进了国内产业转型、消费升级和国际收支平衡，直接和间接带动就业人数达 1.8 亿人。边境贸易有效助力脱贫攻坚、兴边富民。"十三五"时期，我国进口对全球进口增长贡献率达 34.9%。中国国际进口博览会等重要展会成为广受欢迎的国际公共产品。新签和升级 8 个自贸协定，《区域全面经济伙伴关系协定》（RCEP）成功签署。在二十国集团、亚太经合组织、金砖国家、上合组织等提出一批"中国方案"，积极参与 WTO 改革，推动"南南合作"和"促贸援助"，为全球经济治理作出积极贡献。

📝 本章练习

一、单项选择题

1. 一国的进出口贸易收支状况用（　　　　）来表明。

A. 对外贸易额　　　　B. 贸易差额　　　　C. 有形贸易　　　　D. 无形贸易

2. 国际贸易是指世界各国（地区）之间的（　　　　）。

A. 货物和服务的交换　　　　　　B. 货物的交换

C. 服务的交换　　　　　　　　　D. 汽车与农产品的交换

3. 从一国对外贸易的角度来说，（　　　　）是指一国对外贸易额的地区分布和国别分布的状况。

A. 贸易的商品结构　　　　　　　B. 贸易条件

C. 贸易的地理方向　　　　　　　D. 贸易差额

4. 本国商品输往国外，未经加工又输入国内称为（　　　　）。

A. 复出口　　　　B. 复进口　　　　C. 转口贸易　　　　D. 过境贸易

5. 下列表述正确的是（　　　　）。

A. 有形贸易显示在海关统计上，也显示在国际收支表上

B. 有形贸易不显示在海关统计上，显示在国际收支表上

C. 无形贸易显示在海关统计上，也显示在国际收支表上

D. 无形贸易显示在海关统计上，不显示在国际收支表上

6. 商品生产国与消费国通过第三国进行的贸易叫作（　　　　）。

A. 直接贸易　　　　B. 间接贸易　　　　C. 转运贸易　　　　D. 过境贸易

7.国境（   ）关境。

A.大于　　　　　　　　B.等于　　　　　　　　C.小于　　　　　　　　D.大于、等于或小于

8.下列不属于专门进口的是（   ）。

A.为国内消费和使用而直接进入的进口货物

B.进入海关保税工厂的进口货物

C.为国内消费和使用而从海关保税仓库中提出的货物以及从自由贸易区出口的货物

D.进入海关及从自由贸易区进口的货物

9.能反映对外贸易的实际规模，便于各个时期进行比较的指标（   ）。

A.对外贸易值　　　　　　　　　　　　B.对外贸易额

C.对外贸易量　　　　　　　　　　　　D.对外贸易依存度

10.一国在一定时期内出口额大于进口额则形成（   ）。

A.净出口　　　　　　B.净进口　　　　　　C.贸易顺差　　　　　　D.贸易逆差

二、多项选择题

1.下面属于无形贸易的有（   ）。

A.机器及运动设备　　　　　　　　　　B.货物运输费、保险费

C.旅游费用　　　　　　　　　　　　　D.专利使用费

2.一国的对外贸易商品结构可以反映出该国的（   ）。

A.经济发展水平　　　　　　　　　　　B.产业结构状况

C.科技发展水平　　　　　　　　　　　D.对外贸易依存度

3.国际贸易与国内贸易的一致性表现在（   ）。

A.都是商品和劳务的交换　　　　　　　B.商品都是从生产者向消费者转移的

C.交换过程基本相同　　　　　　　　　D.经营的目的都是取得经济效益

4.当进口总额超过出口总额时，可称之为（   ）。

A.贸易顺差　　　　　B.贸易逆差　　　　　C.入超　　　　　D.出超

三、判断题

1.净出口是指一定时期内一国的出口值大于进口值的情况。　　　　　　　（   ）

2.对外贸易产生于封建社会末期。　　　　　　　　　　　　　　　　　　（   ）

3.对外贸易为资本主义生产方式的形成创造了条件。　　　　　　　　　　（   ）

4.在资本主义垄断时期，竞争不复存在。　　　　　　　　　　　　　　　（   ）

5.国际贸易是各国经济活动相互传递的重要渠道。　　　　　　　　　　　（   ）

6.国际贸易值是以货币表示的，而国际贸易量是以数量表示的。　　　　　（   ）

7.转口贸易可以是直接运送，也可以是间接运送。　　　　　　　　　　　（   ）

8.服务贸易不显示在海关统计上，但它是国际收支的组成部分。　　　　　（   ）

9.生产力的发展和社会分工的扩大是对外贸易产生与发展的基础。　　　　（   ）

10.一国的贸易顺差表明该国处于有利的贸易地位。因此，贸易顺差越多越好。（   ）

四、简答题

1.过境贸易、转口贸易及间接贸易的联系与区别是什么？

2.简述国际贸易相对于国内贸易有哪些特点。

3.简述总贸易体系与专门贸易体系的异同点。

第二章

国际贸易基本理论

◎ 学习目标

知识目标：

1. 掌握古典贸易理论的基本内容和结论

2. 掌握新古典贸易理论的基本内容和结论

3. 熟悉当代国际贸易理论的主要观点

技能目标：

1. 能运用所学理论知识，分析不同时期国际贸易发展的动因、模式及贸易利益的分配

2. 能运用所学理论知识，分析各国选择恰当贸易模式与实施策略的理论依据和现实依据

素养目标：

通过学习国际贸易基本理论，探究历史，培养批判性思维和创造性思维，提高思维能力和分析能力

■ 导入案例

欧盟是世界三大经济体之一和最大的经济一体化集团，也是我国历来最重要的贸易伙伴之一。尽管受到新冠疫情影响，中欧贸易近年来仍呈现强大韧性和活力。中国自2020年起取代美国成为欧盟第一大贸易伙伴，欧盟是中国第二大贸易伙伴。从"量"上看，2021年中欧贸易额首次突破8000亿美元，双向投资稳中有进，规模累计超过2700亿美元。从"质"上看，中欧贸易结构不断优化，航空航天、生物、光电、电子等领域贸易增长显著。经贸交流不断深入，中欧经贸高层对话等各层级交流机制持续发挥作用，地方和企业合作平台更加完善。中欧班列也不断跑出"加速度"。2021年，中欧班列开行量和货运量再创历史新高，全年开行1.5万列，运送146万标箱，比上年分别增长22%和29%，有效缓解疫情冲击，确保国际产业链供应链稳定畅通，为促进世界经济复苏增添强劲动力。

（资料来源：《世界经济遇寒潮　中欧经贸送暖意》，《解放军报》，2022年4月1日第2版。）

问：中欧贸易蓬勃发展的根本原因是什么？

第一节　古典国际贸易理论

按照经济学的发展历程，古典国际贸易理论是指19世纪末以前的国际贸易理论，即从资本主义生产方式准备时期到垄断阶段之前的国际贸易理论，在此仅介绍重商主义、绝对优势理论和比较优势理论。

一、重商主义

重商主义是世界贸易形成时期的经济思想，同时也是一种国民经济政策和国际贸易政策实践。

（一）重商主义的基本内容

重商主义是资产阶级最初的经济学说。15世纪末，西欧进入封建社会的瓦解时期，资本主义生产关系开始萌芽和成长；地理大发现扩大了世界市场，给商业、航海业、工业以极大刺激；商业资本发挥着突出的作用，促进各国国内市场的统一和世界市场的形成，推动对外贸易的发展。商业资本加强的同时，西欧建立起一些封建专制的中央集权国家，利用国家力量支持商业资本的发展。商业资本的发展和国家支持商业资本的政策实施，产生了从理论上阐述这些经济政策的需求，逐渐形成重商主义的理论。

历史上对国际贸易的研究和理论在最早的时候几乎都是出自重商学派的著作。"重商主义"最初是由亚当·斯密（Adam Smith）在《国民财富的性质和原因的研究》（也译《国富论》）一书中提出来的。重商主义的理论观点产生和发展于欧洲资本原始积累时期，反映了这个时期商业资本的利益和要求。它对资本主义生产方式进行了最初的理论考察。

重商主义的基本主张有三个方面的内容：第一，金银或货币是财富的唯一形式，一国拥有金银或货币的多少代表其富裕程度；第二，对外贸易是获取额外金银或货币的主要源泉，因而也是增加一国财富的重要途径；第三，增加国民财富的贸易政策应该是少买多卖或者是不买。但是在具体的贸易政策主张上，不同时代的重商主义者是不同的，因此一般将重商主义分为早期重商主义和晚期重商主义。

早期重商主义产生于15—16世纪，在对外贸易上强调少买或不买，主张用行政手段禁止货币或贵金属输出国外，以贮存尽量多的货币，因而又被称为货币差额论。主要代表人物有英国的海尔斯和斯坦福得以及法国的蒙克莱田。

晚期重商主义盛行于17世纪下叶，强调多卖，认为对外贸易是增加国民财富的源泉，原则是在对外贸易中取得顺差。为保证贸易顺差，晚期重商主义主张政府采取保护关税的政策。由于晚期重商主义力图控制或调节商品的运动并发展工场手工业，因而又被称为贸易差额论。

（二）对重商主义的评价

重商主义抛弃了西欧封建社会经院哲学的教义和伦理规范，开始以世俗的眼光，依据商业资本家的经验去观察和说明社会经济现象。重商主义的贸易政策在历史上曾起到过进步作用，它促进了资本的原始积累，推动了资本主义生产方式的建立与发展。但重商主义者对社会经济现象的探索只局限于流通领域，而未深入生产领域，因而他们的结论是片面的、不科学的；重商主义者将国际贸易看成是非互利的"零和博弈"（zero-sum game），显然更是错误的。因此在17世纪末，重商主义遭到质疑与批判。18世纪中叶，大卫·休谟（David Hume，苏格兰哲学家、经济学家和历史学家，被视为苏格兰启蒙运动以及西方哲学历史中最重要的人物）的货币数量论更是给予其毁灭性的打击，而亚当·斯密在其1776年的经济学巨著《国富论》中对重商主义的批判与反驳，又为驳倒重商主义添加了最后一根稻草。

知识链接 2-1

二、绝对优势理论

（一）绝对优势理论的主要内容

亚当·斯密的绝对优势理论是建立在其分工学说基础上的，他用一国内部不同职业、不同工种之间的分工原则来说明国际贸易分工。这一理论也被称为绝对成本学说，主要内容如下。

一是分工能提高劳动生产率，增加社会财富。亚当·斯密在《国富论》中十分强调分工的利益。在他看来，分工一是可以提高劳动熟练程度；二是可以使每个人专门从事某项作业，节省与生产无关的时间；三是有利于发明创造和改进生产工具。斯密认为这种分工原则不但适合于一国内部的不同家庭和部门之间，也同样适用于各国之间。如果每个国家都按其绝对有利的生产条件进行专业化生产，然后彼此交换，则可获利，国际分工是增加财富的重要途径。

二是绝对优势导致国际分工的产生，而绝对优势来源于一国的自然禀赋或后天有利条件。斯密认为"如果外国能以比我们自己制造还便宜的商品供应给我们，我们最好就用我们有利地使用自己的产业生产出来的物品的一部分向他们购买"①，而确定哪种产品具有绝对优势或谁生产出来的更便宜就是比较其生产成本。一国应该把本国生产某种商品的成本或费用与外国生产的同种商品的成本或费用进行比较，以决定是自己生产还是向别国购买，因此绝对成本的差异是国际分工产生的原因。

同时，斯密还进一步指出绝对成本差异存在的原因：一是自然禀赋，即一国在气候、土壤、矿产资源及地理环境等自然条件方面的优势，即自然优势；二是各国人民通过后天的教育、培训或实践而获得的经验、知识和特殊的工艺技能，即获得性优势。如果一国在某种或某些产品上拥有其中一种绝对优势，那么其劳动生产率就会比别国高，生产成本自然就比别国低。

根据上面的分析，绝对优势理论的基本思想就可以表述为：国际贸易是基于各国之间的自然优势或获得性优势的绝对差别而产生的，各国绝对优势差别的存在，以及由此所导致的劳动生产率和生产成本的差异是国际分工和国际贸易产生的原因。

在这种思想下，斯密认为一国之所以要进口别国商品，是因为该国在该产品的自然禀赋或者是后天优势上处于劣势，自己生产的成本太高，不如从别国购买来得便宜；而一国之所以能向别国出口商品，则是因为该国在这种产品的生产上拥有绝对优势，可以使本国利用同样的资源或优势生产出比别国更多的产品。因此，各国应该专门生产并出口其具有"绝对优势"的产品，而进口其处于"绝对劣势"的产品，其结果将比各种产品都自己生产更有利。同时，专业化的分工所形成的合理的国际分工体系可以提高世界总产出水平，增加整个世界的财富。正是基于这一理论，斯密主张实行自由贸易。

知识链接 2-2

（二）绝对优势理论的例证

现在以英国和葡萄牙两国同时生产酒和毛呢为例，对亚当·斯密的绝对优势理论作进一步说明。

假定 1：只有英国和葡萄牙两个国家，生产两种产品——酒和毛呢；使用一种生产要素——劳动，即 2×2×1 模型。

假定 2：双方在其中一种产品生产上所耗费的劳动成本要绝对低于对方，即在劳动生产率上具有绝对的优势。

假定 3：国内商品市场和生产要素市场自由竞争，国际商品自由流动，但生产要素不能自由流动。

假定 4：政府的作用不对国际贸易产生影响。

假定 5：不考虑生产之外的其他成本，如运输费、保险费等。

分工前两国的生产情况如表 2-1 所示。

---

① [英]亚当·斯密：《国富论》，郭大力、王亚南译，商务印书馆 2021 年版，第 429 页。

表2-1 分工前两国的生产情况

国家	酒产量/单位	所需劳动人数/（人·年$^{-1}$）	毛呢产量/单位	所需劳动人数/（人·年$^{-1}$）
英国	1	120	1	70
葡萄牙	1	80	1	110

由表 2-1 可见，两国在两种产品的生产成本上各不相同。在相同的时间内，生产 1 单位的酒，英国和葡萄牙分别需要 120 人和 80 人；生产 1 单位的毛呢，英国和葡萄牙分别需要 70 人和 110 人。即两国在同一时期所生产同样产量的酒，葡萄牙所需人数少，仅 80 人，劳动率为 1/80，成本低于英国的 120 人，劳动率高于英国的 1/120，因此葡萄牙在酒的生产上处于绝对优势；同理分析可知英国在毛呢的生产上处于绝对优势。根据上述亚当·斯密的绝对优势理论，两国应进行贸易分工：英国应专门生产并出口毛呢，从葡萄牙进口酒；同时葡萄牙应专门生产并出口酒，从英国进口毛呢。

从表中可以看出，两国分工生产后在生产成本、劳动生产率和产出以及居民福利水平方面均有改善。

一是在生产成本方面。假设是按总产出不变来安排生产分工，如表 2-2 所示，即英国和葡萄牙分别生产 2 单位的毛呢和酒，那么英国仅需 140 人，可节省 50 人的劳动投入；葡萄牙仅需 160 人，可节省 30 人的劳动投入。

表2-2 分工后两国的生产情况一：总产出不变

国家	酒产量/单位	所需劳动人数/（人·年$^{-1}$）	毛呢产量/单位	所需劳动人数/（人·年$^{-1}$）
英国			2	140
葡萄牙	2	160		

二是在总产出和劳动生产率方面。假设是按劳动投入不变来安排生产分工，如表 2-3 所示，英国专门生产毛呢，190 人可生产 2.7 单位的毛呢；葡萄牙专门生产酒，190 人可生产 2.375 单位的酒。两种商品的产出均有增加以及总产出均有提高，而劳动投入不变，劳动生产率明显提高。

表2-3 分工后两国的生产情况二：劳动投入不变

国家	酒产量/单位	所需劳动人数/（人·年$^{-1}$）	毛呢产量/单位	所需劳动人数/（人·年$^{-1}$）
英国			2.7	190
葡萄牙	2.375	190		

三是在居民福利水平方面。现假定英葡两国的交换比例为 1 : 1，即 1 单位的毛呢可换得 1 单位的酒，如果英国用 1.1 单位的毛呢换得 1.1 单位的酒，还有 1.6 单位的毛呢供本国自用，那么英国居民在酒和毛呢的消费水平上都较分工前要高；同理，葡萄牙居民的消费水平也得到了提高，如表 2-4 所示。

表2-4 毛呢与葡萄酒的交换结果

国家	酒产量/单位	毛呢产量/单位
英国	1.1	1.6
葡萄牙	1.275	1.1

注：本示例仅为学习理解需要，不代表实际交换比例及具体利益分配。

（三）对绝对优势理论的评价

斯密的绝对优势理论第一次从生产领域阐述了国际贸易发生的基本原因，首次明确肯定国际贸易是一种双赢的交易，即参与贸易的双方均可从中获益，从而为各国之间开展自由贸易铲除了障碍。同时，斯密提出的各国按照"绝对优势"的原则进行专业化生产分工，进行自由贸易的思想，为古典贸易理论的形成奠定了基础；另外，他关于分工能提高劳动生产率、节省劳动时间等的见解，至今依然具有重大现实意义。

但是斯密的绝对优势理论本身也有一定的局限性，例如，它不能解释国际贸易的全部情形，而只能说明国际贸易中的一种特殊情形，即只有具有绝对优势的国家参加国际分工和国际贸易才能够获益。但在现实中，有的国家没有一种产品的生产处于绝对有利的地位，按绝对优势理论，这些国家就没有理由加入国际分工和贸易中来，但实践证明，这些国家还是可能从国际贸易中获得自己的利益的。如何从理论上对这个现象进行解释呢？大卫·李嘉图（David Ricardo）的"比较优势理论"发展了这一理论。

三、比较优势理论

斯密的绝对优势理论只能解释在生产上各具绝对优势的国家之间的贸易现象，却不能解释所有产品都处于绝对优势的发达国家和所有产品都处于绝对劣势的经济不发达国家之间的贸易现象。英国经济学家大卫·李嘉图在斯密的理论基础之上，提出了比较优势理论（又称比较成本学说），完善和发展了绝对优势理论。

（一）比较优势理论的主要内容

李嘉图同意斯密的分工论和自由贸易的观点，但是同时又作了进一步发展。

在李嘉图1817年出版的《政治经济学及赋税原理》一书中，他提出若两国均能生产两种商品，其中一国在两种商品的生产成本上均处于绝对优势的地位，但优势的程度不同，而另一国在两种商品的生产成本上均处于绝对劣势的地位，但劣势的程度也不同。在此情况下，处于绝对劣势的国家应专业化生产并出口其绝对劣势较小的商品（也就是具有比较优势的产品），同时进口其绝对劣势较大的商品（也就是具有比较劣势的商品）；同样，对于在两个商品上都拥有绝对优势的国家而言，也不必生产全部商品，只需选择其绝对优势较大的商品进行专业化生产并出口，而进口绝对优势较小的商品。这样，贸易各国通过完全专业化生产并出口其有比较优势的产品，可使贸易双方均获利，即应按"两优择其重，两劣取其轻"的比较优势原则进行贸易分工。

知识链接 2-3

（二）比较优势理论的例证

现仍以英国和葡萄牙两国同时生产酒和毛呢为例，仍然是 $2 \times 2 \times 1$ 模型，但是假定双方在劳动生产率上具有相对的优势，具体见表2-5。

表2-5　分工前两国的生产情况

国家	酒产量/单位	所需劳动人数/（人·年$^{-1}$）	毛呢产量/单位	所需劳动人数/（人·年$^{-1}$）
英国	1	120	1	100
葡萄牙	1	80	1	90

由表2-5可知，在同样的时间内，生产1单位的酒和1单位的毛呢，英国各需要120人和100人，而葡萄牙则分别需要80人和90人。在这种情况下，英国在两种产品上劳动生产

率都比葡萄牙低，其生产成本也都比葡萄牙要高，处于绝对劣势地位。按照亚当·斯密的绝对优势理论，英葡之间不会发生分工，也不会进行贸易。但是按照李嘉图的思想，葡萄牙应"两优择其重"，专门生产比英国优势较多的酒；而英国应"两劣取其轻"，专门生产比葡萄牙劣势相对较少的毛呢。然后两国交换，从中获利，如表2-6所示。

表2-6 分工后两国的生产及获利情况

国家		酒产量/单位	所需劳动人数/（人·年$^{-1}$）	毛呢产量/单位	所需劳动人数/（人·年$^{-1}$）
英国	分工后			2.2	220
葡萄牙		2.125	170		
合计		2.125	170	2.2	220
英国	国际交换	1		1.2	
葡萄牙		1.125		1	

（三）对比较优势理论的评价

李嘉图的比较优势理论发展了斯密的理论，它比斯密的绝对优势理论更全面、更深刻，是传统国际贸易理论形成的标志，它揭示出国际贸易因比较优势而发生并且具有互利性，从而为世界范围内更大规模地开展国际贸易奠定了理论基础。在历史上，该理论曾为英国工业资产阶级争取自由贸易提供了理论武器，而且也为经济落后国家通过对外贸易带动本国经济发展提供了重要依据。但是，李嘉图的比较优势理论也存在一些不足。

首先，该理论的假设前提过于苛刻，并不符合国际贸易的实际情况，有时与贸易实践相矛盾。

其次，它还只是一种静态分析，对比较优势的根源及形成机制还未能作出很好的解释。

再次，仅从劳动生产率差异方面考察国际贸易产生的原因，具有片面性。比较优势理论同绝对优势理论一样，都将各国社会劳动生产率的差异视为国际贸易的基础，而忽视了其他因素对国际贸易的影响。

最后，它不能很好地解释当今世界贸易的基本格局和各国的贸易政策倾向，因为按李嘉图的比较优势理论，比较优势相差越大，发生贸易的可能性就越大，当今的国际贸易便应该主要在发达国家与发展中国家之间开展，但现实是发达国家间的贸易比重不断上升。

第二节 新古典国际贸易理论

亚当·斯密的绝对优势理论和大卫·李嘉图的比较优势理论，这两种古典贸易理论的基础是古典经济学，即都是建立在"劳动价值论"基础之上的。因此，他们假定只有一种劳动要素投入，认为劳动是创造价值和造成生产成本差异的唯一要素，即劳动生产率决定一国的比较优势。然而现实证明决定贸易的因素不只是劳动，还有其他生产要素，如土地、资本等要素。尤其是随着资本主义生产关系的出现以及工业革命的发生，资本越来越成为另一种生产要素。

19世纪末20世纪初，以里昂·瓦尔拉斯（Léon Walras）、阿尔弗雷德·马歇尔（Alfred Marshall）为代表人物的新古典经济学逐渐形成。1890年以后，马歇尔的均衡价格论已取代劳动价值论成为西方经济学的基础，在新古典经济学框架下对国际贸易进行分析的新古典贸易理论也随之产生。新古典贸易理论以要素禀赋论为核心，要素禀赋论（factor endowment theory）用生产要素的丰缺来解释国际贸易的产生和国际贸易的模式，是现代国际贸易理论的新开端，被誉为国际贸易理论的又一大柱石。

一、要素禀赋论

古典的比较优势理论从各国劳动生产率差异这一角度解释了国际贸易发生的原因。但是，如果各国之间的劳动生产率相同，那么产生比较优势差异的原因是什么呢？这个问题，在 20 世纪 30 年代，在 1977 年的诺贝尔经济学奖获得者瑞典经济学家贝蒂·俄林（Bertil Ohlin）所提出的"要素禀赋论"中得到了解释。由于俄林在其理论中引用了其导师伊莱·赫克歇尔（Eli Hecksher），因此其理论又被称为赫克歇尔—俄林理论，简称 H-O 模型。俄林对于要素禀赋与国际贸易关系的论述又被另一位诺贝尔经济学奖得主保罗·萨缪尔森（Paul Samuelson）进一步强化，他推导出了证明 H-O 模型十分精确的数学条件。因此，人们又称该理论为赫克歇尔—俄林—萨缪尔森定理，简称 H-O-S 定理或 H-O-S 模型。

要素禀赋论的基本内容有狭义和广义之分。狭义的要素禀赋论用生产要素丰缺来解释国际贸易的产生和一国的进出口贸易类型。广义的要素禀赋论包括狭义的要素禀赋论和要素价格均等化学说。

知识链接 2-4

（一）要素禀赋论所涉及的相关概念

1. 生产要素

生产要素是指生产活动必须具备的主要因素或在生产中必须投入或使用的主要手段，通常指土地、劳动和资本三要素，如果加上企业家才能称为四要素。

2. 要素禀赋

要素禀赋是指一个国家所拥有的各种生产要素的总量情况。要素禀赋论认为，对生产有重要影响的生产要素为土地、劳动和资本。

3. 要素丰裕度

要素丰裕度是指在一国的生产要素禀赋中某要素供给所占比例大于别国同种要素的供给比例而相对价格低于别国同种要素的相对价格。

假设有 A 国和 B 国两个国家，在这两个国家中资本要素价格分别为 r_A、r_B，劳动要素价格分别为 w_A、w_B。如果两国的资本和劳动的价格比分别为 r_A/w_A 和 r_B/w_B，而且有 $r_A/w_A>r_B/w_B$，就可以认为相对于 A 国而言，B 国是资本丰裕型国家；相对于 B 国而言，A 国为劳动丰裕型国家。

4. 要素密集度

要素密集度是指生产某种商品所投入的两种生产要素的配合比例。要素密集度主要通过两种产品中投入的生产要素比如资本/劳动的比率来确定，与生产要素的绝对投入量没有关系，是一个相对的概念。一般来说，如果某一要素投入比例大，可以称该产品为该要素密集程度高。并且，可根据产品生产过程中投入比例最高的要素种类不同，将产品分为若干种类型。例如：生产纺织产品，投入劳动比例最大，则称之为劳动密集型产品；生产电子产品，资本投入比例最大，则称之为资本密集型产品。

假设两种产品 X、Y，使用两种生产要素资本 K 和劳动 L，其生产中所使用的资本/劳动的投入比例分别为 K_X/L_X 和 K_Y/L_Y。如果有 $K_Y/L_Y<K_X/L_X$，就可以称 X 产品为资本密集型（K-intensive）产品，Y 产品为劳动密集型（L-intensive）产品。

（二）要素禀赋论的基本假定

假定1：假定只有两个国家，生产两种商品，使用两种生产要素——资本和劳动，即 2×2×2 模型；

假定2：假定没有运输成本、关税以及其他限制商品自由流动的障碍；

假定3：假定生产要素只能在一国范围内自由流动，在国际不能自由流动；

假定4：假定两个国家的商品市场和要素市场都实现完全竞争；

假定5：假定两国在两种商品的生产上保持规模收益不变；

假定6：假定两国具有相同的技术水平或劳动生产率，具有相同的生产函数，投入同样数量的生产要素生产同等数量的某种商品；

假定7：假设两种商品的要素密集度不同，一种为劳动密集型，另一种为资本密集型；

假定8：假定两国消费者对两种商品偏好相同。

（三）要素禀赋论的主要内容

俄林认为，同种商品在不同国家的相对价格差异是国际贸易产生的直接原因，而价格差异则是由各国生产要素禀赋不同从而要素相对价格不同决定的，所以要素禀赋不同是国际贸易产生的根本原因。

首先，国家间的商品相对价格差异是国际贸易产生的主要原因。在没有运输费用、关税以及其他交易费用的假设前提下，从价格较低的国家输出商品到价格较高的国家无疑是有利的。

其次，国家间的生产要素相对价格的差异决定商品相对价格的差异。在各国生产技术相同、生产函数相同的假设条件下，各国投入同样数量的生产要素可生产同等数量的某种商品。要素相对价格的差异及生产成本的不同，决定了各国商品在相对价格上存在差异。

最后，国家间的要素相对供给不同决定要素相对价格的差异。俄林认为，在要素的供求决定要素价格的关系中，要素供给是主要的。在各国要素需求一定的情况下，各国要素供给的比例不同，对要素相对价格产生不同的影响。具体来说，就是供给相对较充裕的要素的价格相对较低，而供给相对较稀缺的要素的价格相对较高。因此，国家间要素相对价格差异是由要素相对供给或供给比例不同决定的。

通过严密的分析，俄林得出了以下结论：一个国家生产和出口那些大量使用本国供给丰裕的生产要素的产品，价格就低，因而具有比较优势；相反，生产那些需大量使用本国供给稀缺的生产要素的产品，价格便高，不具备比较优势。因此，一国应专门生产并出口其在生产上密集使用该国相对充裕的生产要素生产的产品，而进口其在生产上密集使用该国相对稀缺的生产要素生产的产品。简言之，劳动力丰富的国家出口劳动密集型商品，而进口资本密集型商品；相反，资本丰富的国家出口资本密集型商品，而进口劳动密集型商品。

（四）要素价格均等化定理

要素价格均等化定理是在狭义的赫克歇尔—俄林的要素禀赋论的基础上得出的推论。其基本观点为：在开放经济中，国家间生产要素自然禀赋不同引起的生产要素价格差异将通过两种途径而逐步缩小，即要素价格将趋于均等。第一条途径是生产要素的国际移动，它导致要素价格的直接均等化；第二条途径是商品的国际移动，它导致要素价格的间接均等化。结论是国际贸易最终会使所有生产要素在所有地区都趋于相等，但是生产要素价格完全相同几乎是不可能的，这只是一种趋势。

（五）要素禀赋论的评价

赫克歇尔、俄林、萨缪尔森的要素禀赋论和要素价格均等化定理是在比较优势理论的基础上的一大进步，有其合理的成分和可借鉴的意义。

大卫·李嘉图假设两国交换是物物交换，国际贸易起因于劳动生产率的差异，而赫克歇尔、俄林是用等量产品不同货币价格（成本）比较两国不同的商品价格比例，认为两国的交换是货币交换，两国的劳动生产率是相同的，用生产要素禀赋的差异解释国际贸易产生的原因和国际贸易商品结构以及国际贸易对要素价格的影响，研究更深入、更全面，认识到生产要素及其组合在各国进出口贸易中居于重要地位。他们研究得出的结论有一定的实用价值，例如，国家间商品相对价格的差异是国际贸易的直接原因；一国某种生产要素丰富，要素价格低廉，则出口该要素密集型产品具有比较优势，而某种生产要素稀缺，要素价格昂贵，则进口这种要素密集型产品对本国有利，出口这种要素密集型产品没有比较利益。这些观点或结论既有理论意义，也有政策意义。

但是，赫克歇尔、俄林、萨缪尔森的理论具有明显的局限性。要素禀赋论和要素价格均等化学说所依据的一系列假设条件都是静态的，忽略了国际国内经济因素的动态变化，致使理论存在缺陷。就技术而言，现实是技术不断进步，而进步能使老产品的成本降低，也能产生新产品。因而会改变一国的比较利益格局，使比较优势产品升级换代，扩大贸易的基础。拿生产要素来说，各要素远非同质，新旧机器总归有别，熟练工人与非熟练工人也不能相提并论。再看同种要素在不同国家的价格，全然不是要素价格均等化学说所指出的那样会随着商品价格均等而渐趋均等，发达国家与发展中国家工人工资的悬殊、利率的差距，足以说明现实世界中要素价格无法均等。

【案例分析 2-1】从要素禀赋论角度探讨中国出口商品结构的现状

当前中国外贸出口仍以劳动密集型产品为主，高新技术产品的比重较低。企业出口自主品牌比重偏低，缺乏核心技术，品牌附加值较低，中国还是"品牌的小国"。近年来，中国加工贸易转型升级正在加快，加工贸易由劳动密集型向技术密集型和资本密集型转变，并迅速成长为全球高新技术产业主要制造及出口基地。

根据商务部统计，2021 年，全国进出口总值 68714.2 亿美元，同比增长了 29.2%，其中出口贸易 37572.7 亿美元，增长了 30.9%；进口贸易 31141.4 亿美元，增长了 27.3%。出口增幅持续加大。中国的进出口商品结构进一步优化。轻纺产品出口增长 20.9%，出口增幅明显高于其他产品，接近于整体出口增幅；机电产品和高新技术产品出口分别上涨 21.5% 和 26.1%。

根据海关总署统计，以人民币计算，2023 年，全国货物进出口总值 41.76 万亿元，同比增长 0.2%，其中出口 23.77 万亿元，增长 0.6%；进口 17.99 万亿元，下降 0.3%。中国的进出口商品结构进一步优化。机电产品出口占出口总值的 58.5%，较 2019 年提升 0.2 个百分点；高新技术产品出口占比为 24.9%，较 2019 年下降 4.3 个百分点。

根据要素禀赋理论，一国应专门生产并出口其在生产上密集使用该国相对充裕的生产要素生产的产品，而进口其在生产上密集使用该国相对稀缺的生产要素生产的产品。而目前的中国仍然是一个劳动力资源相对富裕而技术及资本资源相对匮乏的国家。由案例数据可知，在目前中国的出口商品结构中，仍然是以劳动密集型的产品为主，初步看来，中国目前的出口商品结构是符合要素禀赋论的结论的。但是同时我们也应该看到，机电产品和高新技术产品的比重虽低但也呈上升趋势，这是中国政府近年来改革产业结构，从宏观上调控资源大力支持高新技术产业发展的结果。

二、里昂惕夫之谜

要素禀赋论在理论与实际运用中的成功，使其在 1933 年到 1953 年被公认为国际贸易中的一颗"明珠"。但是，随着经济学家对这一理论的实证检验工作的深入，从 20 世纪 50 年代初起，要素禀赋论的不足逐渐暴露。在众多的实证研究中，美国经济学家瓦西里·里昂惕夫（Wassily Leontief）对要素禀赋论适用性的研究是第一次，也是最具代表性的一次。里昂惕夫之谜引起了经济学界的广泛关注，经济学家们就此提出了许多解释和意见，对要素禀赋论进行了修正。

（一）里昂惕夫之谜的提出

根据赫克歇尔—俄林的要素禀赋论，在贸易中，各国出口的商品是密集使用本国拥有的相对丰裕的生产要素的产品，而进口的商品是密集使用本国相对稀缺的生产要素的产品。这一理论与许多国家的贸易模式相吻合。然而，里昂惕夫在 1953 年运用投入—产出分析法（the input–output method），对 1947 年美国出口行业和进口竞争行业的资本存量和工人数值进行了比较，却得出了与要素禀赋论相反的结论，此为里昂惕夫之谜，亦称里昂惕夫悖论。

里昂惕夫运用投入—产出表，把整个经济中的所有产业都列入表内，详细分析每个产业的投入来源和产出流向，完整地分析了各个产业原料、中间产品、最终产品之间的供需关系。表内产品都被还原成生产产品所需要的生产要素。每一种表内的产品都可以用生产这些产品的总要素需求（包括直接要素需求和间接要素需求）来表示。一个国家经济的总体平衡和各个产业间的供需平衡，可以通过投入—产出表显示，它们之间的相互关系都用生产要素的数量表示。

对于 H-O 模型是否符合现实，里昂惕夫运用美国进出口商品的有关数据进行了检验，通过投入—产出分析方法，其结论与 H-O 模型正好相反。表 2-7 为美国某年出口竞争部门和进口竞争部门的要素投入结构对比。

表2-7　美国某年出口竞争部门和进口竞争部门的要素投入结构

要素	出口	进口
劳动L/（人·年$^{-1}$）	182313	170004
资本K/美元	2550780	3091339
资本K/劳动L	14010	18180

里昂惕夫将出口商品的资本/劳动的比率（K_x/L_x）与进口竞争产品的资本/劳动的比率（K_m/L_m）进行比较。如果（K_x/L_x）/（K_m/L_m）的计算结果大于 1，则表示出口商品的资本/劳动比率大于进口商品的资本/劳动比率，即出口商品中所投入的要素中资本的比例高于进口商品中资本的比例，出口商品是资本密集型产品，而进口商品是劳动密集型产品。如果计算结果小于 1，则表示进出口商品密集度相反，出口商品为劳动密集型产品，而进口商品是资本密集型产品。如表 2-7 所示，出口商品每个劳动力一年中所使用的资本为 14010（资本/劳动比率为 14∶1），然而进口替代品（即与进口商品竞争的本国产的同行业产品）每个劳动力一年中所使用的资本为 18180 美元（资本/劳动比率为 18∶1）。这也就是说，当时美国的（K_x/L_x）/（K_m/L_m）=14/18=0.78。进口商品的资本密度为出口商品的 1.3 倍（18180/14010），这表明美国在该年的出口商品为劳动密集型产品，进口商品为资本密集型产品。

然而，第二次世界大战结束后的美国是世界公认的资本最富裕的国家，其劳动力是相对稀缺的。按照H-O模型，美国应该出口资本密集型产品，进口劳动密集型产品，即上述（K_x/L_x）/（K_m/L_m）应该远远大于1。为何美国的实际情况却不是如此？里昂惕夫的检验结果引起了经济理论界的震惊。里昂惕夫本人和其他一些经济学家，对于美国出口商品与进口商品的资本/劳动比率，用同样的方法进行了多次计算，其结果都与第一次相同。

许多经济学家试图解开里昂惕夫悖论，并利用其他一些数据进行分析，通过其他国家的一些资料对H-O模型定理进行检验，然而情况却更为棘手。悖论仍然存在，检验结果既没有肯定地证实H-O模型，也没有否定H-O模型。

（二）里昂惕夫之谜的解释

里昂惕夫之谜引起了经济学家们的注意，这种能够同时处理收入分配和贸易模式、理论上很有说服力的模型却经不起检验。尽管实证研究结果有反对H-O模型的，也有支持的，但是大多数学者并不认为仅仅资源禀赋差异就能解释国际贸易。里昂惕夫之谜引起了对"谜"的不同解释，促成了一些研究工作的发展，归纳起来，对"谜"的产生主要有以下几种代表性的解释。

1.劳动生产率的差异

这是里昂惕夫本人提出的。里昂惕夫认为，"谜"的产生可能是由美国工人的劳动生产率比其他国家工人高所造成的。他认为美国工人的劳动生产率大约是其他国家工人的3倍。这样在计算出口商品的要素比例时要将劳动力的人数乘以3，因此，在劳动以效率单位衡量的条件下，美国就成为劳动要素相对丰富、资本要素相对稀缺的国家。这是他本人对这个"谜"的解释。为什么美国工人的劳动生产率比其他国家高呢？他说这是美国企业管理水平较高、工人所受的教育和培训较多较好，以及美国工人进取精神较强的结果。这些论点可以看作熟练劳动或人类技能说的雏形。

但是，一些人认为里昂惕夫的解释过于武断，一些研究表明实际情况并非如此；如果美国效率较高的话，那么其资本的效率也应该高于其他国家，这样资本和劳动力人数均乘以同一个系数，美国的要素的相对丰裕度还是不变的。

2.人力资本的差异

这是美国经济学者彼得·凯南（Peter Kenen）等提出的，用人力投资的差异来解释美国对外贸易商品结构是符合H-O模型的。他们认为，劳动是不同质的，这种不同质表现在劳动效率上的差异，这种差异主要是由劳动熟练程度所决定，而劳动熟练程度的高低，又取决于对劳动者提供培训、教育和其他有关的开支，即决定智力开支的投资，因此，高的熟练效率和熟练劳动，归根到底是一种投资的结果，是一种资本支出的产物。

凯南认为，国际贸易商品生产所需的资本应包括有形资本和无形资本（即人力资本）。人力资本主要是指一国在职业教育、技术培训等方面投入的资本。加大人力资本投入，可提高劳动技能和专门知识水平，促进劳动生产率的提高。由于美国投入了较多的人力资本，而拥有更多的熟练技术劳动力，因此，美国出口商品含有较多的熟练技术劳动力。如果把熟练技术劳动的收入高出简单劳动的部分算作资本并同有形资本相加，美国仍然是在出口资本密集型产品。这个结论是符合要素禀赋论的，这就是所谓的人力资本说。但是这种解释的困难在于，难以具体衡量人力资本的真正价值，因此，并非人人都同意。

3.需求偏好的差异

这种解释认为需求和偏好的差异也能成为国际贸易的基础。根据要素禀赋论，在两国消费偏好一致的假设下（假定8），一国的要素禀赋状况决定一国的贸易结构，但是如果两国的需求偏好差异程度超过其在要素禀赋上的差异，情况就会不一样。即如果美国要素禀赋的状况决定其生产的多是资本密集型商品，导致美国消费者的需求偏好向此类商品倾斜，或者其他的原因致使美国消费者更偏好资本密集型的商品，那么这种需求会改变其原有的贸易结构，要求多进口资本密集型的商品，而出口劳动密集型的商品。

但是，这些解释受到一些学者的抨击。他们认为，美国市场上并不存在对资本密集型商品的特殊需求，并作出了一些实证调查。因此，这种解释也不是很有说服力。

4. 贸易壁垒的存在

这种解释认为，里昂惕夫之谜产生的原因是贸易壁垒的存在，而 H-O 模型的结论是在自由贸易（即假定商品的流动不受任何限制）的假设下得出的。但是在现实生活中，各国为了保护本国的利益而建立起各种贸易壁垒，美国亦如此。欧文·克拉维斯（Irving Kravis）在其1954 年的研究中发现，美国受贸易保护最严重的产业就是劳动密集型产业，这种保护倾向刺激了美国国内劳动密集型产品的生产及出口，同时抑制了该类产品的进口数量及比重。而里昂惕夫的研究并没有剔除关税等贸易壁垒对美国贸易结构的影响，这种推理对"谜"的产生作出了部分解释。

5. 自然资源因素被忽略

这种解释认为，H-O 模型只考虑了劳动和资本这两种投入因素，而忽略了自然资源因素如土地资源对生产的影响。如果一种产品在生产中需要投入大量的自然资源，就很难用资本密集型或劳动密集型产品来界定。相关研究表明，美国每年需要从国外进口许多原料性产品，如木材、石油、矿产品等需要投入自然资源的产品。这些产品对于出口国来说资本的含量较低，但是美国进口后需要耗费大量的资本投资进行开采或提炼，这就增加了进口替代品的资本密集度，促使"谜的产生"。

该解释得到了里昂惕夫的认同，他后来再对美国的贸易结构进行检验，剔除了自然资源密集型的产品，得出了与要素禀赋论一致的结论。

6. 要素密集度逆转

要素密集度逆转（factor intensity reversal）是指同一种产品在资本丰富的国家是资本密集型产品，在劳动丰裕的国家是劳动密集型产品的情况。而 H-O 模型的假定 7 中，对于要素密集度，认为两种商品的要素密集度不同，同种商品在两个国家密集度相同，没有要素密集型转变的情况。

当生产商品的投入要素之间的替代弹性较大时，一种产品的生产，随着要素价格的相对变化，就会发生要素密集度逆转现象。例如：在某些要素价格下，X 产品是资本密集型的，Y 产品是劳动密集型的；而在另一些要素价格下，X 产品是劳动密集型的，Y 产品是资本密集型的。

同种商品在两国不同的要素价格下，可能属于不同类型。如 A 国出口劳动密集型的 X 产品，B 国出口资本密集型的 Y 产品，但是，两国无法实行专业化分工向对方出口同种产品。在这种情况下，两国不可能进行国际分工和国际贸易。要素密集度逆转发生的概率虽然极小，但无论多大，这种可能性都无法排除。一旦存在要素密集度逆转，要素禀赋论就不成立。

（三）对里昂惕夫之谜及有关解释的评价

里昂惕夫之谜是对 H-O 模型的国际分工和贸易模式应用于实际的重大挑战。里昂惕夫对这个原理的验证结果，引起了对"谜"的各种各样解释和有关理论的发展。同时，里昂惕夫首次运用投入—产出的方法对美国的贸易结构进行计算分析，把经济理论、数学方法和统计三者结合起来，开辟了用统计数据全面检验经济理论的道路。

这些对"谜"的解释，是在继承传统的国际分工和国际贸易理论的基础上，进行整修补缀的论述。里昂惕夫之谜所引起的解释和所产生的大部分新学说，不是对比较优势理论和要素禀赋论的全盘否定，也不是对这些传统理论的全盘继承，而是针对第二次世界大战后国际分工和国际贸易的新变化，在继承这些传统理论的基础上，有所创"新"，有所扩展，对这些理论作了一些整修补充的工作。在理论上，他们继承了传统国际分工和国际贸易理论中最基本的东西，即比较利益理论，对两个国家、两种商品、两种要素的模式分析，代之以多数国家、多种商品以及天然资源、劳动效率、人力资本、技术差距、需求因素和规模经济等多种因素的分析；在方法上，他们把定性分析和定量分析结合起来，把理论研究和实践论证结合起来，把比较利益的静态分析和动态转移过程结合起来，特别是在产品周期说中动态地考察了比较利益的转移过程，使比较利益理论动态化。这些都是他们与传统理论的不同之处，起到了对传统理论的修改和补充的作用。

第三节　当代国际贸易理论

第二次世界大战后，随着科学技术的进步和生产力的不断发展，国际贸易的规模越来越大，国际贸易的商品结构和地区分布也发生了很大变化，发达国家之间的贸易比重相对扩大，产业内贸易迅速发展。面对这些新情况，传统的国际贸易理论，即比较优势理论和资源禀赋说，已难以作出有力的解释，经济学家们在里昂惕夫之谜的推动下，在国际贸易理论研究中不断探索，先后出现的国际贸易新理论中影响较大的有以下几种。

一、技术差距论

技术差距论又称技术差距模型，是把技术作为独立于劳动和资本的第三种生产要素，探讨技术差距或技术变动对国际贸易的影响的理论。由于技术变动包含了时间因素，技术差距理论被看成是对H-O模型的动态扩展。

技术差距理论是美国学者迈克尔·波斯纳（Michael Posner）提出的。1961年，波斯纳在《国际贸易与技术变化》一文中，提出了国际贸易的技术差距模型。该理论认为，技术实际上是一种生产要素，并且实际的科技水准一直在提高，但是在各个国家的发展水准不一样，这种差距可以使技术领先的国家具有比较优势，从而出口技术密集型产品；而技术相对落后的国家则处于比较劣势，进口该类技术密集型产品，由此产生互利贸易。

波斯纳在分析这一过程时，提出了需求滞后和模仿滞后的概念。所谓需求滞后是指创新国出现新产品后，其他国家消费者从没有产生需求到逐步认识新产品的价值而开始进口的时间间隔。它的长短取决于其他国家消费者对新产品的认识与了解。所谓模仿滞后是指从创新国制造出新产品到模仿国能完全仿制这种产品的时间间隔，模仿滞后由反应滞后和掌握滞后所构成。反应滞后是指从创新国生产到模仿国决定自行生产的时间间隔，反应滞后的长短取决于模仿国的规模经济、产品价格、收入水平、需求弹性、关税和运输成本等多种因素。掌握滞后是指模仿国从开始生产至达到创新国的同一技术水平并停止进口的时间间隔，其长短取决于创新国技术转移的程度、时间，模仿国的需求强度以及对新技术的消化吸收能力等因素。

波斯纳通过分析还得出以下一些结论：第一，技术创新国若能有效地反仿制，技术优势所带来的贸易利益就能保持较长时间；第二，两国技术水平和市场范围差距越小，需求时滞越短，贸易的发生就越早，贸易发展的速度也就越快；第三，模仿时滞结束后，追随国的贸易利益取决于低工资成本。

二、产品生命周期理论

第一次国际产业大转移对比较优势理论、要素禀赋学说提出了挑战。20世纪60年代开始，以纺织业为代表的劳动密集型产业从西方工业化国家（地区）向外转移，韩国、新加坡以及中国台湾、中国香港不失时机地承接了这次国际产业大转移，借此实现了工业化进程。为什么曾经给一个国家（地区）带来极大福利的优势产业在若干年后会向外转移？为什么曾经在其他国家（地区）经济发展中发挥过重要贡献的一种产业或产品，相当长时间后会在另外的国家（地区）再一次显现辉煌？

比较优势理论、生产要素禀赋学说有一个共同的假定条件：生产要素在不同国家之间的非流动性。比较优势理论和生产要素禀赋学说没有回答：找到的这种优势会不会失去？贸易的状况会不会发生变化？1966年，美国经济学家、营销学家雷蒙德·弗农（Raymond Vernon）发表《生命周期中的国际投资与国际贸易》一文，将营销学中的产品生命周期概念引入国际贸易领域，提出了著名的产品生命周期贸易理论。该理论认为：一种产品从研发制造到进入市场直至最终退出市场的整个过程，与生物物种一样都是有生命周期的，这个周期的各个阶段决定了国与国之间贸易模式和贸易利益的分配。

（一）产品生命周期理论的主要内容

1. 产品生命周期的阶段划分

依据产品在不同贸易阶段技术含量的差异导致贸易地位的变化，把产品的贸易过程划分为创始阶段、成熟阶段和标准化阶段三个阶段，详见表2-8。

表2-8　产品生命周期及其分阶段特性

产品生命周期	产品技术特性	产品要素特性	产品成本特性	进出口特性	生产地特性	产品价格特性
创始阶段	垄断技术，尚未定型	技术密集型	成本较高，但属于次要问题	创新国垄断，出口量较小	创新国	较高
成熟阶段	技术定型，垄断优势逐渐丧失，仿制开始	资本密集型	成本下降	出口部分转移	东道国子公司	价格弹性加大，价格逐渐降低
标准化阶段	垄断优势全部丧失	劳动密集型	成本更低	创新国进口	范围不断扩大	降低

2. 各国间贸易的特点

由于不同类型的国家在不同阶段具有不同的比较优势，各国间的贸易呈现出不同的特点。

创新国家工业比较先进，技术力量相当雄厚，国内市场广阔，资源相对丰富，在生产新产品方面具有相对优势；国土较小而工业先进的国家，由于拥有相对丰富的科学和工程实践经验，在生产某些新产品方面具有相对优势，但由于国内市场狭小，生产成熟产品缺乏优势；发展中国家拥有相对丰富的不熟练劳动，弥补了资本存量相对缺乏的不足，因此生产标准化产品具有优势。

以复印机为例，复印机是 20 世纪 60 年代初由美国施乐公司开发的，最初是卖给美国的用户。后来，施乐公司将复印机从美国向外出口，主要是出口日本和西欧的一些发达国家。随着这些国家需求的增长，施乐公司开始通过合资的形式在日本（富士—施乐）和英国（兰克—施乐）建立了生产基地。另外，施乐公司对复印机生产工艺的专利权一到期，外国竞争对手就开始打入复印机市场，比如，日本的佳能、意大利的奥利菲特。这样一来，美国的复印机出口量下降，美国的用户开始从成本更低的外国渠道，特别是从日本购买复印机。后来，日本公司发现，本国复印机的生产成本太高了，于是他们将生产转移到新加坡和泰国等发展中国家。结果，最初是美国，后来是其他几个发达国家（如日本和英国），都从复印机出口国转变为进口国。这种复印机产品的国际贸易模式的演变与产品生命周期理论的预测相一致。显然，该理论可以解释成熟工业从美国向低成本生产地点的转移过程。

实现这种动态演变的客观条件是技术在商品的贸易过程中不断向外传播，产品的技术密集度不断降低；主观条件是承接国拥有在商品进口消费过程中能够吸收、消化产品的生产技术，而且具有与产品要素密集度相适应的要素禀赋优势。

（二）对产品生命周期理论的简评

产品生命周期理论结合了市场学的产品生命周期与国际贸易理论，运用了动态的分析方法，从技术进步、技术创新和技术传播等各个角度对国际分工的基础和国际贸易格局的演变进行了分析。另外，产品生命周期理论发展至今，不仅对国际贸易，而且对其他国际经济领域都有重大的影响，可以说它是第二次世界大战后最具影响力的国际贸易理论之一。

知识链接 2-5

三、需求偏好相似理论

瑞典经济学家斯塔芬·林德（Staffan Linder）在 1961 年出版的《论贸易与转变》著作中，在国际贸易理论方面，重点从需求方面探讨了国家间贸易的原因和模式，提出了需求偏好相似理论（theory of demand preference similarity），从而从需求角度揭示了产业内贸易现象。林德认为，要素禀赋论只能说明初级产品的国际贸易模式，要用新的贸易理论解释工业化国家之间相互进行工业制成品贸易格局问题，并且这种新的贸易理论不能仅仅从供给方面进行分析，还必须从需求角度来寻求答案。其核心思想就是：国际贸易是国内贸易的延伸，一国出口的往往是那些已经有着较大国内市场的商品；两国之间的贸易规模及其特征是由两国的需求结构和收入水平共同决定的；国与国之间收入水平越接近，需求结构就越相似，贸易流量就越大。他用这个理论来解释第二次世界大战后发达国家之间的工业品贸易现象。

（一）需求偏好相似理论的主要内容

第一，一种产品首先是以满足国内市场需求为条件的，其次才考虑出口国际市场，即一种产品的国内需求是其能出口的前提。在林德看来，一种产品的生产首先是用于满足国内消费者的需求，而后在生产的过程中，生产者不断进行技术革新，降低成本，增加产量。当国内市场制约企业生产规模扩大的时候，生产企业便会开拓相对不熟悉的国际市场，通过产品的出口，扩大生产，增加盈利。企业在生产产品以满足国内市场需求的过程中，为了追求利润最大化，必然要追求规模经济，主要是满足本国最具代表性的消费需求。

第二，影响一国需求结构的决定因素是人均收入水平，而不同收入阶层的消费者消费偏好不同，收入高的消费者偏好质量高的商品，收入低的消费者偏好质量差的消费品（或称为生活必需品）。同时还假定世界不同国家的消费者收入水平相同，其偏好也相同。根据此假定，人均收入水平不同的国家，其需求结构也不同。人均收入水平高的国家，对产品和服务的质量需求也高。比如，在代步工具的选择和消费上，发达国家消费者选择档次较高的家庭轿车；新兴工业化国家消费者一般消费的是档次稍低的家庭轿车，而广大发展中国家的绝大部分消费者则是对自行车、电动车或者是低价微型车的需求更多。一国收入水平的变化、需求偏好或结构的变化，会导致该国产业结构的变化，如中国2009年电动自行车销量居全球第一，微型轿车销量亦是名列前茅。具体来说，就是一国收入水平决定国内需求结构，需求结构影响其国内产业的产品结构。

第三，由于本国的潜在出口产品由本国的需求结构决定，本国的需求结构又由本国的人均收入水平决定，因此两国人均收入水平越接近，两国的需求结构就越相似，两国的产品结构就越类似，两国相互需求就越大，由此产生的贸易规模就越大。

（二）需求偏好理论的结论

综上所述，可以得出以下结论：两国的人均收入水平越接近，其需求偏好的相似度就越高，那么两国之间开展贸易的可能性就越大，贸易的规模也就越大；相反，两国的人均收入水平有较大差异，需求偏好差异就会较大，其贸易的规模就会受到限制。

但是，林德也同时认为由于一国国内人均收入的差别，在平均总体收入水平相差很远的国家，也存在部分居民收入水平相近的现象，从而出现所谓的"需求重叠"。即会出现总体人均收入水平较高国家的一部分人均收入较低的消费群体，与另一总体人均收入稍低国家的一部分人均收入较高的消费群体的消费需求相似的现象。因此林德认为，发达国家与发展中国家之间工业制成品贸易的发生，取决于它们需求结构的重叠程度，因为富国也有穷人，而穷国也有富人。这种需求结构的重叠程度决定着发达国家与发展中国家之间工业制成品贸易的流量和规模。因此，林德的需求偏好相似理论又被称为重叠需求理论（the overlapping demand theory）。

四、产业内贸易理论

传统的要素禀赋理论主要是针对劳动生产率差别较大的国与国之间不同产业的贸易。但自20世纪60年代以来，随着科学技术的不断发展，国际贸易实践中出现了一种和传统贸易理论相悖的新现象，即国际贸易大多发生在具有相似生产要素禀赋的发达国家之间，而不是劳动生产率差别较大的发达国家与发展中国家之间；同时发达国家间的贸易，出现了既进口又出口同类产品的现象。如法国与德国相互出口汽车、洗衣机，意大利、德国和法国彼此出口打字机，法国用自己生产的葡萄酒去交换英国的威士忌。这种现象显示出国家之间要素禀赋差别越小，发生产业内贸易的可能性越大，贸易量也越大。

为了解释这种现象，贸易理论界产生了一种新的理论——产业内贸易理论。最早提出产业内贸易概念的是经济学家彼得·沃顿（Petrus Verdoorn）。1960年，沃顿在考察比利时、荷兰、卢森堡关税同盟内部的贸易形式时，发现联盟内部各国专业化生产的产品大多是同一贸易分类项下的。1962年，迈克尔·麦克利（Michael Michaely）在分析36个国家的贸易数据时也发现，发达国家间的进出口商品构成有较大的相似性。1966年，贝拉·巴拉萨（Bela Balassa）将这种不同国家在同一个产业部门内部进行贸易的现象称为产业内贸易。1975年，美国的赫伯特·格鲁贝尔（Herbert Grubel）和澳大利亚的彼得·劳埃德（Peter Lloyd）合著的《产业内贸易：异质产品的国际贸易理论及计量》对产业内贸易的理论作了系统的论述。

（一）产业内贸易的概念与类型

当代国际贸易从产品内容上看可以分为两种基本类型：一种是产业间贸易（部门间贸易），即一国出口和进口属于不同产业部门生产的完全不同的产品；另一种是产业内贸易（部门内贸易），即一国既出口又进口某种或某些同类产品。所谓同类产品有两个标准：一是消费上能够相互替代，二是生产中有相近或相似的生产要素投入。这种贸易通常也被称为双向贸易或重叠贸易。产业内贸易主要有两类，一是同质产品的产业内贸易，二是异质产品的产业内贸易。

1.同质产品的产业内贸易

同质产品的产业内贸易是指性质完全一致因而能够完全相互替代的产品之间的贸易。消费者对这类产品的消费偏好完全相同，如同样的水果、建材等。这类产品在大多情况下属于产业间贸易的对象，但由于生产区位不同、制造时间不同等，也存在一定程度的产业内贸易现象。

2.异质产品的产业内贸易

异质产品的产业内贸易是指性质相似但不完全相同、不能完全相互替代的产品之间的贸易。异质产品在生产上需要相似的生产要素投入，但产品存在异质性，如雪佛兰、丰田、大众、沃尔沃等汽车都是不完全相同的。具体而言，可以分为垂直型差异产品和水平型差异产品两种类型。

垂直型差异产品，指同一类产品在产品质量、档次上存在差异的产品。在同一类产品的消费偏好中，往往收入较高的消费者偏好高档产品，而收入低的消费者偏好中低档产品。这一类差异在各行各业均有存在。

水平型差异产品，指质量和档次相同的同一类产品中特征或特色不同的产品，如可口可乐与百事可乐。这一类差异产品在食品、化妆品、服装、化工等行业比较普遍。

（二）产业内贸易的理论解释

1.同质产品产业内贸易的原因

同质产品是指性质完全一致因而能够完全相互替代的产品，消费者对这类产品的消费偏好基本相同或极为相似，如同样的水果、砖等。具体而言，同质产品产业内贸易的原因主要有以下几种。

第一，运输成本导致的两国边境大宗产品的交叉型产业内贸易。在矿石、钢铁、木材和玻璃等建筑材料等大宗交易产品当中，由于运输费用占据总成本中的很大一部分，因此存在一国从邻国进口某种产品比从本国国内更远的地区购买该产品更便宜，如果该国更远的地区能够通过边境出口该产品的话，那么产业内贸易发生。例如，中国在东北出口水泥而在华南进口水泥便属于这种情况。

第二，季节性贸易。有些产品的生产和市场需求具有一定的季节性，因此一些国家为了解决国内需求矛盾也会形成产业内贸易，例如，欧洲一些国家为了相互解决用电高峰期而实行电力"削峰填谷"的进出口。另外，一些果蔬的季节性进出口也属于此类。

第三，大量的转口贸易。一些国家和地区大量开展转口贸易和再出口贸易，其许多进出口商品的形式自然基本不变。这时同类产品将同时反映在转口国的进口项目与出口项目中，形成统计上的产业内贸易。

第四，相互倾销。不同国家生产同样产品的企业，为了占领更多的市场，有可能在竞争对手的市场上倾销自己的产品，从而形成产业内贸易。

第五，政府的外贸政策。如果一个国家政府在对外贸易政策中实行出口退税、进口优惠，国内企业为了与进口商品竞争，就不得不以出口得到出口退税，然后再进口以享受进口优惠，这样一来就产生了产业内贸易。

第六，跨国公司的内部贸易。跨国公司的内部贸易也称为公司内贸易，指的是在母公司与子公司或者子公司与子公司之间产生的国际贸易。由于统计上常常将零部件、中间产品及加工产品都视为同样的产品，因此，跨国公司的内部贸易也会形成产业内贸易。

另外，出于经济合作或特殊技术条件的需要，有些国家也开展某些同质产品的交易。如各国银行业、保险业"走出去、引进来"的情况。例如，中国吸引外国银行在华投资，又在世界其他国家投资建立分行。

2. 产品的异质性是产业内贸易的重要基础

差异产品包括水平差异产品和垂直差异产品。具体表现为同类产品的质量性能、规格型号、使用材料、商标牌号、包装装潢和销售服务等方面的差别。实际上，差异产品往往既表现出垂直差异的特点，又表现出水平差异的性质。正是这种同类产品的差异性促进了不同国家之间产业内贸易的产生。

3. 需求偏好的相似性和多样性是产业内贸易的动因

一方面，两国收入水平越接近，社会消费需求偏好越相似，两国之间发生产业内贸易的可能性就越大；另一方面，随着人均收入水平的不断提高，人们的需求结构会越复杂，对产品的差异性需求越大，从而推动生产厂商设计和生产更多的异质性产品，促进产业内贸易的发展。

4. 规模经济是产业内贸易的主要利润来源

随着同类产品中异质性产品越来越多，由于企业资源的约束性，每个企业不会生产完整系列的产品，而会专门生产一定种类的差异产品，这样就形成了某个企业专注于某一种或几种差异产品的规模化生产。大规模的生产可以充分利用企业资源、交通运输及通信设施等良好环境，提高厂房、设备的利用率和劳动生产率，从而达到降低生产成本、增加企业利润的目的，形成生产的规模经济效应。同时，在规模经济较为重要的产业，国际贸易可以使消费者享受到比封闭经济条件下更多种类的产品。因为规模经济意味着在一国范围内企业只能生产有限的产品种类，如果允许自由进出口，则消费者可以在国内市场上购买更多种类的产品，从而增加消费者的福利。

5. 产业内贸易的影响因素

经济学者们通过实证分析研究发现，产业内贸易受到多种因素的影响。产业内贸易程度与贸易国家的人均收入水平、国家的经济实力、贸易方向、共同边界、相同语言、地区一体化的参与程度之间存在正相关关系，而与收入不平衡、地理距离及贸易不平衡之间存在负相关关系。

（三）对产业内贸易理论的简评

产业内贸易理论更符合实际。产业内贸易理论从供给和需求两个方面分析了造成产业内贸易现象出现的原因。在供给方面，参与国际贸易的厂商通常是处在垄断竞争而非完全竞争的条件下，因此产生了同类产品的差异化；在需求方面，消费者的偏好具有多样性，而且各国的消费需求常常存在互相重叠的现象。

产业内贸易理论是对传统贸易理论的批判，是对比较利益理论的补充，它指出了李嘉图的比较利益理论和传统的H-O模型用于解释初级产品和标准化产品的合理性，但是这种理论依然是用一种静态的观点进行分析，这也是它的不足之处。

◇ 导入案例分析

中欧贸易之所以能够在多个领域蓬勃发展，首先是因为随着中国产业结构不断升级，中欧产业结构相似性逐渐提高。并且在同一产业中，中国和欧盟能够生产更多的异质性产品。其次，随着中国与欧洲收入差距的逐渐缩小，中欧双方的需求偏好存在较大相似性以及需求的多样性，从而产生了更多的相互需求。

同时，中欧的绿色发展理念高度契合，坚持走绿色、低碳、循环发展道路的欧盟于2019年公布"欧洲绿色协议"，首次提出到2050年实现碳中和。中国已宣布力争2030年前实现碳达峰、2060年前实现碳中和。中欧双方通过加大第三方市场合作，推动全球可持续发展，弥合发展鸿沟，助力绿色转型。比如欧盟第一个试点"零碳岛"将由中国新能源技术助力打造，上海电力股份有限公司整合风能、太阳能和氢能等技术，正在帮助马耳他戈佐岛实现这一目标。

📝 本章练习

一、单项选择题

1. 提出绝对成本说的古典经济学家是（　　　）。

A. 大卫·李嘉图　　　B. 俄林　　　　C. 亚当·斯密　　　D. 赫克歇尔

2. 提出比较成本说的古典经济学家是（　　　）。

A. 亚当·斯密　　　　B. 俄林　　　　C. 大卫·李嘉图　　D. 赫克歇尔

3. 亚当·斯密和大卫·李嘉图主张的国际贸易政策是（　　　）。

A. 强制性的保护贸易政策　　　　　　B. 自由贸易政策

C. 保护贸易政策　　　　　　　　　　D. 超保护贸易政策

4. 假定中国生产手表和自行车都要8个劳动日，印度分别为12个和10个劳动日，因此，根据比较利益原则（　　　）。

A. 中国生产手表有比较利益　　　　　B. 印度生产手表有比较利益

C. 中国生产自行车有比较利益　　　　D. 印度生产自行车没有比较利益

5. 一国拥有的劳动要素充裕，就应该专门生产劳动密集型产品对外进行交换，这种说法来自（　　　）。

A. 李嘉图的比较成本理论　　　　　　B. 李斯特的保护幼稚工业理论

C. 俄林的要素禀赋论　　　　　　　　D. 凯恩斯的新重商主义

6. 里昂惕夫之谜是针对（　　　）进行研究而得来的。

A. 绝对优势理论　　　　　　　　　　B. 相对优势理论

C. 要素禀赋论　　　　　　　　　　　D. 产品生命周期论

7. 亚当·斯密和李嘉图认为国际贸易产生的根源是（　　　）。

A. 各国间商品价格不同　　　　　　　B. 各国生产要素禀赋不同

C. 各国生产各种商品的劳动生产率不同　D. 各国间要素价格不同

8. 赫克歇尔—俄林要素禀赋说的主要内容包括（　　　）。

A. 要素供给比例说　　　　　　　　　B. 要素价格均等化学说

C. 劳动熟练说　　　　　　　　　　　D. 人力资本说

9.以下不会促进国家间木材的贸易的是（　　　）。

A.贸易前各国木材价格相等　　　　　　B.追求利润的木材价格套利

C.国家间存在木材供给的差别　　　　　D.国家间存在木材需求的差别

10.晚期重商主义理论被称为（　　　）。

A.货币价值论　　　　　　　　　　　　B.贸易差额论

C.财富价值论　　　　　　　　　　　　D.货币差额论

11.根据H-O模型，国与国之间进行分工和贸易后，各国间的生产要素价格比率（　　　）。

A.逐渐增大　　　　　　　　　　　　　B.趋向一致

C.保持不变　　　　　　　　　　　　　D.呈不规则变化

12.一种产品的竞争优势并非长期固定在某一个特定的国家，而是从技术发明国转向生产成本较低的国家，描述这一现象的理论是（　　　）。

A.雁形模式理论　　　　　　　　　　　B.产品周期理论

C.示范效应理论　　　　　　　　　　　D.大宗产品理论

13.产品生命周期理论，在新产品阶段，新产品实际是（　　　）型产品。

A.劳动密集　　　　　　　　　　　　　B.资本密集

C.技能密集　　　　　　　　　　　　　D.科技知识密集

14.从需求角度解释国际贸易产生原因的理论是（　　　）。

A.产业内贸易说　　B.技术差距说　　C.人力资本说　　D.偏好相似说

二、多项选择题

1.H-O模型认为，在国与国劳动生产率相同的条件下，导致各国比较成本差异的有（　　　）。

A.各国要素禀赋的差异　　　　　　　　B.各国规模经济的不同

C.不同商品需要不同的要素组合比例　　D.各国贸易政策的不同

E.各国消费偏好的不同

2.根据传统的国际贸易理论，一国应该出口本国（　　　）。

A.比较成本低的产品　　　　　　　　　B.比较成本高的产品

C.稀缺要素密集的产品　　　　　　　　D.丰裕要素密集的产品

E.绝对成本高的产品

3.根据传统的国际贸易理论，一国应该进口本国（　　　）。

A.比较成本低的产品　　　　　　　　　B.比较成本高的产品

C.稀缺要素密集的产品　　　　　　　　D.丰裕要素密集的产品

E.绝对成本高的产品

4.关于产业内贸易，下列说法中正确的有（　　　）。

A.产业内贸易是产业内同类产品的相互交换

B.产业内贸易的产品流向具有双向性

C.产业内贸易的产品具有多样性

D.产业内贸易的商品在消费上能够相互替代

E.产业内贸易的商品在生产中需要相近或相似的生产要素投入

三、简答题

1.绝对成本论的主要内容是什么？

2.简述要素禀赋理论的推论过程及结论。

3.什么是里昂惕夫之谜？经济学家们对此作了哪些解释？

4.简述重商主义的基本内容。

5.简述产品生命周期理论的主要内容。

6.简述需求偏好相似理论的主要观点。

四、计算题

1.本国生产葡萄酒的单位劳动投入为 1/5，生产布的单位劳动投入为 1；外国生产葡萄酒的单位劳动投入为 1/2，生产布的单位劳动投入为 2。

（1）本国在哪种商品的生产上具有比较优势？为什么？

（2）假如本国用 5 单位葡萄酒换取外国 3 单位布，本国与外国的贸易得益分别是多少？为什么？

2.假设 A、B 两国生产技术相同且在短期内不变，生产 1 单位衣服需要的资本为 1，需要的劳动为 3；生产 1 单位食品需要的资本为 2，需要的劳动为 2。A 国拥有 160 单位劳动和 100 单位资本，B 国拥有 120 单位劳动和 80 单位资本。则：

（1）哪个国家为资本充裕的国家？哪种产品为劳动密集的产品？

（2）假设两国偏好相同且进行国际贸易，哪个国家会出口服装？哪个国家会出口食品？

第三章

国际贸易政策与措施

◎ 学习目标

知识目标：

1. 了解关税的概念及特点，掌握关税的种类和征收方法

2. 熟悉主要的非关税措施

3. 掌握鼓励出口和出口管制的主要措施

4. 了解鼓励进口的主要措施

技能目标：

1. 能运用所学理论知识，分析一国在不同时期所采取的国际贸易政策

2. 能运用所学理论知识，分析在国际贸易中使用的各种贸易措施

素养目标：

通过学习，提高对我国贸易政策的信心，激发爱国情怀

■ 导入案例

守国门、促发展，为推进中国式现代化贡献海关力量

守国门是海关的基本职责，也是落实总体国家安全观的重要责任。我们依法科学监管，运用大数据、智能审图等高科技手段，提升口岸查验和征税效能，保证货物进出口安全有序。2022 年，海关税收入库 2.28 万亿元，增长 13.6%。我们严格检验检疫把关，防止重大动植物疫情传入和外来物种入侵，累计检出有害生物 58 万种次。我们严厉打击走私，立案侦办走私犯罪案件 4500 多起，案值 1200 多亿元，维护了国门安全和营商环境。我们开展"口岸危险品综合治理"百日专项行动，清理因疫情积压在口岸的危险品 2400 多批，查处伪瞒报 1600 多批，及时排除了积压在口岸的危险品在高温天气条件下的重大风险，确保口岸安全。

促发展是"人民海关为人民"的应有之义。我们多措并举服务外贸保稳提质，持续优化口岸营商环境，跨境贸易更加便利，进出口整体通关时间大幅压缩。定期发布外贸数据及各类贸易指数，服务宏观决策和外贸企业。我们先行先试服务高水平对外开放，推进海南自贸港、自贸试验区、横琴粤澳深度合作区、综合保税区等海关监管制度创新。我们积极服务高质量共建"一带一路"，推动"智慧海关、智能边境、智享联通"理念纳入世界海关组织战略规划，与多个国家签署海关合作协议 80 份。支持中欧班列等国际物流大通道建设。我们千方百计助企纾困，先后出台 23 项支持措施，促进外贸稳增长。开展"海关关长送政策上门"活动，切实为企业办实事、解难题。认真执行减税、税收优惠政策，共减税、退税 2850 亿元。

（资料来源：海关总署网站，《国务院新闻办公室举行"权威部门话开局"系列主题新闻发布会介绍"守国门、促发展，为推进中国式现代化贡献海关力量"》，2023 年 3 月 20 日，http://www.customs.gov.cn/customs/xwfb34/302330/4901310/index.html，引用时有删减。）

问：

1.你对海关的职能和关税的特点有哪些了解？

2.如何从利弊两个角度分析关税对国际贸易和经济发展的影响？

第一节　关税措施

一、关税的概念及特点

（一）关税的概念

关税是指准许进出口的货物、进境物品在经过一个国家或地区关境时，由政府所设置的海关向其进出口商或进境物品所有人课征的一种税收。根据《中华人民共和国海关法》，国家在对外开放的口岸和海关监管业务集中的地点设立海关，主要负责监管进出关境的运输工具、货物、行李物品、邮递物品和其他物品，征收关税和其他税、费，查缉走私，编制海关统计和办理其他海关业务。

《中华人民共和国关税法》（以下简称《关税法》）规定，中华人民共和国准许进出口的货物、进境物品，由海关依照本法和有关法律、行政法规的规定征收关税。

（二）关税的主要特点

关税是国家财政收入的一个重要组成部分。它与其他税收一样，具有强制性、无偿性和预定性。强制性是指税收是凭借法律的规定强制征收的，而不是一种自愿献纳，纳税人要按照法律规定无条件地履行义务，否则要受到国家法律的制裁。无偿性是指征收的税收，除特殊例外，都是国家向纳税人无偿取得的国库收入，不需付出任何代价，也不必把税款直接归还给纳税人。预定性是指国家事先规定一个征税的比例或征税数额，征、纳双方必须共同遵守执行，不得随意变化和减免。此外，关税还具有以下特点。

1.关税是一种间接税

按照纳税人的税负转嫁与归宿，通常把税收分为直接税和间接税。关税属于间接税，可在一定条件下由纳税人转嫁出去。因为关税主要是对进出口商品征税，其税负可以由进出口商垫付税款，然后把它作为成本的一部分加在货价上，最后在货物出售时将税负转由买方或消费者承担。

2.关税的税收主体和客体是进出口商和进出口货物

关税与一般国内税不同，关税的纳税义务人是进口货物的收货人、出口货物的发货人、进境物品的携带人或者收件人。关税的税收客体是进出关境的货物（物品），根据《关税法》与有关规定，对各种进出口商品制定不同税目和税率，征收不同的税额。

3.关税是一种重要的国际贸易政策工具

关税体现了政府对国内外贸易以及内外资本流动的诸多干预措施，在维护国家安全和经济利益、促进贸易调整、保护国内产业、影响外部发展等方面发挥着直接且深远的作用，但也很容易造成贸易壁垒，会对经济发展造成一定程度的损害。不同国家在不同时期的关税政策不一样，尽管关税的使用受到越来越严格的限制，但一国根据其经济发展、对外贸易、国内产业和相关利益等需求不断调整关税政策的基本路径并未发生根本性变化。随着新时期国际经济政治格局新特征的呈现，全球关税未来发展趋势将受此影响进而可能产生新变化。

二、关税的分类

（一）按照征税的商品流向分类

1.进口税

进口税是进口国家的海关在外国商品输入时，根据海关税则对本国境内进口商所征收的关税。进口税一般在外国商品进入关境时征收，或者外国商品由自由贸易港、自由贸易区或海关保税仓库等提出运往进口国国内市场销售，在办理海关手续时根据海关税则征收。一般来说，大多数国家对工业制成品的进口征收较高关税，对半制成品的进口税率次之，而对原料的进口税率最低甚至免税。

2.出口税

出口税是出口国家的海关在本国产品输往国外时，对出口商所征收的关税。为避免降低本国产品的国际竞争力，各国已很少征收出口关税。但在某些特殊情况下，为增加本国财政收入、保护本国资源环境、保证本国市场供应、满足其他政治或经济方面的需要而征收出口关税。

3.过境税

过境税是一国对于通过其关境的外国商品所征收的关税。目前，大多数国家都不征收这种关税，一些国家在外国商品通过其关境时仅征收少量的准许费、印花税、登记费、统计费等。

（二）按照征税目的分类

1.财政关税

财政关税是以增加国家财政收入为主要目的而征收的关税。为了达到增加国家财政收入的目的，对进口商品征收财政关税时，一般应具备以下三个条件：

① 征税的进口货物是国内不能生产或无代用品而必须从国外输入的商品；

② 征税的进口货物，在国内必须有大量消费；

③ 关税税率要适中或较低，如税率过高，将阻碍进口，达不到增加财政收入的目的。

2.保护关税

保护关税是指以保护国内市场、促进本国幼稚产业发展为主要目的而征收的关税。保护关税作用的大小与税率高低密切相关，但税率高低必须适当，既不杜绝进口，又能限制大量进口；既能引进市场竞争机制，又不使国内产业处于不利的地位。

（三）按照征税待遇分类

按照征税待遇的不同，关税可分为普通关税、优惠关税和进口附加税三种，它们主要适用于进口关税。

1.普通关税

普通关税又称一般关税，是指对来自没有与本国签订经济贸易互惠协定的国家或地区的商品征收的非优惠性关税。这种关税税率一般由进口国自主制定，税率相对较高。

2.优惠关税

优惠关税是指对来自特定国家或地区的进口货物在关税方面给予优惠待遇，其税率低于普通关税税率。优惠关税一般是互惠关税，即签订优惠协定的双方互相给予优惠关税待遇，但也有非互惠的单向优惠关税，即给惠国只对受惠国给予优惠关税待遇，而受惠国对给惠国不提供反向优惠的关税待遇。

优惠关税主要包括特定优惠关税、普遍优惠制关税和最惠国关税等。

（1）特定优惠关税

特定优惠关税又称特惠关税，是指对从某个特定国家或地区进口的商品给予特别优惠的排他性关税，其他国家不得根据最惠国待遇条款要求享受这种优惠关税。在国际上影响较大的特定优惠关税协定是《洛美协定》和在其基础上发展而成的《科托努协定》。《科托努协定》规定了欧盟国家向参加协定的非洲、加勒比和太平洋地区的部分发展中国家单方面提供的特惠税。自2024年12月1日起，我国给予与我国建交的世界最不发达国家100%税目商品特别优惠零关税待遇也属于此类关税。

（2）普遍优惠制

普遍优惠制，简称普惠制，是发达国家对来自发展中国家及地区的制成品和半制成品单向给予的关税优惠制度。根据世界银行标准不再属于低收入或中等偏低收入的经济体，发达国家可以取消给予普惠制待遇。给予关税优惠的国家叫给惠国，享受关税优惠的国家叫受惠国。中国作为世界上最大的发展中国家也享受过普惠制待遇，世界上曾有41个国家先后给予过我国普惠制关税优惠。随着我国工业的发展，目前我国已从大多数给惠国家"毕业"，仅挪威、澳大利亚、新西兰三国仍给予我国普惠制待遇。

普惠制的主要原则是普遍的、非歧视的、非互惠的。所谓普遍的，是指发达国家应对发展中国家或地区出口的制成品和半制成品给予普遍的优惠待遇。所谓非歧视的，是指应使所有发展中国家或地区都不受歧视、无例外地享受普惠制的待遇。所谓非互惠的，是指发达国家应单方面给予发展中国家或地区关税优惠，而不得要求发展中国家或地区提供反向优惠。

（3）最惠国关税

最惠国关税适用于从与该国签订有最惠国待遇条款的贸易协定的国家或地区所进口的商品。第二次世界大战后，大多数国家都加入了关税与贸易总协定和WTO或者签订了双边贸易条约或协定，相互提供最惠国待遇，享受最惠国税率，因此这种关税通常又被称为正常关税。最惠国税率比普通税率低，但高于特惠关税税率。

3.进口附加税

进口附加税又称特别关税，是对进口商品在征收一般关税以外再加征的额外关税。进口附加税通常是一种特定的临时性措施，其目的主要有应对国际收支危机、防止外国商品低价倾销、对某个国家实行歧视或报复等。进口附加税主要有以下两种。

（1）反补贴税

反补贴税又称抵消税，是对于直接或间接地接受奖金或补贴的外国商品进口所征收的一种进口附加税。征收反补贴税的重要条件是进口商品在生产、制造、加工、买卖、输出过程中接受了直接或间接的奖金或补贴，并使进口国生产的同类产品遭受重大损害。反补贴税的税额一般按"补贴数额"征收，其目的在于提高进口商品价格，抵消其所享受的补贴金额，以保护进口国同类商品的生产。

（2）反倾销税

反倾销税是对于实行商品倾销的进口商品所征收的一种进口附加税，即对倾销商品在进口时除征收进口关税外再征收反倾销税。征收反倾销税的重要条件是进口商品以低于正常价值的价格进行倾销，并对进口国的同类产品造成重大损害。反倾销税的税额一般按倾销差额征收，其目的在于抵制商品倾销，保护本国的市场与产业。

三、关税的征收标准

（一）海关税则

海关税则又称关税税则，是一国对进出口商品计征关税的规章和对进出口的应税与免税商品加以系统分类的目录，是关税政策的具体体现。海关税则一般包括海关课征关税的规章条例及说明、关税税率表两个部分，关税税率表主要包括税则号列、货物分类目录和税率。

（二）海关税则的主要种类

海关税则主要可分为单式税则和复式税则两类。在单式税则或复式税则中，依据制定税则的权限，又可分为自主税则和协定税则。

单式税则又称一栏税则，这种税则一个税目只有一个税率，适用于来自任何国家的商品，没有差别待遇。复式税则又称多栏税则，这种税则在一个税目下定有两个或两个以上的税率，对来自不同国家的进口商品适用不同的税率。目前绝大多数国家采用复式税则，我国现行的进出口税则就属于这种税则制。自主税则是指一国立法机构根据关税自主原则单独制定而不受对外签订的贸易条约或协定约束的一种税则。自主税则可分为自主单式税则和自主复式税则。协定税则是指一国与其他国家或地区通过贸易与关税谈判，以贸易条约或协定的方式确定的税率。这种税则是在本国原有的国家税则以外另行规定的一种税率。它是两国通过关税减让谈判的结果，因此要比国家税则税率低。

（三）关税的征收标准和方法

各国海关通常使用的基本征税标准是从价计征标准和从量计征标准，简称从价税和从量税。此外，还有混合税、选择税、滑准税、暂定税率等计征方法。

1.从量税

从量税是以商品的重量、数量、容量、长度和面积等计量单位为标准，以每一计量单位应纳的关税金额为税率征收的关税。从量税额的计算公式如下：

$$从量税额 = 商品数量 \times 每单位从量关税税率$$

2.从价税

从价税是以进口商品的价格为标准计征的关税，其税率表现为货物价格的百分率。从价税额的计算公式如下：

$$从价税额 = 计税价格 \times 从价税率$$

3.混合税

混合税又称复合税，是对某种进口商品同时征收从量税和从价税的一种方法。混合税额的计算公式如下：

$$混合税额 = 从量税额 + 从价税额 = 商品数量 \times 从量关税税率 + 计税价格 \times 从价税率$$

4.选择税

选择税是对一种进口商品同时定有从价税和从量税两种税率，可以根据不同时期经济条件的变化、政府征税目的和国别政策等选择。

5.滑准税

滑准税是在海关税则中对同一税目的商品按其价格制定不同税率，依该商品的价格高低而适用其不同档次税率计征的一种关税。使用滑准税的目的是保护国内市场，使国内价格维持在一定水平，因此，高档价格商品的税率较低或免税，低档价格商品的税率较高。

6.暂定税率

暂定税率是在海关税则规定的进口优惠税率和出口税率的基础上经过调整后暂时执行的一种更为优惠的关税税率。这种税率一般按照年度制定，并且随时可以根据需要恢复按照法定税率征税。

第二节　非关税措施

一、非关税壁垒的含义及特点

非关税壁垒措施是指关税以外限制进口的各种措施。20 世纪 90 年代以来，在世界各个国家或地区双边和多边贸易谈判的推动下，全球货物贸易平均关税水平下降幅度较大，关税措施对国内市场的保护作用逐渐减弱，贸易壁垒的重点从关税壁垒措施转向非关税壁垒措施。与关税壁垒相比，非关税壁垒措施具有以下特点。

1.具有更大的灵活性和针对性

一般来说，各国关税税率的制定必须通过立法程序，且一经立法便具有一定的延续性，调整或更改税率也需经过较为烦琐的法律程序，还可能受到最惠国待遇条款等因素的约束，较难在税率上作灵活调整。但制定和实施非关税壁垒措施所采用的行政程序较为简便，可以针对来自特定国家的特定商品采取限制措施。

2.具有隐蔽性和歧视性

关税税率确定后一般应以法律形式公开，但非关税壁垒措施往往不公开，或者规定极为苛刻的标准或复杂的手续，使外国商品难以快速应对和适应。同时，一些国家往往针对某个国家采取限制性的非关税壁垒措施，进一步强化了非关税壁垒的差别性和歧视性。

3.更能直接达到限制进口的目的

关税壁垒能提高关税，削弱产品竞争能力，间接限制产品进口，但对于出口国出口补贴、商品倾销难以起到限制作用。采取非关税措施如进口配额等预先规定进口的数量和金额，超过限额就直接禁止进口，这样就能直接达到限制进口的目的。

4.非关税壁垒措施日益增多

当前，非关税壁垒措施的项目日益繁杂，适用的商品范围逐渐扩大。随着世界市场竞争的加剧，保护生态环境及国民健康和安全的需要不断加强，非关税壁垒措施向多样化、严格化、科技化发展。

二、直接非关税措施

（一）进口配额制

进口配额制又称进口限额制，是指在一定时期内，对某些商品的进口数量或金额加以直接的限制，在规定配额以内的货物可以进口，超过配额就不准进口，或者征收更高的关税或罚款后才准许进口。进口配额制主要有绝对配额和关税配额两种。

1.绝对配额

绝对配额是对某种商品在一定时期内的进口数量或金额规定一个最高限额，达到这个数额后，便不准进口。绝对配额制分为全球配额和国别配额两种形式，其中国别配额又可以分为自主配额和协议配额。

2.关税配额

关税配额是指在一定时期内，对在规定配额以内的进口商品，给予低税、减税或免税待遇；对超过配额的进口商品则征收较高的关税、附加税或罚款。关税配额按商品进口的来源，可分为全球性关税配额和国别性关税配额；按征收关税的目的，可分为优惠性关税配额和非优惠性关税配额。

（二）"自动"出口配额制

"自动"出口配额制，是出口国在进口国的要求或压力下，"自动"规定某一时期内某种商品对该国的出口限额。"自动"出口配额制带有明显的强制性，在限额内自行控制出口，超过配额即禁止出口。对进口国来说，"自动"出口配额和绝对进口配额一样，都起着限制商品进口的作用。

（三）进口许可证制

进口许可证制是指一国为加强对外贸易管制，规定某些商品的进口需由进口商向进口国有关主管部门提出申请，经过审查批准获得许可证后方可进口的一种制度。进口商在进口商品时，需申请取得许可证后，才能从国外进口商品，否则一律不准进口。进口许可证一般可分为公开一般进口许可证和特种进口许可证两种。公开一般进口许可证对进口国别或地区没有限制，凡列明属于公开一般进口许可证的商品，进口商只要填写公开一般进口许可证，即可获准进口。特种进口许可证多数指定进口国别或地区，进口商必须向政府主管部门提出申请，经逐笔审查批准后才能进口。

三、间接非关税措施

（一）外汇管制

外汇管制是指一国政府通过法令对国际结算、外汇交易和使用采取限制性措施，以平衡国际收支和维持本国货币汇率稳定的一种制度。在外汇管制下，出口商必须把出口所得外汇收入按官方汇率卖给外汇管制机关，进口商也必须在外汇管制机关按官方汇率申请购买外汇，这样就可以通过控制外汇供应数量，来达到限制进口商品品种、数量和原产国别的目的。

（二）进口押金制

进口押金制又称进口存款制。在这种制度下，进口商在进口商品时，必须预先按进口金额的一定比例和规定的时间，在指定的银行无息存入一笔现金，才能进口。这样就增加了进口商的资金负担，影响了资金的周转，从而起到限制进口的作用。

（三）进口最低限价制

进口最低限价制是指一国政府规定某种进口商品的最低价格，凡进口货价低于规定的最低价格则征收进口附加税或禁止进口，以达到限制低价商品进口的目的。

（四）歧视性政府采购政策

歧视性政府采购政策是指一些国家通过法令或虽无法令明文规定，但实际上要求本国政府机构在招标采购时必须优先购买本国产品，使进口产品受到很大的歧视，从而限制进口产品的销售。

（五）进口和出口的国家垄断

进口和出口的国家垄断是指在对外贸易中，对某些或全部商品的进口或出口由国家机构直接经营，或者是把某些商品的进口或出口的专营权给予某些垄断机构。实行国家垄断的进出口商品主要集中在烟酒、农产品、武器和重要矿产资源等。

（六）专断的海关估价

部分国家可能根据某些特殊规定，提高某些进口货物的海关估价，增加进口货物的关税负担，从而达到阻碍商品进口的目的。除了采用这种专断的海关估价制度提高关税税额外，还可以通过海关对申报表格和单证作出严格要求，或者通过调整商品归类，达到增加进口商品关税、阻碍商品进口的目的。

四、新型非关税措施

（一）技术性贸易壁垒

技术性贸易壁垒是指在国际贸易中，进口方以维护国家安全、保护人类或动植物的生命和健康等为由，在技术标准与法规、合格评定程序、包装和标签要求、产品检验检疫制度、绿色贸易壁垒和信息技术壁垒等方面采取一系列强制性或非强制性的技术性措施，提高对进口商品的要求，从而阻碍其他国家商品自由进入该国市场。技术性贸易壁垒主要包括以下内容。

1. 技术标准

技术标准是指经公认机构批准的、非强制执行的、供通用或重复使用的产品或其相关工艺和生产方法的规则、指南或特性的文件。各国规定的技术标准不尽相同，通常来说，发达国家对于大部分制成品规定了相对严格、苛刻的技术标准。目前存在的技术标准有产品标准、国家标准和国际标准，有关专门术语、符号、包装、标志或标签等要求也是标准的组成部分。

2. 技术法规

技术法规是指必须强制执行的有关产品特性或其相关工艺和生产方法的规定。工业发达国家颁布的技术法规种类繁多，而且它们不像技术标准那样可以互相协调，因此在国际贸易中构成了比技术标准更难逾越的技术性贸易壁垒。由于各国法律制度的差异，这些技术法规存在多种不同的表现形式，通常包括：① 法律和法规；② 政府部门颁布的指令、决定、条例；③ 技术规范、指南、准则、指示；④ 专门术语、符号、包装、标志或标签要求。技术法规所包含的内容主要涉及劳动安全、环境保护、卫生与保健、交通规则、无线电干扰、节约能源与材料等。

3. 合格评定程序

合格评定程序是指任何直接或者间接用于确定某种商品是否符合技术法规或者标准要求的相关程序。合格评定程序一般由认证、认可和相互承认组成，其中影响较大的是第三方认证。认证可分为产品认证和体系认证：产品认证是指由授权机构出具证明，认可和证明产品符合技术规定或标准的规定；体系认证是指确认生产或管理体系符合相应规定，目前影响较大的国际体系认证有 ISO 9000 质量管理体系认证和 ISO 14000 环境管理体系认证等。

（二）绿色贸易壁垒

绿色贸易壁垒是指以保护人类和动植物的生命、健康或安全，保护生态或环境为由采取的直接或间接限制甚至禁止贸易的法律、法规、政策与措施。绿色贸易壁垒的产生和发展主要是出于保护生态环境的需要，以环境保护为目的的绿色贸易壁垒从总体上来说是合理的，但在很多情况下，很难辨别一种绿色贸易壁垒是出于环境保护的目的还是出于贸易保护的目的，因此在具体的实施过程中，绿色贸易壁垒往往成为贸易保护主义的工具。绿色贸易壁垒主要有以下几种形式。

1.绿色技术法规与标准

主要代表性标准是国际标准化组织公布的ISO 14000环境管理体系，该标准对企业的清洁生产、产品生命周期评价、环境标志产品、企业环境管理体系加以审核，要求企业建立环境管理体系。一些国家在空气、噪声、电磁波、废弃物等污染防治、化学品和农药管理、自然资源和动植物保护等方面制定了多项法律法规以及许多产品的环境标准，如汽车尾气排放标准、陶瓷铅镉含量标准、皮革PCP（五氯酚）残留量标准等。

2.绿色环境标志

绿色环境标志是根据有关的环境标准和规定，由政府管理部门或民间团体依照严格的程序和环境标准颁给厂商，附印于产品包装上，以向消费者表明该产品从研制和开发到生产、使用直至回收利用的整个过程符合环境保护的要求，对生态系统无危害或危害极小。环境标志的认证标准包括资源配置、生产工艺、处理技术和产品循环再利用及废弃物处理等各个方面，对产品的全过程环境行为进行控制管理。

3.绿色包装制度

为节约资源和能源、减少废弃物，一些国家采取措施建立绿色包装制度，以立法的形式规定禁止使用某些包装材料，如含有铅、汞和镉等成分的包装材料；或者通过建立存储返还制度要求使用可循环使用的容器，要求产品的包装必须利于回收处理且不能对环境产生污染；还有一些国家通过立法的形式限制商品过度包装。

4.绿色卫生检疫、检验制度

为了保护环境和生态资源，确保人类和动植物健康，许多国家特别是发达国家制定了严格的产品检疫、检验制度。各国环境和技术标准的指标水平和检验方法不同，以及对检验指标设计的任意性，使环境和技术标准可能成为技术性贸易壁垒。

第三节　鼓励出口和出口管制措施

一、鼓励出口的主要措施

（一）出口信贷

出口信贷是一种国际信贷方式，它是一国政府为支持和扩大本国大型设备等产品的出口，增强国际竞争力，对出口产品给予利息补贴、提供出口信用保险及信贷担保，鼓励本国的银行或非银行金融机构为本国的出口商或外国的进口商（或其银行）提供利率较低的贷款，以解决本国出口商资金周转的困难，或满足国外进口商对本国出口商支付货款需要的一种国际信贷方式。出口信贷的信贷方式有以下三种。

1.卖方信贷

卖方信贷是出口方银行向本国出口商提供的贷款。这种贷款协议由出口厂商与出口方银行签订。卖方信贷通常用于机器设备、船舶等的出口。由于这些商品出口所需的资金较大且时间较长，进口厂商一般都要求采用延期付款的方式。出口厂商为了加速资金周转，往往需要取得银行的贷款。因此，卖方信贷是银行直接资助本国出口厂商向外国进口厂商提供延期付款，以促进商品出口的一种方式。

2.买方信贷

出口信贷是出口方银行直接向进口商提供的贷款，而出口商与进口商所签订的成交合同中则规定为即期付款方式。出口方银行根据合同规定，凭出口商提供的交货单据，将货款付给出口商。同时记入进口商偿款账户，然后由进口方按照与出口方银行订立的交款时间，陆续将所借款项偿还出口方银行，并付给利息。所以，买方信贷实际上是一种银行信用。

3.买卖双方银行间信贷

买方信贷的另一种形式，即由出口方银行向进口方银行提供信贷，以便进口方得以用现汇偿付进口的机械设备的货款。进口方银行可以按照进口商原计划延期付款的时间陆续向出口方银行归还贷款，也可以按照双方银行另行商定的还款办法办理。至于进口商对进口方银行的债务，则由它们在国内直接结算清偿。

（二）出口信贷国家担保制

出口信贷国家担保制是一国政府设立专门机构，对本国出口商和商业银行向国外进口商或银行提供的延期付款商业信用或银行信贷进行担保，当国外债务人不能按期付款时，由这个专门机构按承保金额给予补偿。这是国家用承担出口风险的方法，鼓励扩大商品出口和争夺海外市场的一种措施。

出口信贷国家担保的业务项目，一般都是商业保险公司所不承担的出口风险，主要有两类：一是政治风险，二是经济风险。前者是由于进口国发生政变、战争及特殊原因，政府采取禁运、冻结资金、限制对外支付等造成的损失。后者是进口商或借款银行破产无力偿还、货币贬值或通货膨胀等原因所造成的损失。承保金额一般为贸易合同金额的 75% ～ 100%。出口信贷国家担保制是一种国家出面担保海外风险的保险制度，收取费用一般不高，随着出口信贷业务的扩大，国家担保制也日益加强。英国的出口信贷担保署、法国的对外贸易保险公司等都是这种专门机构。

知识链接 3-1

（三）出口补贴

出口补贴又称出口津贴，是一国政府为了降低出口商品的价格，增加其在国际市场的竞争力，在出口某商品时给予出口商的现金补贴或财政上的优惠待遇。出口补贴的目的就是促使该国的补贴商品扩大出口量。出口补贴又包括直接补贴和间接补贴两种方式。

1.直接补贴

直接补贴是指出口商品时，政府直接给予本国出口商品现金补贴。WTO禁止对工业品出口进行直接补贴，因此这种形式主要存在于农产品贸易中。

2.间接补贴

间接补贴是指政府对某些出口商品给予财政上的优惠，主要有以下几种。

（1）出口退税

出口退税是指政府对出口商品的原料进口税和其在国内生产及流转过程中已缴的国内税税款全部或部分地退还给出口商。出口退税有利于出口商降低销售成本和价格，提高竞争能力。出口退税具体包括两方面内容：① 退还出口商品所用原材料或半制成品的进口税，因为这些进口货不是为了本国消费，而是通过改制、修理或加工以后再出口。② 退还出口商品的各种国内税，包括销售税、消费税、增值税、营利税等，以减轻出口商的业务负担。如巴西政府对出口工业品免征工业产品税和商品流通税，我国也长期采取出口退税制。

（2）出口减税

出口减税是指政府对出口商品的生产和经营减免各种国内税与出口税。出口减税也是为了帮助出口商降低产品成本，提高国际市场竞争能力。它主要包括：① 减免各种国内直接税和间接税；② 免征出口税；③ 对出口收入实行减税。出口减税和出口退税不同，前者发生在出口商品的生产经营过程，而后者发生在出口过程中或出口后的一段时期。相对来说，出口减税使出口商品生产经营者每一环节的生产投入下降，便利了资金周转，因而有利于出口商。

（3）出口奖励

出口奖励是指政府对出口商按其出口业绩给予各种形式的奖励，其目的在于鼓励出口商进一步扩大出口规模，增加创汇能力。出口奖励一般采取现金奖励，也有外汇分红和出口奖励证书等其他形式。外汇分红指政府从出口商的创汇收入中提取一定的外汇奖励给出口商。出口奖励证书是指政府对出口商颁发的一种可以在市场上出售或凭以进口一定数量外国商品的证书。出口奖励一般是按出口商在一定时期内的总出口额或总创汇额的一定比例对出口商予以奖励，而不论出口商是盈是亏。

（四）商品倾销

商品倾销是指以远低于国际市场价格、国内批发价格，甚至低于生产成本的价格，向国外抛售商品，从而打击竞争者、占领市场的一种手段。从表面上看，低于成本销售会使出口厂商蒙受经济损失。但是，实际上，倾销的这种损失不仅可以通过各种途径得到补偿，甚至可以获得更高的利润。主要做法有：① 以国内垄断高价补偿国外低价销售损失；② 通过倾销击败竞争者、占领市场后，以垄断高价补偿倾销时期的损失；③ 接受国家组织的出口补贴来补偿倾销亏损。商品倾销按照具体目的和时间的不同，可分为以下几种。

1.临时性倾销

当某种商品的集中消费季节将过或已过，尚有库存积压时，降价向国外抛售，目的是清理库存、减少费用，实现资金周转。

2.间歇性倾销

以低于国际市场和国内市场价格的低价，大量向国外某市场倾销商品，目的是挤垮竞争对手，阻碍当地同类商品生产或迫使竞争对手退出该市场，待占据该市场并取得垄断地位后，再提高价格，以攫取高额垄断利润。这种倾销又称侵略性倾销或掠夺性倾销。

3.持续性倾销

以低于国际市场和国内市场价格的低价，持久地向国外大量倾销商品。其目的一般是为国内过剩商品或过剩生产能力解决出路，保护国内产业和生产者利益，转嫁经济危机，同时利用这一手段从经济上控制进口国家。

4.社会性倾销

利用廉价劳动力和原料，使生产成本降低，借以用较低的出口价格向国外大量倾销商品，目的是扩大出口，增加外汇收入，改善国际收支状况。

（五）外汇倾销

外汇倾销是指政府利用本国货币对外贬值的机会争夺国外市场的一种手段。货币贬值后，出口商品以外国货币表示的价格降低，从而提高竞争能力，达到扩大出口的目的。

1.外汇倾销的条件

外汇倾销不能无限制和无条件地进行，只有具备以下条件才能起到扩大出口的作用。

（1）货币对外贬值的程度大于国内物价上涨的程度

一般来说，货币对内贬值与对外贬值的趋势是基本一致的，而只有在对外贬值程度高于国内物价上涨程度时，才有可能"奖出限入"。但货币对外贬值必然引起国内物价上涨，当国内物价上涨程度赶上或超过货币对外贬值程度时，外汇倾销就起不到作用了。但国内物价的相应上涨总是滞后于货币对外贬值一段时期，因此出口企业可在这段时期内获得外汇倾销的好处。

（2）出口商品的价格需求弹性比较大

一国货币对外贬值后，其对出口作用的大小还要受到出口商品价格需求弹性大小的制约，即随着商品价格的下跌，需求量会增大，需求弹性大。如果出口商品价格需求弹性大，出口数量增加的幅度超过价格下跌的幅度，则货币贬值对商品出口的促进作用相应也比较大；如果出口商品价格需求弹性较小，则对出口的促进作用不明显。

（3）其他国家不同时实行同等程度的货币贬值措施

如果一国货币对外贬值，但对方国家的货币也实行同等程度的贬值，则两国货币贬值的效果就相互抵消了，汇率仍处于贬值前的水平而得不到货币对外贬值的利益。

2.外汇倾销的效应

首先，外汇倾销导致的本币贬值会降低本国出口产品的价格水平，从而提高出口产品的国际竞争力，扩大出口。其次，外汇倾销使外国货币升值，提高了外国商品的价格水平，从而降低进口产品的国内市场竞争力，有利于控制进口规模。

（六）促进出口的行政组织措施

1.设立专门的官方促进出口的组织和机构

政府设立为出口提供公共服务的机构，辅助本国企业走向国际市场，成为当今各国鼓励出口的重要手段。美国早在1960年就成立了扩大出口全国委员会，1979年又成立了总统贸易委员会和贸易政策委员会，定期讨论和制定对各国的贸易政策。有的国家则成立半官方的机构或政府支持的民间机构，为企业出口提供多项服务。

2.设立专门的市场调研机构，建立商业情报网

发展出口贸易，国际市场动向的信息尤为重要。为此，许多国家都设立了官方或官方与民间混合的商业情报机构，在海外设立商业情报网，专门负责向国内出口企业提供国际市场的商务信息。这类活动一般由国家出资进行，收费很少甚至免费，而且信息较准确，传递速度较快。如英国设立的出口情报服务处，其情报由英国220个驻外商务机构提供，然后由计算机分析处理，分成500种商品和200个地区或国别的市场情报资料，供国内出口企业参考。

3.设立贸易中心、组织贸易展览会和贸易代表团

贸易中心是永久性的设施。贸易中心提供陈列展览场所、办公地点和咨询服务等。贸易展览会是流动性的展出，许多国家都十分重视这项工作。政府通常对这类展出提供多方面援助，如德国企业出国展览，政府一般负担展品运费、场地费和水电费等。我国也比较重视这方面的促销措施，国内以中国进出口商品交易会（简称"广交会"）为龙头的各类交易展览洽谈会为促进我国出口贸易作出了巨大的贡献。有些国家为了发展外贸或平衡外贸，常由政府出面组织贸易代表团出访。这类代表团在国外既采购商品也推销商品。

4.对出口厂商给予精神鼓励

第二次世界大战后，许多国家对出口商给予精神奖励的做法日益盛行。对扩大出口成绩卓著的厂商，国家授予奖章、奖状，并通过授奖活动推广它们扩大出口的经验。例如美国设

立总统"优良"勋章和"优良"星字勋章，得奖厂商可以把奖章样式印在其公司的文件、包装和广告上。

（七）经济特区措施

经济特区是一个国家或地区在其国境以内、关境以外所划出的一定区域范围，在这个区域内，通过实行较国内其他地区更加灵活开放的政策和措施，如降低地价、减免关税、放开海关管制和外汇管制，提供各种服务等优惠办法，吸引外国货物，发展转口贸易，或鼓励和吸引外资，引进先进技术，发展加工制造业，以达到开拓出口贸易、增加外汇收入、促进本国或本地区经济发展的目的。设置经济特区的主要目的是促进对外贸易发展，鼓励转口贸易和出口加工贸易，繁荣本地区和邻近地区的经济，增加财政收入和外汇收入。

各国或地区设置的经济特区名目繁多，规模不一，主要有以下几种。

1. 自由港

自由港又称自由口岸，是全部或绝大多数外国商品可以豁免关税自由进出口的港口。自由港一般具有优越的地理位置和港口条件，其开发目标和运营功能与港口本身的集散作用密切结合，以吸引外国商品，扩大转口贸易，发挥商品集散的作用。如德国的汉堡、不来梅，意大利的热那亚和里雅斯特，法国的敦刻尔克，丹麦的哥本哈根，葡萄牙的波尔图等，亚洲的中国香港以及新加坡、阿联酋迪拜等，都是当今世界上著名的自由港。我国海南岛现在也正在探索建设中国特色的海南自由贸易港。

2. 自由贸易区

自由贸易区又称对外贸易区或自由区，是自由港的发展和延伸，即它以自由港为依托，并将范围扩大到自由港的邻近地区。

自由港和自由贸易区都划在一国关境以外，推行的政策基本相似，设立的目的都是方便转口和对进口货物进行简单加工，并以转口邻近国家和地区为主要对象，主要面向商业，以获取商业利益为主。但是在自由贸易区内还可设立金融中心、证券市场等，因此，自由贸易区的功能和业务一般要超过自由港。

自由港和自由贸易区在经济和贸易方面实行特殊的开放政策，主要表现在贸易自由、金融自由、投资自由、运输自由；同时还可在港内自由改装、拣选、分类、重新包装、长期储存等。

自由港的功能主要表现在可扩大对外贸易，使设港国家或地区更方便地加强国际经济联系，有效地利用国际分工所带来的各种利益；提高港口的营运效率，促进转口贸易，大大提高港口的吞吐量；有利于港口自身的经济发展和现代化，扩大设港国的居民就业，引进技术和资金，增加港口土地和相关设施的收入。

3. 保税区

保税区又称保税仓库区，是由海关设置或经海关批准的受海关监管的特定地区和仓库。外国商品进入保税区内可以进行储存、分类、改装、混合、展览甚至加工和制造，免征进出口税。但如进入国内市场，则需办理海关手续和缴纳关税。此外，有的保税区还允许在区内经营金融、保险、房地产、展销和旅游业务。因此，许多国家对保税区的规定与自由港、自由贸易区的规定基本相同，使其起到了类似自由港或自由贸易区的作用。

4. 出口加工区

出口加工区是一个国家或地区在其港口或邻近港口、国际机场的地方，划出一定的范围，新建和扩建码头、车站、道路、仓库和厂房等基本设施以及提供免税等优惠待遇，鼓励外国企业在区内投资设厂，生产以出口为主的制成品的加工区域，它是专门为生产出口产品而开辟的加工制造区域。

出口加工区与自由港或自由贸易区的区别在于自由港或自由贸易区是以发展转口贸易、取得商业收益为主；而出口加工区是以发展出口加工工业、取得工业收益为主。

出口加工区所推行的政策措施主要有：对外商给予优惠关税待遇，凡投资设厂所需的机械设备、原材料、零配件等，一律免征进口税。加工出来的商品出口，一律免征出口税；给予国内税优惠，如减免所得税、营业税等；放宽外国企业投资比例，在区内投资比例不受任何限制，可高达100%；放宽外汇管制，保证外商的投资利益，包括利息和股息全部可以自由汇回本国。此外，对于报关手续、土地、仓库和厂房的租金、贷款利息、外籍职工的职务及其家属的居留权等都给予优惠待遇。

出口加工区与境外之间进、出的货物，除国家另有规定外，不实行进出口配额、许可证件管理；国家禁止进、出口的商品，不得进、出出口加工区；出口加工区外禁止开展的加工贸易业务也不得在出口加工区内开展，法律法规另有规定的除外；规定出口加工区内不得开展拆解、翻新业务。

5.综合性经济特区

综合性经济特区，也称为多种经营特区，是指一国在其港口或港口附近等地划出一定的范围，新建或扩建基础设施和提供减免税收等优惠待遇，吸引境外企业在区内从事外贸、加工工业、农畜业、金融保险和旅游业等多种经营活动的区域。

我国所设立的经济特区就属于这一种。自1979年以来，我国先后在深圳、珠海、汕头、厦门和海南省设立了这种经济特区。这种中国式的经济特区具有以下几个基本特点。

一是属于综合性多种经营的经济特区，包括工业、农业、商业、房地产、旅游、金融、保险和运输等行业。

二是经济特区的经济发展资金主要靠外资，产品主要供出口。

三是对前来投资的外商，在税收和利润汇出等方面给予特殊的优惠和方便，改善投资环境，以吸引较多外资，促进特区的经济与对外贸易的发展。

6.科学工业园区

科学工业园区，又称工业科学园区、高技术园区等，是以加速新技术研制及其成果应用，缩短从研制到生产的时间，服务于本国或本地区工业的现代化，并便于开拓国际市场为目的，通过多种优惠措施和便利条件，将智力、资金高度集中，专门从事高新技术研究、试验和生产的新兴产业开发基地。世界上较有影响的科学工业园区有美国的"硅谷"，英国的剑桥科技园，法国的格勒诺布尔科技园，德国的慕尼黑高科技工业园，日本的筑波科学城，中国的北京中关村高新技术开发区、台湾新竹科学工业园区等。一般来说，科学工业园区旨在扩大科技产品的出口和扶持本国或本地区技术的发展。

7.自由边境区

自由边境区过去也称自由贸易区，这种设置仅见于拉丁美洲少数国家。一般设在本国的一个省或几个省的边境地区，基本按照自由贸易区或出口加工区的优惠措施给予相应的优惠。

对于在区内使用的生产设备、原材料和消费品，可以免税或减税进口。如从区内转运到本国其他地区出售，则须照章纳税。外国货物可在区内进行储存、展览、混合、包装、加工和制造等业务活动，其目的在于利用外国投资开发边区的经济。自由边境区与出口加工区的主要区别在于，自由边境区的进口商品加工后大多是在区内使用，只有少数用于再出口。故建立自由边境区的目的是开发边区的经济，因此有些国家对优惠待遇规定了期限。当这些边区的生产能力发展起来后，就逐渐取消某些商品的优惠待遇，直到废除自由边境区。例如墨西哥设立的一些自由边境区期限到达时，就取消了原有的优惠待遇。

8.过境区

过境区是沿海国家为了便利内陆邻国的进出口货物，开辟某些海港、河港或国境城市作为货物的自由中转区。对于进入过境区的货物，一般予以简化海关手续、免征关税或只征小额过境费用的优惠待遇。过境货物在区内可作短期储存，重新包装，但不能加工。

（八）其他措施

1.利用金融措施促进出口

（1）外汇分红

外汇分红是指为了调动出口商的出口积极性，扩大出口，一些国家的政府允许出口商从其所得的外汇收入中提取一定百分比的外汇。对于这部分外汇，出口商可自由支配，既可用于进口，也可以在外汇市场上按较高的汇率出售。

（2）出口奖励证制

出口商按官方汇率向外汇银行结售外汇时，除取得相应本币外，银行还另行发给外汇转移证。这种外汇转移证，使企业既可以在需要进口时凭以向外汇银行购买外汇，也可以把此证在外汇市场上出售给需用外汇的客户（该证上记有出售金额）。出售外汇转移证的收入，实际上是对出口商的额外汇价补贴，是一种变相的复汇率。

（3）复汇率制

一国货币对某一外国货币的汇率规定有两种或以上的汇率即为复汇率制。其目的之一是对某些商品的出口给予鼓励。

（4）进出口连锁制

政府规定进出口商必须履行一定的出口义务方可获得一定的进口权利，或获得一定的进口权利的进出口商必须承担一定的出口义务。通过进出口相联系的办法，实现有进有出，以进带出，或通过以出许进的方式，扩大出口。

2.利用法律等手段维持出口秩序

利用法律等手段维持出口秩序，防止出口商过度降价竞争，是一些国家维护本国出口商利益，谋求出口稳定扩大的重要措施。例如，国外针对我国产品的反倾销和保障措施案件较多，一方面是由于贸易保护主义和发起国利益集团对政府政策的影响，另一方面也是由于我国部分出口商竞相压价，造成低价竞销的恶性循环。因此，加强内部的联合并利用法律手段稳定出口秩序，是外贸发展的必由之路。

3.通过对外援助促进出口

通过向发展中国家提供对外援助以促进对这些国家的出口，是发达国家经常采用的一种扩大出口的措施。其促销对象一般是过剩农产品或本国机械产品；也有的是在提供对外援助时附加有利于本国出口的条件，或者是政府的低利优惠贷款与商业银行的出口信贷相结合，以提高本国出口产品的竞争力等。

4.在引进外国直接投资时注意鼓励扩大出口

许多发展中国家和地区在引进外国直接投资时特别注意与鼓励扩大出口相结合，如对出口比例高的项目在税收和金融方面给予更多优惠。有些在政策上有意控制合资企业中外资比例的国家也对出口型企业给予特殊照顾。

二、出口管制措施

（一）出口管制的目的

出口管制是指一国政府通过建立一系列审查、限制和控制机制，以直接或间接的方式防止本国限定的商品或技术通过各种途径流通或扩散至目标国家，从而实现本国的安全、外交和经济利益的行为。出口管制的目的有以下两个。

1.政治与军事目的

政治与军事目的的出口管制是指通过限制或禁止某些可能增强其他国家军事实力的物资，特别是战略物资的对外出口，来维护本国或国家集团的政治利益与安全。同时，也将禁止向某国或某国家集团出售产品与技术，作为推行外交政策的一种手段。

2.经济目的

对出口商品进行管制，在经济上可以限制某些短缺物资的外流，有利于本国对商品价格的管制，减少出口需求对国内通货膨胀的冲击。同时，出口管制有助于保护国内经济资源，使国内保持一定数量的物资储备，从而利用本国的资源来发展国内的加工工业。

（二）出口管制的对象

各个国家都有不同程度的出口管制政策。一国实施出口管制政策时，一般是根据其国内市场及对外经济、政治关系情况，实行差别性的国别政策，即把受到出口管制的国家分组别进行不同程度的管制。出口管制的商品大致有以下几类。

1.战略物资及有关的尖端技术产品

如对武器、军事设备、军用飞机、军舰、先进的电子计算机及其有关技术资料等进行严格的出口限制，规定必须领取特别出口许可证才准予出口，有的则禁止出口。对这类商品实行出口管制，主要是从国家安全和军事防务的需要出发，以及从保持科技领先地位和经济优势的需要考虑。

2.国内生产和生活紧缺的物资

其目的是保证国内生产和生活的需要，抑制国内商品价格上涨，稳定国内市场。西方国家大多对稀有金属、石油和天然气、煤等物品实施出口管制。我国亦对粮、棉、油以及重要工业原材料等限制出口。

3.出口国"自动"控制出口的商品

有些国家在出口某类商品时，为了缓和与进口国的贸易摩擦，在进口国的要求下或迫于对方的压力，不得不对某些具有很强国际竞争力的商品实行出口管制。

4.历史文物和艺术珍品

这是出于保护本国文化艺术遗产和弘扬民族精神的需要而采取的出口管制措施。如英国政府规定，古董和艺术珍品历史在100年以上者，必须领取出口许可证方能出口，而这类许可证很难领取。

5.在国际市场上占主导地位的重要商品和出口额大的商品

对于一些出口商品单一、出口市场集中，且该商品的市场价格容易出现波动的发展中国家来讲，对这类商品实行出口管制，目的是稳定国际市场价格，保证正常的经济收入。比如，欧佩克（OPEC）对成员国的石油产量和出口量进行控制，以稳定石油价格。此外，对于被出口国垄断的某些商品，控制其出口，目的在于保持垄断商品的垄断高价。

（三）出口管制的形式

1.单方面的出口管制

单方面的出口管制是指出口国根据本国的出口管制条例或法案，设立专门的执行机构，负责本国某些商品的出口审批和出口许可证颁发的一种出口管制措施。由于出口管制的商品、程序、机构等完全由出口国自行决定，因此称为单方面的出口管制。

单方面的出口管制常采用以下措施来实现：① 对一些商品的出口实行国家专营，可以起到较为理想的管制效果；② 征收出口税，使关税税率保持在一个合理水平，可以较好地控制出口；③ 出口许可证制度和出口配额制使政府能够有效地控制出口商品的国别和地区、数量及价格；④ 出口禁运是最为严厉的一类措施，一般都是针对敌对国家或国内紧缺的原材料或初级产品。

2.多边出口管制

多边出口管制是指几个国家的政府为达到共同的政治和经济目的，建立各国共同参与的国际性出口管制机构，对出口管制的货物清单和出口管制的国别开展商讨与编制，对出口管制的办理程序与手续作出规定，从而使各国的出口管制政策与措施得到协调的一种出口管制形式。

知识链接 3-2

（四）出口管制措施的种类

一般来说，执行出口管制国家的机构根据出口管制的有关法案，制定管制货物目录和输往国别分组管制表，然后采用出口许可证制，制定具体的出口申报手续。出口商出口受管制的商品时，必须向商务部配额许可证事务局或商务部授权的省商务厅（局）申请出口许可证。出口管制最常见和最有效的手段是运用出口许可证制度。出口许可证是国家商务管理部门代表国家统一签发的、批准某项货物出口的具有法律效力的证明文件，用来证明出口商合法出口列入国家许可证管理目录的货物的证明文件，是海关验放该类货物的重要依据。出口许可证分为一般许可证和特殊许可证。

1.一般许可证

一般许可证又称普通许可证，这种许可证相对较易取得，出口商无须向有关机构专门申请，只要在出口报关单上填写这类商品的普通许可证编号，经过海关核实就办妥出口许可证手续。

2.特殊许可证

出口属于特种许可范围的商品，必须向有关机构申请特殊许可证。出口商须在许可证上填写清楚商品的名称、数量、管制编号及输出用途，再附上有关交易的证明书和说明书报批，获得批准后方能出口，如不予批准就禁止出口。

一般而言，一国实施贸易政策的目的是扩大出口和减少进口，但是一些国家出于政治和经济的考虑而实施出口管制政策。出口管制是一国对外施行通商和贸易的歧视性手段之一，实施出口管制，对被管制国家和实施该政策的国家经济都造成负面影响。总之，出口管制不仅是国家管理对外贸易的一种经济手段，也是对外施行差别待遇和歧视政策的政治工具。

知识链接 3-3

第四节　鼓励进口的措施

实施积极的进口鼓励措施，加强技术、产品和服务进口，有利于增加有效供给、满足生产生活需求，也有利于用好外汇储备，促进国际收支平衡。进口国政府可以通过有关的经济和行政的办法与措施鼓励外国商品进口。

一、进口鼓励政策实施的商品对象

1.国内紧缺的生产性原材料

为了维持国内生产供给的正常化，政府将对国内稀缺的原材料的进口实行鼓励政策。

2.国内急需的各种先进的生产技术和设备

发展中国家为了加快本国工业化进程，促进产业升级换代，需要对这类产品的进口实行鼓励政策。

3.国内生产极少或根本不生产的某些产品

由于各国技术水平、资源禀赋状况存在差异，每个国家都有一些不能生产或不具备比较优势的商品。对于这类商品的进口也可实行鼓励政策，以满足国内生产需求或消费需求。

4.某些特殊的具有战略安全意义的商品

为了保卫国家安全，政府对于那些具有战略意义的先进的军事装备或相关的其他技术设备和资料的进口可以实行鼓励政策。

二、鼓励进口的主要措施

（一）关税政策

政府可以对鼓励进口的商品实行特殊的关税优惠政策，视不同情况采取降低关税直至全部免除关税的措施，鼓励进口的关税政策往往会和鼓励出口的关税政策结合使用。例如，一些发达国家对进口的原材料实行关税减免，同时对用进口原材料生产的出口产品实行退税政策，这种退税政策鼓励了出口，同时也鼓励了用进口原材料生产出口产品，实际上也等同于鼓励原材料进口。

（二）非关税政策

非关税政策通常是用来限制进口的。但是，如果一国需要鼓励某些商品进口，就可以降低非关税措施的保护程度。由于非关税措施具有极大的灵活性，特别能够适应政府对外贸易政策的各种变化。例如，政府可以通过放松对进口许可证申领的管制程度有选择地鼓励某些商品的进口，也可以通过对进口配额的控制、进口商品的检验等环节有针对性地鼓励某些商品的进口。

（三）国家专营

政府通过国家对某些商品的进口专营直接控制进口规模，在需要实行进口鼓励政策的情况下，可以比较容易地扩大有关商品的进口规模。

◇ 导入案例分析

1.关于海关的职能和关税的特点

根据《中华人民共和国海关法》规定，国家在对外开放的口岸和海关监管业务集中的地点设立海关，主要负责监管进出关境的运输工具、货物、行李物品、邮递物品和其他物品，征收关税和其他税、费，查缉走私，编制海关统计和办理其他海关业务。

关税与其他税收一样，具有强制性、无偿性和预定性的特点。此外，关税还有以下特点：① 关税是一种间接税；② 关税的税收主体和客体是进出口商和进出口货物；③ 关税是一种重要的国际贸易政策工具。

2.从利弊两个角度分析关税对国际贸易和经济发展的影响

从利的角度分析，关税对国际贸易和经济发展有以下影响：① 保护国内产业。对于国内能大量生产或者暂时不能大量生产但将来可能发展的产品，规定较高的进口关税，可以削弱进口商品的竞争能力，保护国内同类产品的生产和发展。② 增加政府税收。关税的征收可以增加政府的财政收入，有助于政府更好地执行其职能，包括提供公共服务、支持基础设施建设等。③ 调整贸易差额。当一国出现严重的贸易逆差和国际收支逆差时，通过提高进口关税等限制进口措施，可以缩小贸易逆差，改善其国际收支状况。

从弊的角度分析，关税对国际贸易和经济发展的影响：① 提高国内价格。关税的征收会提高进口商品的价格，这可能增加国内消费者的负担，降低其生活水平。② 减少进口量。关税的存在可能会减少进口量，这可能导致国内市场上某些商品的供应不足，从而影响消费者的选择。③ 引发贸易争端。高关税可能会引发贸易争端，导致国际贸易关系紧张，这可能阻碍国际贸易的发展，对全球经济产生负面影响。④ 阻碍资源最优配置。关税可能会阻碍资源的最优配置，使得资源不能在全球范围内得到有效利用，这可能降低全球经济的效率，阻碍全球经济的发展。

综上所述，关税对国际贸易和经济发展的影响既有有利的一面，也有不利的一面。政府在制定关税政策时，需要权衡各种因素，以实现经济的持续、稳定、健康发展。

📝 本章练习

一、单项选择题

1.出口方银行直接向外国的进口厂商或进口方银行提供的贷款叫（　　　）。

A. 卖方信贷　　　　B. 买方信贷　　　　C. 短期信贷　　　　D. 中期信贷

2.以占领、垄断和掠夺国外市场，获取高额利润为目的的商品倾销方式是（　　　）。

A. 临时性倾销　　　B. 间歇性倾销　　　C. 长期性倾销　　　D. 社会性倾销

3.以下不是关税纳税人的是（　　　）。

A.进口货物的收货人　　　　　　　B.出口货物的发货人

C.进境物品的所有人　　　　　　　D.进口货物的零售商

4.我国设立的经济特区属于（　　　）。

A. 自由贸易区　　　B. 出口加工区　　　C. 自由边境区　　　D. 综合性经济特区

5.建立自由边境区的目的是（　　　）。

A. 开展当地贸易　　　B. 发展对外贸易　　　C. 开发边区经济　　　D. 开发边区资源

二、多项选择题

1.鼓励出口的措施有（　　　）。

A. 出口信贷　　　　　　　B. 商品倾销　　　　C. 外汇倾销

D. 出口信贷国家担保制　　　E. 出口补贴

2.买方信贷（　　　）。

A.是出口方银行向进口厂商或进口方银行提供的贷款

B.是进口方银行向国外出口厂商提供的一种贷款

C.其利率较低

D.其贷款又称约束性贷款

E.是国际上流行的一种出口信贷方式

3.出口信贷国家担保（　　　）。

A.由商业保险公司承担风险　　　　　　B.其担保对象主要是本国进出口商

C.主要担保经济风险和政治风险　　　　D.收费较高　　　　E.分短期、中期、长期

4.一国货币对外贬值可以（　　　）。

A.扩大该国商品出口　　　　　　　　　B.扩大该国商品进口

C.使该国商品出口减少　　　　　　　　D.使该国进口减少

E.改善贸易逆差

5.促进对外贸易发展的经济特区措施有（　　　）。

A.自由贸易区　　　　　　　　　B.保税区　　　　　　C.出口加工区

D.多种经营经济特区　　　　　　E.自由边境区

三、判断题

1.出口方银行直接向外国厂商提供的贷款叫卖方信贷。　　　　　　　　（　　）

2.卖方信贷是一种商业信用。　　　　　　　　　　　　　　　　　　　（　　）

3.出口信贷是一种非限制性贷款，这种贷款可用于购买任何国家的产品。（　　）

4.出口信贷利率一般低于国际金融市场贷款利率。　　　　　　　　　　（　　）

5.出口信贷国家担保制的业务项目通常是商业保险公司不承保的项目。　（　　）

6.一般来说，自由港以发展加工贸易为主，出口加工区以发展转口贸易为主。（　　）

7.外汇倾销可以无限制、无条件地进行。　　　　　　　　　　　　　　（　　）

8.一般情况下，本币升值，其汇价就会上升，有利于该国出口。　　　　（　　）

9.进入保税区的外国商品由于不必通关和缴纳关税，因此不受海关监督，可以自由出口。

（　　）

10.我国实行的是自由贸易区的制度。　　　　　　　　　　　　　　　（　　）

四、简答题

1.新型的非关税措施主要有哪些?

2.各国在鼓励出口方面的措施主要有哪些?

3.促进出口的行政组织措施有哪些?

第四章

区域经济一体化

🎯 学习目标

知识目标：

1. 了解区域经济一体化的概念及形式

2. 熟知不同区域经济一体化形式的差别

3. 了解不同区域经济一体化组织的形成和发展过程

技能目标：

1. 理解区域经济集团产生的原因、发展和对国际贸易的影响

2. 能分析区域经济一体化对国际贸易的影响

素养目标：

通过学习，提高对区域经济一体化的理解，坚定对我国对外贸易政策的信心

■ 导入案例

2010年1月1日，发展中国家间最大的自由贸易区——中国—东盟自由贸易区正式建立。中国—东盟自贸协定的实施进一步巩固了中国和东盟的经济关系，有效推动了区域内贸易便利化、投资自由化，使双边贸易、投资合作快速发展。数据显示，2010年，中国—东盟自贸区建成运行的第一年，中国与东盟双边贸易额达2927.8亿美元，同比增长37.5%；2022年，中国与东盟双边贸易额增长至9753.4亿美元，较2010年增长2.3倍。2009年以来，中国连续14年保持东盟最大贸易伙伴，2020年东盟跃升为中国第一大贸易伙伴，首次形成中国同东盟互为第一大贸易伙伴的良好格局。中国和东盟也互为重要的投资来源地和目的地。中国商务部数据显示，截至2023年7月，中国同东盟国家累计双向投资额超过3800亿美元，在东盟设立直接投资企业超过6500家。

（资料来源：钟飞腾，《中国助力东盟打造经济增长中心》，《经济日报》，2023年9月9日，http://m.ce.cn/ttt/202309/09/t20230909_38708150.shtml，引用时有删减。）

问：中国—东盟自由贸易区的建立对中国和东盟经济发展起到什么作用？

第一节 区域经济一体化概述

在区域经济一体化的大潮中，世界各国（地区）都在积极寻求区域合作，各成员依据共同章程，通过有序分工，更加有效地利用区域内资源，获得分工利益，促进共同发展与繁荣。区域经济一体化有效拓展了参与国家（地区）市场，降低了企业的成本，成为推动组织内部国家（地区）发展的新引擎。

一、区域经济一体化的概念及特征

（一）区域经济一体化的概念

区域经济一体化是指两个或两个以上地理或经济制度邻近的国家（地区），通过书面方式达成协议，让渡自己的部分经济或政治主权，建立起超国家的管理机构，以集团的力量参与国际市场竞争，对内实行贸易投资自由化和经济技术合作，对外构筑显性或隐性的贸易壁垒，以追求合作区域内利益，促进成员间的经济整合和发展的过程。

知识链接 4-1

（二）区域经济一体化的特征

区域经济一体化有着诸多特点和优点，呈现出如下特征。

1. 通过实施区域经济一体化，增强与外部的抗衡能力

这一特征在战后历次经济危机中一体化的内部优势得以体现。第二次世界大战后，苏联与美国形成了冷战局面，双方在欧洲开展激烈的争夺。为了维护主权，增强与苏美相抗衡的能力，西欧国家领导人决策并实施了一体化道路，通过内部的联合大大增强了国际谈判能力，得到了更好的贸易条件。

2. 区域经济一体化促进劳动生产率提高

第三次科技革命极大地促进了社会生产力的提高与国际分工的广度和深度，加快了各国经济相互依赖的国际化趋势。各国根据比较优势的原理通过参与分工，使得合作区域内的劳动生产率提高，加上技术的提高，生产质量和数量均得到提高。

3. 区域经济一体化促进区域内贸易规模扩大

区域经济一体化成员之间削减或减少了关税壁垒，为成员间贸易创造了良好的条件，促进区域内贸易规模扩大。这被称为"贸易创造"效应。区域市场不断扩大，刺激经济发展，对于国内（地区内）市场相对狭小的成员来说尤为重要。

4. 更多的成员加入新的区域经济一体化组织

区域经济一体化组织的建立使得原来的国家竞争转变为集团之间的竞争。因为对于成员和非成员之间的产品实行差别待遇，所以原来的成员与外部的贸易转变为成员之间的贸易，进而造成了贸易方向的转移。这种"贸易转移"会对非成员造成压力，促使他们也加入这个区域经济一体化组织或者寻求建立他们自己的一体化组织，如此会形成新的区域经济一体化组织和吸引更多的成员加入。

二、区域经济一体化的主要形式

区域经济一体化联合体的各参与国（地区）根据各自的目标和要求，结合本国（地区）自身的具体情况和条件，与他国（地区）组成了不同形式的区域经济一体化组织。不同的组织形式反映了经济一体化的不同发展程度，也反映了成员之间经济干预和联合的深度与广度。按照组织性质以及贸易壁垒取消的程度划分，区域经济一体化可分为以下几种形式。

（一）优惠贸易安排

优惠贸易安排（preferential trade arrangement）是区域经济一体化中最低级和最松散的组织形式。成员之间通过贸易条约或协议规定在相互贸易中对全部商品或部分商品实施特别的关税优惠，对来自非成员的进口商品，各成员则按自己的关税政策实行进口限制。如：建立初期的东南亚国家联盟（东盟）就是在成员之间互减关税，但对非成员仍维持较高关税，形成一种优惠贸易集团。

（二）自由贸易区

自由贸易区（free trade area）是指签订自由贸易协议的成员之间相互取消关税和进口数量限制，使商品在各成员之间可以自由流动，但各成员对来自非成员的进口商品仍然按各自的标准征收关税。例如北美自由贸易区、中国—东盟自由贸易区等均属于此类形式。

（三）关税同盟

关税同盟（customs union）是指成员之间相互取消关税和进口数量限制，使商品在各成员之间可以自由流动，同盟还对来自非成员的进口商品采取统一的限制政策，即同盟外的商品不论进入同盟内的哪个成员都将被征收相同的关税。例如，早期的欧洲经济共同体和东非共同体。

关税同盟意味着撤除成员各自原有的关境，组成共同的对外关境，具有超国家性质。关税同盟使其成员的商品在区域内部自由流动的同时，排除了来自非成员商品的竞争，一体化程度比自由贸易区更进一步。

（四）共同市场

共同市场（common market）是指成员之间不仅在商品贸易方面废除了关税和数量限制，并对非成员商品进口征收共同关税，还规定了生产要素（资本、劳动力等）也可在成员间自由流动。例如，欧洲共同体在1992年底建成的统一大市场，其主要内容就是实现商品、人员、劳务、资本在成员之间的自由流动。

（五）经济联盟

经济联盟（economic union）是指成员之间除了商品与生产要素可以实行自由流动及建立共同对外关税，还要实施更多的统一的经济政策和社会政策，如财政政策、货币政策、产业政策、区域发展政策等。例如，欧洲联盟就属于此类经济一体化组织。

在理论上，应在多大的经济政策范围内实现统一才能称得上经济联盟，尚没有明确界定。但是，货币政策的统一作为一个重要标志是具有共识的，即成员之间有统一的中央银行、单一的货币和共同的外汇储备。到目前为止，世界上只有欧洲联盟达到这一阶段。

（六）完全经济一体化

完全经济一体化（complete economic integration）是经济一体化的最高级组织形式。区域内各成员在经济联盟的基础上，全面实行统一的经济和社会政策，使各成员在经济上形成单一的经济实体。而该经济实体的超国家机构拥有全部的经济政策制定和管理权。目前世界上尚无此类经济一体化组织。

第二节 区域经济一体化范例

由于区域经济一体化对促进经济发展具有巨大作用，各国出于自身利益的考虑，顺应潮流纷纷发起或加入各种区域经济一体化组织。在众多的区域性组织中，最有代表性和规模最大的区域经济一体化组织是欧洲联盟、北美自由贸易区、亚太经济合作组织、中国—东盟自由贸易区和《区域全面经济伙伴关系协定》。

一、欧洲联盟

欧洲联盟（European Union，EU），简称欧盟，是当今世界一体化程度最高的区域政治、经济集团组织。欧盟前身是欧洲经济共同体（European Economic Community，EEC）。

1951 年 4 月，法国、德国、意大利、荷兰、比利时、卢森堡六国政府签订了《欧洲煤钢联营条约》（也称《巴黎条约》），建立了欧洲煤钢共同体，并于 1957 年 3 月 25 日签订了《欧洲原子能共同体条约》和《欧洲经济共同体条约》，这两个条约合在一起统称为《罗马条约》。《罗马条约》于 1958 年 1 月 1 日生效，同时，欧洲原子能共同体和欧洲经济共同体正式成立。

1958 年 12 月，欧洲共同体首脑会议通过"欧洲一体化文件"，决定于 1992 年 12 月 31 日以前建成一个没有国界的"内部统一大市场"，实现商品、劳务、人员和资金的自由流通。1993 年初，统一大市场已经开始运行。1991 年 12 月，在荷兰马斯特里赫特城举行了成员首脑会议，决定正式签署《马斯特里赫特条约》（简称"马约"，又称《欧洲联盟条约》）。这个条约由《经济和货币联盟条约》与《政治联盟条约》组成。前者的最终目标是实现欧洲统一货币和成立欧洲中央银行；后者的目标是建立共同外交、防务、社会政策等方面的国家联盟。1993 年 11 月，"马约"被所有的成员批准通过，从此，欧洲共同体改名为"欧洲联盟"。

1999 年 1 月 1 日，欧盟 11 国开始在其国内经济贸易活动中使用欧元，并在 2002 年推行欧元的全面使用。截至 2025 年 5 月，欧盟现有 27 个成员（欧盟成员原为 28 国，2016 年 6 月，英国全民公投决定"脱欧"，2020 年 1 月 30 日，欧盟正式批准了英国脱欧），已经建成经济、货币联盟，实施统一的货币政策，建立了多种经济一体化制度。欧元打破了美元作为世界货币的垄断地位，使得欧洲在世界金融界的发言权空前提高。

知识链接 4-2

二、北美自由贸易区

北美自由贸易区（North American Free Trade Area，NAFTA），前身是由美国和加拿大两国建立的美加自由贸易区。

20 世纪 80 年代后，美加之间的经济关系获得了进一步发展，双方在投资、贸易上相互渗透，相互依赖关系更加深厚。然而，两国在经济上的矛盾又频频发生并不断扩大，以致危及双方的经济利益。于是，两国逐步认识到，只有通过双边自由贸易，才能避免矛盾的进一步激化，并获得自由贸易的好处，求得最佳的经济利益。这是促成《美加自由贸易协议》签订的内在动因。1988 年 1 月 2 日，美国总统和加拿大总理签署了《美加自由贸易协议》，并分别获得了美国国会和加拿大议会的批准，于 1989 年 1 月 1 日正式生效。

《美加自由贸易协议》规定 10 年内取消商品进口关税和非关税壁垒，两国商品关税分三批陆续最终降至为零。同时该协议为防止转口避税，制定了原产地规则。

美国签订《美加自由贸易协议》后，马上又于 1990 年 6 月与墨西哥磋商签订美墨自由贸易协议事宜，1990 年 9 月加拿大宣布将加入谈判。美国、加拿大、墨西哥三国于 1991 年 6 月正式开始谈判，并于 1992 年 8 月 12 日签订了《北美自由贸易协议》，该协定于 1994 年 1 月 1 日正式生效。

《北美自由贸易协议》规定 15 年内建成北美自由贸易区，三国的商品关税取消分三批进行：50% 的商品关税立即取消；另外 15% 的商品关税在 5 年内取消；其余的商品在 6 ～ 15 年内逐步取消。在原产地规则方面，《北美自由贸易协议》相对于《美加自由贸易协议》更趋完善和严格，如它要求包含 62.5%（美加协议是 50%）以上北美部件的车辆才有资格享受免税待遇。纺织品及服装必须在北美自由贸易区内生产主要部分，方可享受关税减免待遇。

北美自由贸易区的建立，不仅对美、加、墨三国的经济产生推动作用，也对国际贸易和世界经济产生了很大影响，在世界各大区域贸易组织中具有重要的地位和作用。首先，北美自由贸易区有效地促进了区域内贸易和投资。例如，与墨西哥的合作使美国获得了更大的市场，这对于美国商品的输出极为有利，其中包括农产品、电信、环保、能源、金融等相关技术产品的输出。对墨西哥来讲则得到了美国和加拿大两大市场，在纺织业、皮革制品、玻璃制品等都有了更多的出口机会。其次，北美自由贸易区为墨西哥带来了就业岗位，同时提高了工人待遇。再次，北美自由贸易区推进了自由贸易的共识，加深了区域贸易发展的信心，为美洲自由贸易区的建立提供了基础和合作蓝本。最后，北美自由贸易区是世界上第一个由发达国家和发展中国家组成的经济集团，该自由贸易区成员间的政治、经济情况差异非常大，因此具有比较典型的研究和参考的价值与意义。

三、亚太经济合作组织

亚太经济合作组织（Asia-Pacific Economic Cooperation，APEC），简称亚太经合组织，是在澳大利亚建议下建立起来的。APEC成员位于环太平洋地区，分布在美洲、亚洲和大洋洲，在全球经济活动中占有重要地位。

1989年11月，亚太地区的12个国家（美国、日本、澳大利亚、加拿大、新西兰、韩国、马来西亚、泰国、菲律宾、印度尼西亚、新加坡、文莱）在澳大利亚堪培拉举行第一届部长会议，这标志着亚太经济合作组织的成立。亚太经合组织成员目前已达21个，我国于1992年加入该组织。

APEC每年举行一届部长级会议。1991年11月，在韩国汉城（今首尔）举行的第三届部长级会议通过的《亚太经合组织成立宣言》（简称《汉城宣言》）正式确立APEC的宗旨和目标为"相互依存，共同利益，坚持开放的多边贸易体制和减少区域贸易壁垒"。从1993年起，APEC每年举行一次领导人非正式会议。领导人非正式会议不仅扩大了APEC的国际影响，而且为今后APEC贸易投资自由化与便利化和经济技术合作注入了政治推动力。亚太经济合作组织除了领导人非正式会议和部长级会议，还有高官会议、委员会、工作组和秘书处等多个活动层次。亚太经济合作组织也有一些常设组织机构，如秘书处，其主要职能是协调组织一年一度的部长级会议和多个工作组与委员会的具体事务性工作；贸易和投资委员会，其主要职能是协调和促进亚太地区及全球的贸易与投资活动。

四、中国—东盟自由贸易区

中国—东盟自由贸易区（China–ASEAN Free Trade Area，CAFTA）是中国与东盟十国组建的自由贸易区，是发展中国家间成立的最大的自贸区。

东盟是东南亚国家联盟的简称，正式成立于1967年8月，是一个在政治、经济和安全问题上协调合作的区域性组织，由文莱、柬埔寨、印度尼西亚、老挝、马来西亚、缅甸、菲律宾、新加坡、泰国和越南十国组成。

2000年11月，朱镕基总理在新加坡举行的第四次中国—东盟领导人会议上首次提议研究建立中国—东盟自由贸易区。2001年11月，朱镕基在文莱斯里巴加湾市召开的东盟与中日韩（10+3）领导人会议上进一步推动该倡议。2002年11月4日，中国与东盟在柬埔寨金边举行的第六次领导人会议上签订《中国与东盟全面经济合作框架协议》，标志着中国—东盟建立自由贸易区的进程正式启动。中国—东盟自由贸易区是中国对外商谈和建立的第一个自贸区，也是东盟作为整体对外商谈的第一个自贸。2010年1月1日，随着《货物贸易协议》等文件全面生效，中国—东盟自由贸易区正式建成，标志着中国与东盟之间的经济联系上升到新的历史水平，为中国和东盟各国的贸易发展和经济合作增添新的动力，对促进世界贸易发展发挥积极作用。

在自由贸易政策的推动下，中国与东盟经济融合持续加深，经贸合作日益加快。2013—2023 年，中国与东盟贸易年均增速 8.8%，高出同期中国整体外贸年均增速 3.8 个百分点。2024 年，双边贸易持续增长，规模达人民币 6.99 万亿元。2024 年，东盟连续 5 年保持中国第一大贸易伙伴地位，中国也连续 16 年保持东盟第一大贸易伙伴。

知识链接 4-3

五、《区域全面经济伙伴关系协定》

《区域全面经济伙伴关系协定》（Regional Comprehensive Economic Partnership，RCEP）是 2012 年由东盟发起，由包括中国、日本、韩国、澳大利亚、新西兰和东盟十国共 15 方成员制定的协定。

2022 年 1 月 1 日，RCEP 正式生效，首批生效的 10 个国家包括文莱、柬埔寨、老挝、新加坡、泰国、越南等 6 个东盟国家和中国、日本、新西兰、澳大利亚等 4 个非东盟国家。2023 年 6 月 2 日，RCEP 对菲律宾生效，至此，RCEP 对 15 个成员均已生效。

RCEP 实施以来，通过实施统一的关税减让、原产地累积规则、贸易和投资自由化便利化及其他贸易规则，有效推动了多边贸易体系发展，区域贸易成本大幅降低，产业链供应链联系更加紧密，各成员间的贸易往来更加密切，为扩大高水平对外开放注入新动能。2024 年，中国对 RCEP 其他 14 个成员合计进出口额达人民币 13.16 万亿元，较协定生效前的 2021 年增长 10%。

RCEP 成员覆盖世界近一半人口和近三分之一贸易量，成为目前涵盖人口最多、成员构成最多元、发展最具活力和潜力的自由贸易区，是亚太地区重要的命运共同体和责任共同体。成员之间不断扩大开放、拓展市场，将有力提振区域贸易和投资信心，促进产业链供应链紧密合作，推动亚太区域经济一体化进程，为自由贸易和多边贸易体制提供有力支持。

⊙ 导入案例分析

中国—东盟自由贸易区（CAFTA）的建立，为中国进一步拓展东盟市场、促进贸易投资自由化起到了积极的推动作用。同时，CAFTA 也为东盟国家提供了更多与中国经济交流的机会，促进了区域内经济发展。

CAFTA 对中国经济的影响主要体现在以下几个方面。

一是促进了中国商品的出口。CAFTA 建立以来，东盟国家对中国商品的需求大幅增加，其中，以机械、化工、电子、纺织品及其成品、矿产品等为主的制造业出口量不断增加，出口额占比大。与此同时，中国也积极参与东盟国家的投资，通过投资、建设工厂等方式，提升了中国生产的效率和竞争力，推动了中国出口额的增长。

二是提升了中国企业的国际竞争力。通过参与 CAFTA，中国企业有机会进一步了解东盟国家的市场需求和商业习惯，优化产品和服务，提高了企业的竞争力。同时，中国与东盟国家还在知识交流、人才培养等方面开展了更紧密的合作，为企业发展提供了更加坚实的基础。

三是增加了中国的经济活力。CAFTA 的建立为中国提供了各种新的贸易机遇，推动了中国的出口和国内经济的发展。此外，CAFTA 的建立也成为中国与其他国家开展自由贸易的重要参考，为中国的全球经济地位提供了更为坚实的支持。

而对于东盟国家来说，CAFTA对其经济的影响则表现在以下方面。

一是提升了地区间贸易的水平。CAFTA的建立，使东盟国家成为中国商品进入国际市场的"桥梁"，获得将本地区优势资源和制成品推向国际市场的机会，提升了地区贸易水平和东盟国家在国际市场中的竞争力。

二是促进了区域内经济发展的繁荣。CAFTA的建立促进了地区内各国市场的互联互通，降低了商品和服务的价格。这有利于东盟国家提高消费者福利水平，提升本地区经济活动的竞争力，加快经济发展的速度和质量。

三是加强了中国与东盟国家之间的战略合作。CAFTA的建立标志着中国与东盟国家的战略合作进一步推进，为双方文化、经济和政治的交流建立了重要的桥梁和纽带。双方将在此基础上进一步加强交流合作，推动更多更深入的合作机制的建立。

总的来说，CAFTA的建立对于中国和东盟国家的互利合作具有重要的意义。中国通过CAFTA为其对外贸易持续发展注入新动力，从全球格局出发，创造了更多的发展机遇，进一步提升了国际竞争力。东盟国家通过CAFTA充分发挥自身在东亚地区的经贸优势，拓宽了本土市场和区域贸易，实现了居民财富的增长和经济发展的繁荣。

📝 **本章练习**

一、单项选择题

1.成员之间生产要素不能自由流动的经济一体化形式是（　　　）。

A.关税同盟　　　　B.共同市场　　　　C.经济同盟　　　　D.完全经济一体化

2.各成员方之间不仅取消了关税和其他壁垒，实现了内部的自由贸易，还取消了对外贸易政策的差别，建立起对非成员方的共同关税壁垒，这是区域经济一体化形式中的（　　　）。

A.关税同盟　　　　B.自由贸易区　　　C.共同市场　　　D.经济同盟

3.东盟属于（　　　）区域经济一体化组织。

A.优惠贸易安排　　B.自由贸易区　　　C.关税同盟　　　D.经济同盟

4.截至2024年12月，欧盟已有（　　　）个成员。

A.15　　　　　　　B.20　　　　　　　C.25　　　　　　D.27

5.《区域全面经济伙伴关系协定》首批生效的成员有（　　　）个。

A.5　　　　　　　　B.10　　　　　　　C.15　　　　　　D.27

二、多项选择题

1.以下属于区域经济一体化组织形式的有（　　　）。

A.自由贸易区　　　B.关税同盟　　　　C.共同市场　　　D.经济同盟

2.北美自由贸易区的成员包括（　　　）。

A.美国　　　　　　B.巴西　　　　　　C.澳大利亚　　　D.墨西哥　　　E.加拿大

3.关税同盟区域经济一体化组织的特点有（　　　）。

A.建立对非成员方的共同关税壁垒

B.商品与生产要素可以自由流动

C.实施更多的统一的经济政策和社会政策

D.成员间取消关税和其他壁垒

三、判断题

1.自由贸易区是最为低级和松散的一种经济一体化形式。　　　　　　　　　　（　　　）

2.在自由贸易区内，生产要素可以自由流动。 　　　　　　　　　　　（　　）

3.完全经济一体化是经济一体化的最高、最终阶段。 　　　　　　　　（　　）

4.经济一体化中的自由贸易区是指区域内成员间实行商品自由流通，而对区域外的成员实行统一的关税。 　　　　　　　　　　　　　　　　　　　　　　　　（　　）

5.关税同盟的成员之间不仅建立了共同的对外关税，而且实现了生产要素和服务的自由流动。 　　　　　　　　　　　　　　　　　　　　　　　　　　　　（　　）

四、简答题

1.区域经济一体化的特征有哪些？

2.北美自由贸易区对三个成员方来说各有哪些益处？

3.亚太经济合作组织的宗旨和目标是什么？

实务篇

第五章

国际货物贸易交易磋商及合同的商定

◎ 学习目标

知识目标：

1.了解国际货物贸易交易磋商的流程

2.熟悉发盘和接受的有效要件

3.熟悉国际货物买卖合同的主要特点

技能目标：

1.能够分析交易磋商的不同阶段

2.能够根据交易磋商的内容判断双方交易是否达成

3.能够分析国际货物买卖合同中的主要内容

素养目标：

1.具备重合同守信用的素质

2.具备诚实守信的职业素养

3.具备互利共赢的商业观念

■ 导入案例

俄罗斯泛泰贸易公司于2024年6月25日上午与中国青岛金圣公司通话，就购买冷冻水产品进行口头磋商，金圣公司报价为每公吨210美元FOB青岛，泛泰公司业务员对该报价没有表态。第二天下午泛泰公司业务员再次来电话，表示愿意接受前一天的报价，而此时金圣公司也获悉该商品的国际市场价格开始上涨。

试问：金圣公司是否受6月25日发盘的约束？为什么？

第一节　交易磋商

一、交易磋商的前期准备

（一）充分熟悉交易货物

1.熟悉交易货物

不管是工贸一体化的公司还是外贸公司，外贸业务人员都需要对交易货物非常熟悉，只有对货物了如指掌才能够顺利开展业务，减少业务风险，具体包括以下几个方面。

（1）货物的生产过程和工艺

外贸业务员在给客户报价时，如果能够清晰地了解货物生产等细节问题，就能够掌握构成其制造成本的关键点，在面对客户还盘时也能合理应对。

（2）货物的专业分类和专有名词

在国际贸易中，同一个货物在不同国家可能有不同的描述和分类，而货物的分类又直接关系到进出口的相关政策、海关管理等，所以业务员需要通过不同的分类，来明确货物的品种和专有名词，并以此来有针对性地开展政策调研和目标市场分析。

（3）货物规格、标准的表示方法及包装细节等

对货物的具体规格、生产标准的了解，能够帮助业务员进一步了解货物的行业标准和国际标准，货物的细节可以体现在货物品质描述、交易磋商中对货物的改进和调整，以及各项费用的核算等，也有利于后期跟单工作的顺利开展。

2. 熟悉交易货物的渠道

对新手业务员来说，熟悉交易货物主要有以下渠道。

（1）通过实地学习获取一手资料

工厂的打样间、生产车间、样品间都是很好的货物学习场所，直观地观察学习或者亲自动手参与生产过程，有利于对货物种类、规格、成分、性质、包装、产能等情况的了解；涉及货物供应链上下游、采购渠道、分销渠道等的信息，可以向采购部门寻求帮助。

（2）通过查询查阅拓展货物知识

为了进一步丰富货物知识，进行全面的比较分析和专业调研，可以借助相关的专业图书，因为专业图书往往能够提供系统全面的货物知识。同时，外贸业务员也可以通过阿里巴巴、中国黄页、商务类网站等获取有关货物的信息。

（3）通过探讨交流吸取宝贵经验

在不同的行业，有很多习惯做法和不成文的惯例，外贸业务员应该虚心向老业务员请教，在老业务员的帮助和指导下，不断积累业务经验。

（二）分析国际市场

国际市场调研是为了获得与贸易有关的各种信息，通过对信息的分析得出国际市场行情特点，判定贸易的可行性并据此制订贸易计划。国际市场调研主要包括国际市场环境调研、国际市场商品情况调研、国际市场营销情况调研、境外客户情况调研等。

1. 国际市场环境调研

国际市场环境调研具体包括以下内容。

（1）经济环境分析

经济环境分析包括世界经济环境分析和目标市场的经济环境分析，其中世界经济环境可以围绕世界经济格局及发展趋势、国际贸易构成、国际金融体系等方面开展；目标市场经济环境则围绕自然条件、总体经济状况和生产力发展水平、产业结构特点、该国宏观经济政策和货币政策、经济法律、价值观念、商业习惯、消费水平等方面开展。

（2）政治和法律环境分析

目标国家的政治和法律环境构成了市场进入的直接障碍，国际营销企业不仅要注意了解和分析目标市场的政治和法律环境的特征，遵守当地的法律法规，而且要注意规避政治风险，维护企业的合法权益。国际市场营销的政治和法律环境分析包括政府的重要经济政策，政府对贸易施行的鼓励、限制措施，有关外贸方面的法律法规，如关税、配额、国内税收、外汇限制、卫生检疫和安全条例等。

（3）文化环境分析

世界各国的文化背景不同，导致客户的需求不同，要想做到货物的适销对路，就必须开

展文化环境分析，判断各国客户需求的差异性，包括使用语言、教育水平、宗教、风俗习惯、价值观念等。

（4）其他分析

其他分析包括目标市场的人口状况、物流情况和地理特点等情况。

2. 国际市场商品情况调研

企业要把商品打入国际市场或从国际市场进口商品，除需了解国际市场环境外，还需了解国际市场商品情况，通过对货物品种、规格、用料、颜色、包装、商标使用等方面的调查，开发针对目标市场适销对路的货物；通过对市场容量、供货主要来源、主要生产者、生产能力、数量及库存情况等方面的调查，分析目标市场的供给情况；通过消费水平、质量要求、消费习惯、销售季节、货物销售周期等方面的调查，了解目标市场的需求状况；同时，通过国际市场货物的价格、货物供求价格变动规律来分析贸易货物的整体价格状况。

3. 国际市场营销情况调研

国际市场营销情况调研包括货物销售渠道的调研、广告宣传调研、计价货币的选择调研、售前售后服务的调研、制订货物发展规划的调研和竞争分析。

4. 境外客户情况调研

企业进出口货物必须选择合适的销售（进货）渠道和客户，做好境外客户的研究。一般来说，外贸企业对境外客户的调研主要包括以下内容：

① 客户政治情况，包括客户的政治背景、与政界的关系、对我国的政治立场等。

② 客户资信情况，包括客户拥有的注册资本、资产负债等资产情况和企业的经营信誉。

③ 客户经营业务范围，包括客户企业经营的货物及其品种。

④ 客户类型，包括客户企业是中间商还是最终用户，是专营商还是兼营商等。

⑤ 客户经营能力，包括客户业务活动能力、资金融通能力、贸易关系、经营方式和销售渠道等。

（三）寻找交易对象

寻找客户的方法很多，可以分为两类，即被动获客渠道和主动获客渠道。其中展会、跨境电商平台、短视频营销等属于被动获客渠道，而搜索引擎、社交媒体营销、海关数据等则属于主动获客渠道。每种方式都有利弊，建议外贸公司取长补短，组合使用。以下选取几种作大体介绍。

1. 展会

展会分为境内展会、境外展会两种。企业选择展会时，应与自身的营销、出口目标相结合，通常参加专业性展会的效果比参加综合性展会要好；企业参展的展品应注意和展览会的主题一致。另外，外贸业务员应仔细核算成本和可能带来的商机，再考虑是否去境外参展。全球范围内主要的专业展会包括德国汉诺威工业博览会、巴黎国际航空航天展、意大利米兰国际服装展览会、中东（迪拜）秋季国际商品博览会、中国进出口商品交易会、中国国际进口博览会、中国国际消费品博览会等。

2. 跨境电商平台

跨境电商平台营销是利用跨境电商平台，以满足客户需求为核心，通过平台的视觉、运营、交互、服务等工具，获取更多流量，使商品曝光量、点击量等反馈数据持续提升，从而获得更多订单，最终打造优秀的品牌形象，例如，阿里巴巴国际站的营销中心。随着数字经济的发展，全球跨境电商的贸易量都有明显提升，跨境电商平台成为很多贸易企业开发客户的重要渠道。

3.搜索引擎

国际上常用的搜索引擎有Google（谷歌）、Bing（必应）和Yahoo（雅虎）等。其中，谷歌是世界上使用量和访问量最大的搜索引擎网站，搜索覆盖面非常广。我们可以通过灵活的关键词（key words）组合来搜索，比如产品名称+公司后缀、产品名称+电子邮件后缀、产品名称+国家域名后缀等，通过搜索获取公司信息后就可以进一步跟进，进行客户开发。

4.社交媒体营销

社交媒体营销是利用社交网络服务（social networking service，SNS）平台开展的各种营销活动，国际上以Facebook、X（原Twitter）、YouTube、Instagram、LinkedIn等平台为代表，旨在帮助人们建立社会性网络的互联网应用服务。常见的社交媒体网站包含以下几种类型：① 主流社交类，如Facebook、X、LinkedIn等，这类社交媒体网站需要造势、积粉、长线操作，适合有专人操作的团队，流量大、转化率低；② 图片分享类，如Pinterest、Instagram等，对商品本身、图文材料专业度要求较高，转化率一般；③ 视频分享类，如TikTok、YouTube等，适合品牌用来提高曝光量而不是转化率；④ 其他类型，如论坛Quora、博客Blog等。

（四）开展背景调查

找到有意向的客户之后，应该开展谨慎和细致的背景调查，以降低日后的交易风险，客户背景调查可以围绕以下几个方面来开展。

① 厂商企业的组织情况，主要包括企业的组织性质、创建历史、分支机构、企业的性质等。

② 客户的信誉。诚实、可信的贸易往来对象是交易成功的基础。在国际贸易中，如果客户的信誉不好，就可能会出现交货质量不合格、交货延迟、不按时付款等现象。

③ 资信情况，包括企业的资金和信用两方面。资金是指企业的注册资金、资产负债情况等。信用是指企业的经营作风、履约情况等。这些情况对考察客户是否适合从事经销、代理、独家包销等业务是十分重要的。

④ 经营范围。调查客户的经营范围非常重要。如果出口商品是该企业的主营商品，就可以直接利用该企业已有的营销渠道、销售经验。

⑤ 经营能力，包括该企业每年的经营金额、销售渠道、贸易关系、经营做法等。

⑥ 往来银行名称。了解对方往来银行的名称和地址同样很重要。如果该企业是世界知名银行的客户，在支付方式的选择上就会具有较大的灵活性，增加可信度。

资信调查工作是信用风险管理工作的重要组成部分，资信调查工作的结果是其他所有决策的重要依据。做好资信调查工作应注意：根据自身的特点，制定企业资信调查制度；重视资信调查途径的可靠性与科学性，提高资信调查人员的专业素质；形成长效机制，将资信调查工作持续下去；企业的资信调查工作要细致，要根据调查目标，科学选择调查检测指标。

二、交易磋商的形式和内容

（一）交易磋商的形式

在国际贸易中，买卖双方的业务往来往往开始于交易磋商，交易磋商的场合和方式多种多样，主要分为口头磋商和书面磋商两种形式。口头磋商包括交易双方电话沟通、参加展会、参观工厂、拜访客户等场合；书面磋商包括往来邮件、传真、信函、社交媒体信息等途径。

无论方式如何，交易磋商都是买卖双方彼此了解并针对交易进行具体谈判的重要一环。

（二）交易磋商的内容

磋商的内容以货物的品质、数量、包装、价格、交货及支付条件等为主，也可包括检验、索赔、不可抗力和仲裁等条件。为简化磋商内容、提高磋商效率、降低磋商成本，有经验的国际贸易业务人员往往在开始正式磋商之前，先就一般交易条件与对方达成一致。

一般交易条件是指由出口商为出售或进口商为购买货物而拟订的每笔交易都适用的一套共性的交易条件。一般交易条件的内容按经营的货物不同而不同，通常包含以下几个方面：

① 有关争议的预防和处理条件（如检验、索赔、不可抗力及仲裁的有关规定）；

② 有关主要交易条件的补充说明（如品质的机动幅度、分批装运、保险险别等）；

③ 个别的主要交易条件（如通常的包装方式、付款方式等）。

一般交易条件可以印在合同的背面或合同正文的下面，也可单独印制成文，提供给可能的客户。一般交易条件的法律效力同其他交易条件一样，是合同的组成部分。

三、交易磋商的一般程序

在外贸业务中，进出口交易双方通常首先建立业务联系，然后开始交易磋商。磋商一般分建立业务联系和询盘、发盘、还盘、接受四个环节。

（一）建立业务联系和询盘

1.建立业务联系

建立业务联系是进出口交易磋商的基础，撰写建立联系的信函是业务人员必须掌握的操作技能。进出口业务关系的建立是通过信函、电子邮件等国际交易磋商来完成的，相关的信函或邮件被称为"建交函"，主要是为了有效传递信息、表达交易愿望。因此，建交函的内容应简洁、明晰，语气要友好、礼貌。一般而言，建交函包括以下几个部分。

（1）开头部分

开头部分应说明如何取得对方的资料，说明去函的目的。首次主动与对方交往，说明信息来源是非常必要的。贸易信息的来源渠道主要有：驻外商务参赞、商会、银行、第三家公司介绍，出版刊物、互联网，交易会结识等。致函目的一般是扩大交易地区与对象、建立长期业务关系、拓宽商品销路等。

（2）介绍部分

此部分旨在使对方对本公司的基本情况和商品情况有大致的了解。主要介绍本公司的性质、业务范围、宗旨以及某些相对优势。商品介绍可以是整体情况的介绍，也可以是针对对方感兴趣的某类特定货物进行推荐性介绍，一般包括货物质量、价格水平、销路等，同时，还应附上货物目录、价目单或另邮样品等。

（3）结尾部分

结尾部分通常包括期盼对方尽快回复、下订单或告知意见并表示敬意等语句。

2.询盘

询盘（enquiry/inquiry）是指买方为了购买或卖方为了销售货物而向对方提出有关交易条件的询问，也有人把询盘称为询价。询盘的内容可以有某种货物的品质、规格、数量、包装、价格和装运等成交条件，也可以索取样品。询盘不是交易磋商的必经步骤，对询盘人和被询盘人来说，询盘不具有法律约束力。

询盘时要注意策略：询盘的对象既不能过窄，也不能过宽，过窄难以了解国际市场的情况，过宽则会引起市场价格波动；询盘的内容既要促使客户提供报盘资料，又要防止过早透露采购数量、价格意图，而被客户摸到底细。询盘的函电，应以简明切题和礼貌诚恳为原则，以求对方愉悦地迅速作出报盘反应。

卖方和买方都有可能发出询盘，根据不同的业务，询盘的用语也不同。如果是卖方询盘，通常使用"We can supply...please book/order/bid."。如果是买方询盘，则通常使用"Please offer/quote..."。

例如：We can supply high quality wool carpets in limited quantities，please place your order as soon as possible.（我们可以提供质量上乘的羊毛地毯，数量有限，欢迎尽快下单。）

Please inform us of your lowest FOB price for HD-123 model and state the earliest delivery date and minimum order quantity.（请告知贵公司HD-123型号货物的最低FOB价格，并说明最早交货日期和最小起订量。）

在实际业务中，询盘只是探寻买或卖的可能性，所以不具备法律约束力，询盘的一方对能否达成协议不负有任何责任。由于询盘不具有法律效力，因此可作为与对方的试探性接触，询盘人可以同时向若干个目标对象发出询盘。但合同订立后，询盘的内容成为磋商文件中不可分割的部分，若发生争议，也可作为处理争议的依据。

询盘举例

Dear Sir/Madam,

From the Textile Industry Association, we understand that your company is a leading textile enterprise. We are going to import some jeans with high quality. Please arrange to send us samples of jeans for our study.

At present, we want to buy some basic styles in traditional fabrics. Now we send you size chart, please see the attachments of this e-mail. Fabric is 100% cotton printed flannelette.

We shall be glad to receive your best quotation FOB Shanghai with indications of packing, shipment and other terms.

We look forward to receiving your early reply.

Yours faithfully,

Jessie

（二）发盘

发盘（offer）又称发价，在法律上称为要约，是卖方或买方向对方提出各项交易条件，并愿意按这些条件达成交易、订立合同的一种肯定的意思表示。在实际业务中，发盘通常是由一方收到对方的询盘之后给对方发出的，但也可能不经询盘直接向对方发盘。

1.构成一项有效发盘的条件

《联合国国际货物销售合同公约》第14条规定一项有效发盘的必备条件是："向一个或一个以上特定的人提出的订立合同的建议，如果十分确定并且表明发价人在得到接受时承受约束的意旨，即构成发价。一个建议如果写明货物并且明示或暗示地规定数量和价格或规定如何确定数量和价格，即为十分确定。"第15条规定："发价于送达被发价人时生效。"从这些规定中我们知道，一项有效发盘的构成必须具备以下四个条件。

（1）向一个或一个以上特定的人提出

发盘必须向特定的人提出。"特定的人"是指发盘中指明个人姓名或企业名称的受盘人，也叫指定受盘人，可以是自然人，也可以是法人。这个规定的目的是将发盘与做广告、发商品目录、价格单及宣传品区分开来。

（2）表明订约意旨

按照《联合国国际货物销售合同公约》的规定，一方当事人是否向对方表明在发盘被接受时承受约束的意旨，是判别一项发盘的基本标准。"承受约束"是指发盘人于得到接受时承担与受盘人按发盘条件订立合同的责任。表明承受约束的意旨，可以是明示的，也可以是暗示的。明示表示，如发盘时写上"发盘"或规定发盘的有效期等；暗示表示，则应同其他情况结合考虑，如双方磋商的情况、业务中的习惯做法及惯例等。

（3）内容必须十分确定

首先，发盘内容不能模糊不清，价格、数量条件应十分确定，不能用"参考价""数量估计有"等表示方法；其次，发盘中要写明货物并且明示或暗示地规定数量和价格或规定如何确定数量和价格；最后，发盘内容要无保留，发盘一经受盘人接受，发盘人必须按发盘条件与受盘人建立合同关系，如果有保留条件，比如"以我方最后确认为准"，那只能视之为虚盘。

（4）送达受盘人

发盘必须送达受盘人才生效，这是《联合国国际货物销售合同公约》和各国法律的普遍要求。发盘无论是口头的还是书面的，只有传达到受盘人时才生效。

2.发盘的有效期

发盘的有效期并不是构成有效发盘的必要条件，但在国际货物买卖中，发盘通常规定有效期，以促使对方及时回复，同时避免市场波动较大带来损失。

关于发盘有效期的规定方法，可以规定最后截止时间，如发盘限20日复到有效；也可以规定一段可以接受的时期，如发盘5天内有效。不管哪种方法，都应该注意交易双方的不同时差和对有效期起止时间的不同理解。如果在发盘中没有规定有效期，则通常理解为在合理时间内有效，但是由于"合理时间"无法规范，往往容易产生争议。

在实际业务中，还有可能是口头发盘的有效期，《联合国国际货物销售合同公约》第18条规定："对口头发价必须立即接受，但情况有别者不在此限。"此规定有两层意思：一是在口头协商时，对发盘应立即接受，否则发盘失效；二是情况有别者，即发盘人在口头发盘中规定了有效期，如有效期3天，则此发盘的有效期是3天。

3.发盘的撤回和撤销

发盘的撤回和撤销容易被混淆，撤回是在发盘生效前阻止发盘生效，而撤销是使已经生效的发盘失效。对于发盘的生效时间，《联合国国际货物销售合同公约》中有明确的说明，"发价于送达被发价人时生效"，通常称为"送达生效"原则。所以从时间上来看，可以根据发盘是否送达来区分撤回和撤销。

《联合国国际货物销售合同公约》第15条规定：

一项发价，即使是不可撤销的，得予撤回，如果撤回通知于发价送达被发价人之前或同时，送达被发价人。

第16条规定：

（1）在未订立合同之前，发价得予撤销，如果撤销通知于被发价人发出接受通知之前送达被发价人。

（2）但在下列情况下，发价不得撤销：

（a）发价写明接受发价的期限或以其他方式表示发价是不可撤销的；或

（b）被发价人有理由信赖该项发价是不可撤销的，而且被发价人已本着对该项发价的信赖行事。

4.发盘的终止

发盘的终止是指发盘的法律效力的消失。一旦发盘终止，发盘人不再受发盘的约束，而受盘人也失去了接受该发盘的权利。

发盘失效的原因有很多，主要有以下几种情况。

① 在有效期内未被接受而过期。明确规定有效期的发盘，在有效期内未被接受即失效；未明确规定有效期的发盘，在合理时间内未被接受而失效；口头发盘如果没有被立即接受，发盘即失效。

② 被受盘人拒绝或还盘。发盘一经受盘人拒绝或还盘，立即失效。

③ 发盘人在发盘得到接受之前作出了有效的撤回。

④ 不可抗力因素的发生。例如：发盘人或受盘人是自然人，在发盘被接受之前丧失行为能力；发盘人为法人，在发盘被接受之前，该法人宣告破产；特定的标的物毁灭等。

发盘举例

Dear Jessie,

According to your request we have sent you 2 sets of jeans, both are basic styles in traditional fabrics, together with our reference prices.

We quote you the prices according to your request.

1. Style 001, made of 100% cotton, basic style as your diagram on your size chart, size specification as per your size chart in sizes S, M, L, XL about equally assorted, printed designs no more than 3 colors, normal labeling and packing, price at USD8.00 per set.

2. Style 016, made of fabric same as Style 001, basic style as your diagram on your size chart, size specification as per your size chart in sizes S, M, L about equally assorted, printed designs no more than 3 colors, normal labeling and packing, price at USD7.50 per set.

General price terms for both above: FOB Shanghai, shipment by container, payment by irrevocable Letter of Credit available by draft at sight.

Wait for your reply.

Best regards,

Lucy

（三）还盘

还盘（counter-offer），又称还价，是受盘人对发盘内容不完全同意而提出修改或变更的表示。一方发盘，另一方如对其内容不同意，可以还盘。同样，一方还盘，另一方如不同意，可以对还盘进行再还盘，一笔交易，可能要经过多次还盘才可达成。还盘不仅可以针对货物的价格，也可以对其他交易条件提出意见。

例如：I'm sorry to say that I find your price is 20% higher than that of similar products in the market.（很遗憾，我觉得贵公司所报价格比市场同类货物贵了两成。）

还盘既是受盘人对发盘的拒绝，也是受盘人以发盘人的身份作出的新发盘。发盘一经还盘就失去了效力，除非得到原发盘人同意，受盘人不能在还盘后反悔，再接受原来的发盘。

（四）接受

接受（acceptance）在法律上称为承诺，是卖方或买方同意相对方在发盘中提出的各项交易条件，并愿按这些条件与其达成交易、订立合同的一种肯定的意思表示。一方的发盘经另一方接受，交易即告达成，合同即告成立，双方应分别履行各自的义务。表示接受，一般用

"接受"（accept）、"同意"（agree）或"确认"（confirm）等词语，也可用"已安排打样"或"信用证已开出"等来表示。

1.构成有效接受的条件

《联合国国际货物销售合同公约》第18条规定："被发价人声明或作出其他行为表示同意一项发价，即是接受，缄默或不行动本身不等于接受。"具体来讲，法律上有效的接受应具备以下几个条件。

（1）接受必须由特定的受盘人作出

对发盘表示接受，必须是发盘中指明的受盘人，不能是其他人。如果其他人获知一项非向他作出的发盘，并且同意发盘条件，作出接受，只能视为他向发盘人作出的发盘，除非发盘人同意，否则合同不成立。

（2）接受必须表达出来

接受必须由受盘人以某种方式表示出来，受盘人表示接受的方式有两种。

① 用声明作出表示。受盘人用口头或书面形式向发盘人表示同意发盘，这是国际贸易中最常见的方法，如"同意""接受"等。

② 用作出行为来表示。卖方可以采取开始打样、采购原材料、发运货物等方式，买方可以采取支付预付款、开立信用证等方式来表示。在仲裁时，有效期内采取行动可以认为是"表示接受"；但是在实际业务中，不建议卖方或买方直接以行动的方式表示接受，最好等到双方确认再采取行动。

（3）接受必须与发盘相符

如要达成交易、签订合同，受盘人应无条件全部同意发盘条件。接受应是绝对的、无保留的。英美法有"镜像原则"，大陆法遵循类似原则，要求接受应"纯净"，与发盘"完全相符"。

（4）接受必须在发盘的有效期内表示

接受只有在发盘有效期内传达到发盘人才有效。在口头磋商时，接受可被立即传达到发盘人，但在使用信件和电报表示接受时，传达到发盘人略微滞后。

关于接受何时生效，与之前所说的发盘生效时间类似，国际上有不同的解释。英美法国家遵循"投邮生效"原则；大陆法国家和《联合国国际货物销售合同公约》都遵循"到达生效"原则，《中华人民共和国民法典》（以下简称《民法典》）中也有类似规定。

2.有条件的接受

《联合国国际货物销售合同公约》规定：如果对发盘表示接受，但附有附加条件、限制等，视为拒绝发盘，构成还盘。但在实际业务中，受盘人表示接受往往要对发盘作出某些更改，如果严格要求接受与发盘一致，会影响交易的达成。因此，《联合国国际货物销售合同公约》以"接受必须无条件"为第一原则，又根据实际情况，进行了补充规定，即"对发价表示接受但载有添加或不同条件的答复，如所载的添加或不同条件在实质上并不变更该项发价的条件，除发价人在不过分迟延的期间内以口头或书面通知反对其间的差异外，仍构成接受"。"实质性变更"是指有关货物的价格、付款、货物的质量和数量、交货时间和地点、一方当事人对另一方当事人赔偿的责任范围或解决争端的添加或不同条件，视为实质上变更发盘条件。其余内容，则视为非实质性变更。

实质性变更的有条件接受，一般是无效的接受，但是如果原发盘人毫不迟延地以口头或书面通知受盘人"认为该条件接受是有效的"，则该接受仍然是有效的；非实质性变更的有条件接受，一般是有效的接受，但是如果原发盘人毫不迟延地以口头或书面通知受盘人"认为该有条件接受是无效的"，则该接受就是无效的。我们可以看出，在有条件接受的情况下，原发盘人有一定的主动权。

3. 逾期接受

如果接受通知超过发盘规定的有效期，或发盘未规定有效期而超过合理期限才传达到发盘人，就成为逾期接受，即迟到的接受。逾期接受通常是无效的，但《联合国国际货物销售合同公约》第21条规定了几种特殊情况：

（1）逾期接受仍有接受的效力，如果发价人毫不迟延地用口头或书面将此种意见通知被发价人。

（2）如果载有逾期接受的信件或其他书面文件表明它是在传递正常、能及时送达发价人的情况下寄发的，则该项逾期接受具有接受的效力，除非发价人毫不迟延地用口头或书面通知被发价人：他认为他的发价已经失效。

与有条件接受类似，由于逾期接受没有完全符合四个有效要件，因此原发盘人有一定主动权。

4. 接受的撤回

接受的撤回是指在接受生效之前撤回，阻止其生效。《联合国国际货物销售合同公约》第22条规定："接受得予撤回，如果撤回通知于接受原应生效之前或同时，送达发价人。"接受送达发盘人之后立即生效，就不能撤回。而接受生效之后，双方协议就达成了，所以接受不能撤销，否则涉及交易的撤销。

还盘举例

Dear Lucy,

We have received your quotation and have studied it carefully. However, the price level in your quotation is too high for this market. If you are prepared to grant us a discount of 8% for a quantity of 8,000 sets, we would agree with your offer. You should note that some price cut will justify itself by an increase in business. We hope to hear from you soon.

Yours truly,

Jessie

接受举例

Dear Lucy,

We have received your samples, studied and found your workmanship is OK.

Now we want to place a trial order for Style 016. As this is a trial order we would like to accept your price USD7.50 per set and other conditions you mentioned in your e-mail.

Since the style is very basic, we shall not send you style sample and please follow our diagram and size chart to make approval sample for us to confirm.

Size and assortment: S 20%, M 30%, L 30%, and XL 20%.

Kind regards,

Jessie

第二节　国际货物买卖合同的商定

一、合同的成立

（一）合同的概念和特点

合同是指两个或两个以上的当事人，以发生、变更或消除某种民事法律关系为目的而达成的协议。民事法律关系一般是指依照法律规范在当事人之间形成的民事权利与义务的关系。这种民事关系主要是指财产所有权的关系、债权关系、继承权关系。由于合同涉及不同的民事法律关系内容，因此，合同也就有不同的种类。例如，在商业合同中，就有货物买卖合同、租赁合同、借贷合同、技术转让合同、保险合同及运输合同等。本章所涉及的合同是国际货物买卖合同。

根据《联合国国际货物销售合同公约》的规定，国际货物买卖合同具有以下三个特点。

① 国际性，即国际货物买卖合同是在营业地处于不同国家或地区的当事人之间订立的，而不是在同一个国家或地区进行经营的当事人之间所订立的。

② 国际货物买卖合同中的标的物为货物。《联合国国际货物销售合同公约》明确排除了六项不属于"货物"的标的物，包括公债、股票等有价证券，为供私人、家属或家庭使用而进行的购买以及电力等。

③ 国际货物买卖合同的性质是买卖。在国际货物买卖合同下，卖方要将货物的所有权转移给买方，而买方必须为此以货币支付货款。

（二）国际货物买卖合同法律规范

依法成立的国际货物买卖合同不仅体现了买卖双方的经济关系，还体现了双方之间的法律关系。只有符合法律规范的合同才能在法律的约束下顺利履行，也只有在这个条件下，一方当事人的利益受到损害时，其才能依据合同得到法律的保护。由于国际货物买卖合同的双方当事人分处于不同国家或地区，因此其法律适用问题更加复杂。在国际货物买卖的具体业务中可能适用的法律规范主要包括以下几个方面。

1.与合同有关的国家或地区的相关法律

这部分法律规范主要包括合同双方当事人所在国家或地区的法律，以及与合同相关的国家或地区（如合同签约地或有缮制地所在国家）的法律。应该注意的是，不同国家或地区对交易中出现的各种问题的法律规定往往存在较大差异，而且一般都对国际货物买卖合同的法律适用原则作出了具体规定。例如，我国按照国际通行的法律与惯例，规定合同当事人可自主选择处理合同争议所适用的法律；当事人没有选择的，适用与合同有最密切联系的国家的法律。

2.双边或多边国际条约

国际货物贸易的买卖双方在订立和履行买卖合同时，还应符合双方所在国家政府之间缔结的有关条约以及双方共同参加的与合同有关的多边国际条约的相关规定。对于我国来说，这主要包括我国政府与某些国家缔结的贸易协定、支付协定、年度议定书、共同交货条件，以及我国参加的部分国际公约。其中与我国，也是与很多国家对外货物买卖关系最密切、最为重要的就是《联合国国际货物销售合同公约》。

知识链接 5-1

应注意的是，我国在 1986 年递交《联合国国际货物销售合同公约》核准书时，根据当时的具体情况提出了两点保留：一是关于合同形式的保留，我国提出国际货物买卖合同必须采用书面形式。这一保留与我国原来实施的《中华人民共和国涉外经济合同法》对涉外经济合同形式的规定是一致的。但 1999 年我国公布的《中华人民共和国合同法》对合同形式不作要求，合同可以以各种方式成立。2013 年，我国政府按照《联合国国际货物销售合同公约》的相关规定，并根据《中华人民共和国缔结条约程序法》完成国内程序后，撤回了对于合同形式的保留声明。二是对根据国际私法规则导致《联合国国际货物销售合同公约》的适用提出的保留。《联合国国际货物销售合同公约》规定，若合同当事人的营业地所在国是《联合国国际货物销售合同公约》的非缔约国，但根据国际私法规则导致适用某一缔约国的法律，则《联合国国际货物销售合同公约》对该合同也适用。对此，我国则认为《联合国国际货物销售合同公约》仅适用于营业地处于不同的缔约国的当事人所订立的合同，除非当事人在合同中对这个问题另有规定。对于第二项保留，根据《中华人民共和国香港特别行政区基本法》规定，在征询香港特别行政区政府意见后，2022 年中央政府办理了《联合国国际货物销售合同公约》扩展适用于香港特别行政区手续。

除此之外，国际上还有关于国际海运、陆运、空运、工业产权等方面的多项公约，比如《联合国海上货物运输公约》《国际公路货物运输合同公约》等，法院或仲裁机构在处理非缔约国企业之间的经济合同纠纷时也经常将其作为参考或予以引用。

3. 国际贸易惯例

国际贸易惯例是在国际贸易往来中逐渐形成的一些较为明确与固定的贸易习惯和一般做法，包括各种成文的与不成文的原则、准则和规则。在国际贸易业务中通常被采用的国际惯例主要指国际组织或商业团体就国际贸易中的某一方面内容所制定的成文的"规则""解释""定义""惯例"等。

惯例与各国国内法和国际法的区别在于它不具有普遍的、不可选择的法律约束力，而是遵从当事人"意愿自治"的原则。如果当事人在合同中明确规定不适用某项惯例，则该合同就不受该惯例管辖。但是，若双方当事人在合同中规定采用某项惯例来确定双方的权利与义务，或者某些惯例被纳入国内法，或者当事人在合同中未约定也未排除适用某项惯例，而法庭或仲裁庭引用该惯例作为判决或裁决依据的，那么，在此类情况下，国际贸易惯例就具有法律约束力。在国际贸易中常用的惯例包括国际商会发布的《国际贸易术语解释通则》《跟单信用证统一惯例》《托收统一规则》等。

（三）合同有效成立的条件

对国际货物买卖合同有效成立的条件，各国民法或商法一般都有规定，我国的《民法典》对此也作了说明。由于各国法律的有关规定差异较大，《联合国国际货物销售合同公约》对合同的有效性问题没有涉及。一般可以从以下几方面来说明国际货物买卖合同成立的必要条件。

1. 买卖双方当事人应具备法律行为能力

如果当事人是"自然人"，则其必须是有法律行为能力的人，未成年人对其所订立的合同不承担法律责任；精神病患者或醉汉，在发病期间或神志不清醒时签订的合同，可以免除其履行合同的法律责任。如果当事人是"法人"，则签约人应是企业的全权代表；若不是法人代表而又代表企业订立合同，一般应有法人代表的授权证书、委托书或类似文件。

2. 必须是双方当事人在自愿的基础上意思表示一致

国际货物买卖合同的签订是一种法律行为，只有在双方当事人自愿表示意思一致时，合同才能成立。但是这种自愿应以合法为前提，即如果一方用欺诈、威胁或暴力行为诱使或迫使另一方与其订立合同，则该合同不具备法律效力。

3. 合同的标的物必须合法

国际货物买卖合同所涉及的货物、货款必须合法。货物应是政府允许自由进出口的货物，若是属于政府管制的，应先取得有关许可证或配额；外汇的收付也必须符合国家的规定。

4. 合同必须互为有偿

国际货物买卖合同是双务合同，买卖双方互为有偿。换言之，一方当事人所享有的权利应以另一方当事人所承担的义务为基础，双方互有权利和义务。具体来讲，卖方要按合同规定交货，而买方则要按合同规定付款。如果其中一方当事人不按合同要求向对方交货或付款，就负有向对方赔偿损失的责任。

5. 双方当事人所订立的合同的形式必须合法

如前所述，《联合国国际货物销售合同公约》认为只要买卖双方达成意思一致，合同即告成立，但对合同成立的形式并未作出具体规定。世界上许多国家对合同形式的规定都与之一致，但也有一些国家要求国际货物买卖合同还必须符合法律规定的形式并通过特定的审批手续。例如，有的国家规定合同必须采用书面形式，或是超过一定金额的合同必须采用书面形式，不承认口头合同的效力。

二、书面合同的签订

（一）合同的主要形式

《联合国国际货物销售合同公约》第 11 条规定："销售合同无须以书面订立或书面证明，在形式方面也不受任何其他条件的限制。"根据此项规定，国际货物买卖合同可以用书面、口头或其他方式订立、证明，不受形式方面的限制。

我国《民法典》明确规定，当事人订立合同，可以采用书面形式、口头形式或者其他形式。书面形式是合同书、信件、电报、电传、传真等可以有形地表现所载内容的形式。以电子数据交换、电子邮件等方式能够有形地表现所载内容，并可以随时调取查用的数据电文，视为书面形式。

尽管从法律角度上看，国际货物买卖中的双方当事人以书面、口头或其他方式订立的买卖合同都是有效的，但由于国际货物买卖具有中间环节多、过程复杂的基本特点，因此买卖双方签订一份包括各项交易条件的综合书面合同，对买卖双方各自的权利和义务作出全面、具体的说明还是十分有必要的。这一方面是由于在没有书面合同的情况下，双方当事人可能会因对双方经过磋商所达成的具体条款的记忆或是理解的误差而在履行合同的过程中产生争议，使合同无法顺利执行；另一方面是由于一旦买卖双方在交易中出现争议，需要提交仲裁或司法诉讼来解决时，便会在证明双方当事人之间确实存在合同关系的问题上遇到困难。从这个角度考虑，我国企业在货物进出口的具体业务中与外商所订立的合同仍主要采取书面形式。

在国际货物买卖中可能出现的书面合同形式包括正式合同（contract）、确认书（confirmation）、协议（agreement）、备忘录（memorandum）等，我国所签订的货物进出口合同主要采用正式合同和确认书两种形式。

正式的进口或出口合同的特点是内容比较全面，对各项交易条件、买卖双方的权利和义务以及发生争议后的处理办法等都有明确、细致的规定，特别适用于大宗、复杂、贵重或成交金额较大的货物的交易。其中，进口合同（import contract）也被称为购买合同（purchase contract/order），出口合同（export contract）也被称作销售合同（sales contract）。

确认书是一种简式合同，特点是包含的条款比正式合同简单，通常只列明几项主要的或基本的条款。虽然确认书与正式合同在格式及内容的繁简上有所不同，但具有同等法律效力，对买卖双方均有约束力。确认书适用于金额较小、批数较多的货物交易，在代理、经销等长期协议下的交易中也得到普遍采用。确认书也有销售确认书（sales confirmation）和购买确认书（purchase confirmation）两种。

在我国的进出口业务中，上述两种形式的书面合同都有使用。一般情况下，各进出口企业都印有固定格式的进出口合同或成交确认书，若与外商当面成交，即由买卖双方共同签署；若通过往来函电成交，先由我国企业签署，然后将合同正本一式两份送交国外客户签署并返回一份，以备存查，并作为履行合同的依据。

（二）合同的内容

正式的书面合同无论具体结构如何，一般都由约首、正文和约尾三部分组成。

1. 约首

约首相当于合同的序言部分，一般包括合同名称、编号、签订日期和地点、双方当事人的名称和地址、传真号码、e-mail 地址、双方订立合同的意愿和对履行合同的承诺等。

2. 正文

正文是书面合同的主体，是一份合同最核心的内容，包括各项详细的交易条件。

① 货物名称（name of commodity）。要详细地写出货物的全称，以免与其他货物相混淆。如果是有商标牌号的货物，一般要连同牌号一并列出，有些货物还要注明生产年份。

② 品质规格（specification）。必须明确列出交易货物的品质规格，若在同一合同中对多种规格的货物或成套货物开展交易，须将所有规格和搭配比例清楚列出，不得省略。在规定品质规格时一般对货物的包装也要作出相应的说明。

③ 数量（quantity）。必须注明计量单位。

④ 包装（packing）。货物的包装条件经常会同品质规格连在一起，要将包装物料、每件包装的大约重量详尽列出；包装计量单位及物料名称必须分别与数量条件中的计量单位及品质规格条件中的包装物料名称相一致。

⑤ 单价（unit price）。货物单价必须与价格术语一起规定。

⑥ 总值（total value）。货物总值的计值货币必须同单价的计价货币相一致，并分别用数字（in figures）和文字（in words）的方式表述。

⑦ 装运期限（time of shipment）。要明确规定货物必须出运的时间。

⑧ 装运港/地（port/place of loading）。按照适合水运的贸易术语（如FOB[船上交货]、FAS[船边交货]等）成交时，必须明确规定装货港口；而如果是以适合各种运输方式的贸易术语（如FCA[货交承运人]等）成交，则需规定货物起运的地点。

⑨ 目的港/地（port/place of destination）。按照适合水运的贸易术语（如CFR[成本加运费]、CIF[成本、保险费加运费]等）成交时，必须明确规定货物运输的目的港，即最终卸货港；而若是有选择性的目的港，还须同时规定抵港日期及抵港方式。如果以适合各种运输方式的贸易术语（如CPT[运费付至]、CIP[运费、保险费付至]等）成交，则需规定货物最终要送达的地点。

⑩ 保险（insurance）。按CIF和CIP贸易术语成交时，需要详细规定保险条款；而以其他贸易术语成交时，则根据具体情况写明保险由"由卖方自理"或"由买方自理"即可。

⑪ 付款条件（terms of payment）。对付款方式的规定必须清楚、具体，如果双方约定以信用证方式付款，必须详细列出所使用的信用证的类型及兑用方式。

⑫ 单据（documents）。详细列出卖方必须向买方提供的单据的种类和份数。

⑬ 装运通知（notice of loading）。按 FOB、FCA 等贸易术语成交时，对这一条款须详细规定，以便买方及时向保险人办理保险手续。

⑭ 货物检验（commodity inspection）。必须明确规定对货物进行检验的机构、采用的检验方法、应出具的检验证书、进行检验的时间和地点、买方复验的权利等。

⑮ 不可抗力（force majeure）。应明确规定不可抗力事故的范围及通知时间、通知方式、证明文件的出具机构等。

⑯ 索赔（claim）。要明确提出索赔的期限、索赔方式等。

⑰ 仲裁（arbitration）。应明确规定未来可能出现的争议将以仲裁方式解决，同时规定仲裁地点、仲裁机构及仲裁费用的承担等事项。

3. 约尾

约尾是一份书面合同的结尾，一般包括对合同所使用的文字及其效力、合同正本份数、副本效力、买卖双方的签字、订约的时间与地点等项内容的说明。

（三）签订合同时应该注意的问题

除了合同必须符合有效成立的要件外，在签订合同时还应该注意以下两个问题。

1. 合同内容应该与磋商达成的协议内容一致

起草合同的一方对于条款的规定，要严格按照磋商过程中达成的协议，同时应及时、认真地审核对方会签返回的书面合同，确保合同内容未经任何更改附加。对于需要签回的书面合同，也应仔细审阅，发现问题应及时提出异议，以防被视为默认接受。

2. 合同中各条款间应该匹配

合同是一个有机的整体，其中的各项条款都是相互联系的。因此，各条款的规定应该相互呼应而不能自相矛盾。如果单价中使用的贸易术语是"FOB"，那么保险条款中就应该规定"保险由买方自理"，装运条款中转运港也不应该规定为某一内陆城市；如果在品质、数量方面分别规定了增减价条款、溢短装条款，在支付条件中也应规定相应的增减幅度，以免影响结汇；货物的性质不同，检验与索赔的期限也应有所不同，要根据具体情况适当约定，以免陷于被动。

✧ 导入案例分析

先导案例中，俄罗斯泛泰贸易公司和中国青岛金圣公司就货物买卖开展了口头磋商，《联合国国际货物销售合同公约》第 18 条规定："对口头发价必须立即接受，但情况有别者不在此限。"案例中金圣公司对口头发盘并没有特意规定有效期，则立即接受才有效。泛泰公司业务员当时没有表态，此时该口头发盘即已失效。即使第二天泛泰公司表示接受，但原发盘已失效，也就无法被接受了。泛泰公司如果想和金圣公司继续磋商，只能根据金圣公司新的发盘来进行。

✍ 本章练习

一、单项选择题

1. 在交易磋商中，实质性变更的有条件接受是（　　　　）。

A.如果发盘人不表态，则为有效接受　　B.如果发盘人不表态，则为无效接受

C.一定是无效的　　　　　　　　　　　D.一定是有效的

2.按《联合国国际货物销售合同公约》规定，一项发盘的生效是（　　　）。

A.发盘发出时立即生效　　　　　　　　B.发盘送达受盘人时生效

C.按发盘规定的时间生效　　　　　　　D.发盘人另行规定

3.关于接受的下列判断，不正确的是（　　　）。

A.必须按发盘人指定的方式作出

B.受盘人将付款条件D/P（付款交单）改为D/A（承兑交单），这属于有效接受

C.受盘人将交货时间由8月份改为7月份，这属于无效接受

D.接受必须表示出来

4.按照《联合国国际货物销售合同公约》的规定，一项发盘（　　　）。

A.必须表明各项交易条件　　　　　　　B.必须表明主要交易条件

C.只需表明货物名称、数量和单价　　　D.只需表明货物名称和单价

5.甲向乙发盘："可供贵厂一年所需的全部铁矿石，价格按交货时伦敦金属交易所价格计算。"根据《联合国国际货物销售合同公约》的规定，这是一项（　　　）。

A.询盘　　　　　B.邀请发盘　　　　　C.有效发盘　　　　D.还盘

6.中国某出口企业于8月1日向英国某商人发盘供应某货物，限8月5日复到有效；3日收到英商电子邮件要求降低2%，中方尚未答复；4日，英商又来电表示接受中方8月1日发盘。以下表述正确的是（　　　）。

A.中方必须按发盘条件与对方成交

B.如中方愿意按原价达成交易，则可默认，若不愿意可拒绝

C.如中方愿意按原价达成交易，则可立即回电予以确认，若不愿意可拒绝

D.英国商人4日的接受是有效的

7.下列属于发盘的是（　　　）。

A.一级红枣2000公吨，每公吨20英镑，18日复到有效

B.你17日电可供100打，参考价每打5美元

C.你17日电接受，但请用L/C替代D/P

D.可提供优质儿童衬衫，欢迎询价

8.英国某商人3月15日向国外某客户用口头发盘，若英商与国外客户无特别约定，国外客户（　　　）。

A.任何时间表示接受都可以使合同成立

B.应立即接受方可使合同成立

C.当天表示接受方可使合同成立

D.在两三天内表示接受可使合同成立

9.发盘的撤回与撤销的区别在于（　　　）。

A.前者发生在发盘生效后，后者发生在发盘生效前

B.前者发生在发盘生效前，后者发生在发盘生效后

C.两者均发生在发盘生效前

D.两者均发生在发盘生效后

10.根据《联合国国际货物销售合同公约》的规定，受盘人对发盘表示接受，可以有几种

方式，下列（　　　）不属于此列。

　　A.通过口头向发盘人声明　　　　　　　B.通过书面向发盘人声明

　　C.沉默或无行为表示　　　　　　　　　D.通过实际行动表示

　　11.法国某买方向我轻工业出口公司来电"拟购美加净牙膏大号1000罗，请电告最低价格、最快交货期"，此来电属交易磋商的（　　　）环节。

　　A.发盘　　　　　　　B.询盘　　　　　　C.还盘　　　　　　D.接受

　　12.根据《联合国国际货物销售合同公约》的规定，发盘和接受的生效采取（　　　）。

　　A.投邮生效原则　　　　　　　　　　　B.签订书面合同原则

　　C.口头协商原则　　　　　　　　　　　D.到达生效原则

　　13.中国某进出口公司于某年11月15日上午8:50使用电子邮件向美国某公司发盘表示：11月20日复到有效。11月18日上午10:00中国公司同时接到美国公司的接受和撤回接受的传真。根据《联合国国际货物销售合同公约》的规定，对此"接受"（　　　）。

　　A.可以撤回　　　　　　　　　　　　　B.不得撤回，必须与该进出口公司签约

　　C.视为撤销　　　　　　　　　　　　　D.在进出口公司同意的情况下才可撤回

　　14.下列条件中，（　　　）不是构成发盘的必备条件。

　　A.向一个或一个以上的特定人提出　　　B.所有交易条件必须完整、齐全

　　C.发盘的内容必须十分确定　　　　　　D.表明订立合同的意思

二、多选题

　　1.下列关于接受的说法正确的有（　　　）。

　　A.接受必须由特定的受盘人作出

　　B.受盘人必须以声明的方式表示接受

　　C.接受的内容与发盘的内容相符

　　D.决定迟到的接受是否有效的主动权在发盘人

　　2.发盘效力终止的原因一般有（　　　）。

　　A.发盘的传递不正常造成延误

　　B.在有效期内未被接受而过时

　　C.发盘人拒绝或还盘

　　D.不能控制的因素，如战争、灾难或发盘人死亡、法人破产等

三、判断题

　　1.每笔交易都必须经过建立业务联系和询盘、发盘、还盘、接受四个环节。　（　　　）

　　2.发盘须明确规定有效期，未明确规定有效期的发盘无效。　　　　　　　　（　　　）

　　3.不可撤销的发盘是不可撤回的。　　　　　　　　　　　　　　　　　　　（　　　）

　　4.凡是逾期送达发盘人的接受，只要发盘人缄默，合同即告成立。　　　　　（　　　）

　　5.在国际贸易中，发盘是卖方作出的行为，询盘是买方作出的行为。　　　　（　　　）

　　6.一项发盘如果规定了有效期，那么在有效期内该发盘是不可以撤销的。　　（　　　）

　　7.买方来电表示接受卖方发盘，但要求将D/P 60天改为D/A 60天，卖方缄默，此时合同成立。　　　　　　　　　　　　　　　　　　　　　　　　　　　　　　　　（　　　）

　　8.发盘的撤回通知的目的是阻止发盘生效。　　　　　　　　　　　　　　　（　　　）

　　9.根据《联合国国际货物销售合同公约》的规定，只要在发盘中规定货物并明示或暗示其数量和价格，就是内容"十分确定"。　　　　　　　　　　　　　　　　　　（　　　）

10.《联合国国际货物销售合同公约》规定，除非另有规定，口头发盘必须立即接受。

（　　）

四、简答题

1. 根据《联合国国际货物销售合同公约》的规定，有效发盘的条件有哪些？

2. 根据《联合国国际货物销售合同公约》的规定，有效接受的条件有哪些？

3.《联合国国际货物销售合同公约》中，对有条件接受的效力是如何规定的？

五、案例分析题

1. 中国某公司于 2024 年 9 月 2 日向美国商人发盘，以 CIF 纽约价格销售全棉女童衬衫 10000 件，限 9 月 10 日复到有效。9 月 8 日收到美商回电称价格太高，若降价 10% 可接受。9 月 12 日又收到美商来电："接受你 9 月 2 日发盘，信用证已开出。"但由于市价上涨，中方公司未作回答，也没有发货，后美商认为中方违约，要求赔偿损失。试问：中方公司是否应该赔偿？为什么？

2. 中国某公司向英国某公司发盘出售一批大宗货物，英商在发盘有效期内复电表示接受，同时指出："凡发生争议，双方应通过友好协商解决；如果协商不能解决，应将争议提交中国国际经济贸易仲裁委员会仲裁。"第三天，中方公司收到英方公司通过银行开立的信用证。因获知该货物的国际市场价格已大幅上涨，中方公司当天将信用证退回，但英方公司认为其接受有效，合同成立。双方意见不一，于是提交仲裁机构解决。试问：按照《联合国国际货物销售合同公约》的规定，如果你是仲裁员，你将如何裁决？

3. 中国某公司与国外客户洽谈进口交易一宗，经往来邮件磋商，就合同的主要交易条件全部达成协议，并规定合同的争议适用中国法律原则，但在最后一次中方公司所发的表示接受的邮件中列有"以签订书面合同为准"。事后国外客户拟订合同草稿，要求中方公司确认，但由于对某些条款的措辞尚待进一步研究，故中方未及时给予答复。不久，该货物的国际市场价格下跌，国外客户催促中方公司开立信用证，中方以合同未签订为由拒绝开证，双方发生争议。试问：中方公司是否可以拒绝开证？为什么？

第六章

国际货物贸易合同的品质、数量、包装等条款

◎ 学习目标

知识目标：

1. 了解商品品名的规定方法和注意事项

2. 掌握表示商品品质的方法及合同中的品质条款

3. 掌握计量单位、计算重量的方法及合同中的商品数量条款

4. 理解货物包装的不同方式及标识

技能目标：

1. 能够分析不同的品名和品质条款

2. 能够应用不同的计量单位来表示货物

3. 能够设计符合国际标准的运输标志

4. 能够拟订规范的品质、数量、包装条款

素养目标：

1. 具备重合同、守信用的素质

2. 具备尊重规则、认真严谨的职业素养

■ 导入案例

中国海诚贸易公司与欧洲德普公司签订了一份CIF合同，出口一批工艺品，规定内包装盒由德普公司免费提供。在合同规定的交货期的前三个月，海诚公司去电"货将备妥，请速提供内包装盒"，德普公司未作答复。一个月后海诚公司再次去电"货妥，急等内包装盒，否则货将无法按期装运"。德普公司仍未回复。几天以后，德普公司派了一位分公司的代表来厂看货，当场表示"来不及印制内包装盒，不再提供内包装盒，可由厂方自行解决"，并指明用无印刷的单瓦楞纸盒。海诚公司的工厂当即按该代表意见办妥纸盒，进行包装，进仓待运。在合同规定的装运期的前一个月，德普公司突然来电："此批货物仍使用我方提供的内包装盒。"海诚公司当即回电说明："货已按你方公司代表意见包装完毕，进仓待运，无法更改。"德普公司回电承认公司代表同意海诚公司安排包装是出于好意，旨在解决工厂困难。但是，由于最终用户现在坚持要用印刷的包装盒，事出无奈，希望海诚公司理解和合作，但经济损失德普公司不能承担，而包装一定要改，否则将不履行合同。在这种情况下，海诚公司考虑到长期业务关系，只好同意德普公司的要求，重新更换包装。

第一节 合同中的品名、品质条款

一、合同中的品名条款

（一）货物的名称

货物的名称（name of commodity）通常简称为品名，是指某种货物区别于其他货物的一种称呼或概念，是在合同的开头部分所列明的货物的名称。从法律角度看，在合同中明确规定买卖标的物的具体名称，关系到买卖双方在交接货物方面的权利和义务；从进出口业务角度看，品名是国际货物贸易赖以进行的物质基础和前提条件，也是报关报检、托运、投保、索赔等业务的参考依据。

在国际贸易合同中，货物名称的规定方法有很多，虽然品名不一定与《商品名称及编码协调制度》（简称HS）中的相同，但是也应尽量合理规范。常用的命名方法包括以主要用途命名、以使用的主要原材料命名、以主要成分命名、以外观造型命名等。

知识链接 6-1

（二）买卖合同中的品名条款

在国际贸易中，买卖双方商定合同时，必须列明货物名称，品名条款是买卖合同中不可缺少的一项主要交易条件。按照有关的法律和惯例，对货物的描述是构成货物说明的一个主要组成部分，是买卖双方交接货物的一项基本依据，关系到双方的权利和义务。若卖方所交货物不符合约定的品名或说明，买方有权要求损害赔偿，直至拒收货物或撤销合同。因此，列明成交货物的具体名称具有重要的法律意义和实践意义。

国际货物买卖合同中的品名条款在实际业务中没有统一的格式，通常都在"货物名称"的标题下列明成交货物的名称。有的合同中也可不加标题，只在合同的开头部分列明交易双方同意买卖某种货物的文句。

品名条款的规定，还取决于成交货物的品种和特点。就一般货物而言，只须列明货物名称即可。但有的货物往往具有不同的品种、型号、等级，为了明确起见，在列明货物名称的同时，还可将货物的品种、型号、等级的概括性描述写进去，这种情况实际上已把货物的品名条款与品质条款结合在一起。

（三）订立品名条款时应注意的事项

为了防止履约过程中买卖双方对货物名称产生争议，在买卖合同中规定货物名称条款时应注意以下事项。

第一，货物名称必须明确、具体，避免空泛、笼统或含糊的规定，以确切地反映货物的用途、性能和特点。

第二，货物名称尽可能采用国际上通用的名称。若使用地方性的名称，交易双方应事先就其含义取得一致意见。对某些新货物的译名，应力求准确、易懂，并符合国际上的习惯称呼。

第三，确定货物名称时必须考虑其与进出口关税、海关监管条件及货物运输费用的关系。每一种货物在海关税则中都有自己的HS编码，便于进出口商人办理海关手续时在海关税则中查询到该货物适用的税率和海关监管条件，从而计算出应缴的关税税额并办理相应的进出口批文。若所选名称不一样，则适用的税率也不相同，缴纳的关税税额也会有高有低。合理选择货物名称，有利于降低关税，方便进出口和节省运费。

第四，货物名称必须切实反映货物的实际情况，凡做不到或不必要的描述性的词句，都不应列入品名条款，要避免为了吸引客户、扩大销量而夸大宣传。

二、货物的品质

（一）品质的含义及重要性

货物品质（quality of goods），也称货物的质量，是货物的外观形态和内在素质的综合。货物品质是在一定条件下货物使用价值大小的标志，是买卖双方所交易货物具备的本质属性。货物的内在素质是指化学成分、物理性能、技术指标等。货物的外观形态是指大小、款式、色泽、味觉等。货物的品质条件是买卖合同的主要条款，是买卖双方交接货物的一项基本依据。

（二）对进出口货物品质的要求

一是要适应不同市场和不同消费者对货物品质的要求。针对不同的目标市场，适应不同消费者的需求，从国内外市场的实际需要出发，发展适销对路的货物进出口业务。

二是要强化质量观念，不断提高货物信誉。货物必须具备产品应当具备的使用性能，符合在产品和包装上注明的用途、标准，符合产品的说明、实物样品等方式表明的质量状况。

三是要适应进口国家或地区的有关法律规定和要求。外贸企业应充分了解各个国家或地区对进口货物的法律规定与管理制度，使货物能顺利地在国际、国内市场上销售。

在订立合同时，应从实际需要出发，对品质条件作出明确规定，并在运输到验收的各个环节中，严格把好品质关，确保进出口货物的质量符合要求。

（三）货物品质的表示方法

国际贸易中的货物种类繁多，特征各异，表示品质的方法也不相同。归纳起来，有以实物表示和以文字说明表示两类。

1. 以实物表示货物品质

以实物表示货物品质，包括看货买卖和凭样品买卖两种。

看货买卖是指交易双方根据现有货物的实际品质进行买卖。主要适用于数量极少又特别昂贵的货物，如古董、名贵字画、珠宝等。

样品（sample）是指从一批货物中抽取出来的或由生产、使用部门设计加工出来的，足以反映和代表整批货物品质的少量实物。凡以样品表示货物品质并以此为交货依据的，称为"凭样品买卖"（sale by sample）。由卖方提供样品并作为交货的依据，称为"凭卖方样品买卖"（sale by seller's sample）。由买方提供样品并作为交货的依据，称为"凭买方样品买卖"（sale by buyer's sample）。服装、工艺品、土特产品等不宜用文字描述的货物，多采用凭样品买卖。

在凭样品买卖时要注意的事项包括：

① 样品要有代表性。

② 留有复样。复样（duplicate sample）是指向买方送交样品时留存的一份或数份同样品质的样品。复样应妥善保管，以备交货或处理品质纠纷时用。必要时也可使用封样。封样（sealed sample）是指由公证机构在一批货物中抽取几件同样品质的样品，在每份样品上烫上火漆或铅封，由发样人自封或由买卖双方会同加封的样品。

③ 合同条款中写进弹性条文。对于某些在制造、加工技术上确有困难，难以做到货物与样品一致的，可在合同中写明"质量与样品大致相符"（quality to be about equal to the sample），如果品质规定过于严格，很有可能给出口方交货带来困难。

凭买方样品买卖时，要注意：

① 提交对等样。卖方按买方来样复制或选择品质相近的样品，交给对方确认，这种经确认的样品称为"对等样品"（counter sample）或"回样"（return sample）。

② 合同中列入知识产权争议免责条款。

在实际业务中，样品的种类繁多，除了以上样品，还有以下几种。

① 测试样（test sample），即交由买方客户通过某种测试检验卖方产品品质的样品，如果样品测试结果不能达到客户的要求，客户则不会下单订货。

② 修改样（modified sample），即买方对样品的某个方面提出修改要求，卖方修改后又重新寄回买方确认的样品。

③ 确认样（approved sample），即买卖双方认可，最后经买方确认的样品。

④ 产前样（pre-production sample），即生产之前需寄进口客户确认的样品。

⑤ 生产样（production sample），指大货生产中的样品。

⑥ 出货样（shipping sample），也叫船样，是货物已经做好出货准备时的样品。

2. 以文字说明表示货物品质

以文字说明表示货物品质，是指用文字、图表、照片等方式来说明成交货物的品质。在国际贸易中，大多数货物是用文字说明来表示其品质的，有以下几种方式。

① 凭规格买卖（sale by specification）。货物的规格是用来反映货物品质的主要指标，如成分、含量、纯度、性能、大小等。用规格表示质量的方法简单方便、明确具体，在国际贸易中使用最为广泛。

例如：450 ml magic vacuum cup 304/201 stainless steel bottles portable water drinking bottles.（450 毫升魔术真空杯 304/201 不锈钢便携式饮水瓶。）

② 凭等级买卖（sale by grade）。货物的等级（grade of goods）是指同一类货物，按其规格的差异，分为不同的若干等级，如特级、一级、二级等。

例如：Apple, Fresh, Variety: Fuji, Color: Red, Maturity: 90%, Grade: Grade AA，Size: 8 cm，Weight: 0.2 kg.（苹果，新鲜的，品种：富士，颜色：红色，成熟度：90%，等级：AA级，尺寸：8 厘米，重量：0.2 千克。）

③ 凭标准买卖（sale by standard）。货物的标准是经指经标准化的规格和等级。有些标准是由国家或有关政府部门制定的，有些是由货物交易所、同业工会或有关国际组织制定的。比如中国强制性产品CCC认证、欧盟CE认证、美国UL认证、德国GS认证等。

例如：IEC 60898 Standard 4.5 KA miniature circuit breaker.（国际电工委员会 IEC 60898 标准 4.5 KA 小型断路器。）

④ 凭商标或牌名买卖（sale by brand name or trade mark）。商标是由字母、数字或图形组成的生产者或商号用来识别其生产或销售的货物的标志。牌名是指工商企业给其所制造或销售的货物所冠的名称。商标和牌名是区分与识别货物的标志，商标是牌名的图案化。

例如：Haier floor standing air conditioner, Model number: SKFR-72LW/11WBB22A.（海尔落地式空调，型号：SKFR-72LW/11WBB22A。）

⑤ 凭产地名称买卖（sale by name of origin）。有些产品，受产地的自然条件、传统加工

工艺等因素的影响，品质独具特色，可用产地名称来表示其品质，尤其是一些传统农副产品，如 Australian wool（澳大利亚羊毛）、China's rice（中国大米）、German beer（德国啤酒）等。

⑥ 凭说明书和图样买卖（sale by description and illustration）。一些机械、电子、仪表等技术密集型产品，通常以说明书附以图样、照片等来说明其具体性能和结构特点，以此种方法规定货物品质进行交易的方式，称为凭说明书和图样买卖。

（四）合同中的品质条款

1.基本内容

合同中的品质条款主要列明货物的品名、规格、等级、标准、商标或牌名等项内容。如果是凭样品买卖，则要列明样品的编号或寄送日期。

2.品质机动幅度和品质公差

在国际贸易中，某些货物由于在生产过程中存在自然损耗，以及受生产工艺、货物本身特点等多方面因素的影响，难以保证质量与合同规定的完全一致。因此，在订立合同品质条款时，可规定一些灵活条款，允许卖方交货的质量可控制在一定范围内。

品质机动幅度是指允许卖方所交货物的品质指标在一定的范围内上下浮动。只要卖方所交货物的品质没有超出机动范围的幅度，买方就无权拒收货物。这一方法主要用于某些质量不稳定的初级产品，如农副产品等。例如：棉布幅宽 35/36 英寸（Cotton cloth, Width 35/36 inches），即卖方所交的棉布宽度在 35 英寸到 36 英寸间均属符合规定；Sesame, Moisture content not exceeding 8%, General impurities not exceeding 2%（芝麻，含水率最高为 8%，一般性杂质不超过 2%）。

品质公差（quality tolerance）是指国际上公认的货物品质的误差。只要所交货物的品质差异在品质公差范围内，就符合合同的品质要求，买方不得拒收或要求调整价格。这一方法主要用于工业制成品。例如：8 mm diameter seamless steel tube, Tolerance of steel tube: +/-0.03 mm（直径为 8 mm 的无缝钢管，误差为 +/-0.03 mm）。

三、订立品质条款的注意事项

品质条款的内容根据表示品质的方法的不同而有所差别，并视交易货物的特性而定。在规定品质条款时应注意以下问题。

1.规定品质条款时，用词须简单、具体、明确

应避免使用"大约""左右""合理误差"等含糊笼统的字眼，也不能使用绝对化的词句。在凭样品买卖时，要在品质条款中列明样品的编号和寄送日期，并说明交货品质应与样品相同。

2.应注意品质条款各项指标之间的相互关系，要做到相互一致，避免矛盾和脱节

例如，在买卖某种农产品时，如果规定了杂质含量不高于 3%，同时又规定矿物质含量不低于 1%，这样，为使矿物质含量符合要求，需反复加工，结果很可能使杂质含量大大低于合同规定，这实际上意味着卖方以较低的价格向买方提交了高品质的货物，因此遭受损失。

3.慎用两种不同的方法表示货物品质

大多数情况下，不能同时用两种方法表示货物的同一品质特征；在凭样成交时，就不必再在合同中规定表示同一品质特征的规格。如果在合同的品质条款中已规定表示货物品质的具体规格，同时又对买方提供样品（包括在交易磋商过程中提供的样品），则此时必须明确以什么作为买方检验货物品质的最终依据。如果以规格为准，就应在合同中注明"样品仅供参

考"，否则买方可以认为这是既凭样品又凭规格的买卖。

在实际业务中，并不是绝对不可以用两种方法表示货物的品质。但这时一般是用一种方法表示货物某一方面的品质特征，而用另一种方法表示货物其他方面的品质特征。例如在布匹交易中，可以用样品表示其颜色，而用规格表示纱支（yarn count）、幅宽（width）、含棉量（cotton content）等。这样，在表示货物品质时，便不会遇到标准的双重性问题。

4.应注意品质条款的科学性和灵活性

首先，对品质条款的规定要适度，不宜规定得过高或过低；其次，要根据交易的目的、交易标的物的用途，合理选择足以说明货物内在品质的重要指标，并对之作出规定；最后，还要注意对品质条款不能规定得过于严格。为了避免卖方交货品质与合同稍有不符即构成违约，在制成品交易中可以在合同中加订品质公差条款，而在其他产品特别是农副产品的交易中，则在合同中加订品质机动幅度条款并辅之以品质增减价条款。

【案例讨论 6-1】

中国苏州青鹏贸易公司向马来西亚出口 Teddy bear toy（玩具泰迪熊），合同规定 Height 20 cm, Brown, Fluffy toy（高度为 20 厘米，棕色，长绒毛玩具）。成交前青鹏公司曾向马来西亚买方寄过样品，订约后又电告买方成交货物与样品相似。货物到达马来西亚后，买方提出货物的高度与样品不符，并以此要求青鹏公司赔偿 6000 美元的损失。后经查证，青鹏公司所寄样品高度为 18 厘米。青鹏公司提出该项交易是凭规格买卖而非凭样品买卖，拒绝赔偿。请问：在此情况下，青鹏公司的理由是否恰当？

分析：在国际贸易中，凡属既凭样品买卖又凭规格买卖，卖方所交货物必须既符合规格要求，又和样品完全一致，否则买方有权拒收并提出索赔。合同规定"高度为 20 厘米，棕色，长绒毛玩具"属于以规格来表示商品品质，出口商交货必须符合合同规定的规格。但是，成交前青鹏公司向对方寄送样品时未声明是参考样品，签约后又电告马来西亚买方成交货物与样品相似，这样对方有理由认为该笔交易既凭规格又凭样品。由此可见，青鹏公司很难以该笔交易并非凭样品买卖为由而不予理赔。

第二节　合同中的数量条款

一、常用的度量衡制度与计量单位

货物数量是指以一定的度量衡单位表示的货物重量、个数、长度、宽度、面积、体积等。在国际货物买卖中，货物的数量是国际货物买卖合同的主要交易条件之一。

各国的度量衡制度不同，计量单位也不同，有时同一计量单位因度量衡制度不同，所代表的数量也不一样。如：重量单位"吨"有公吨（公制）、长吨（英制）和短吨（美制）之分，分别表示 1000 千克、1016 千克和 907 千克。

国际贸易中常用的度量衡制度有四种，即米制、英制、美制及国际单位制。

米制（metric system）又称为公制，它以十进位制为基础，"度量"和"衡"之间有内在的联系，换算比较方便。例如：1 米=100 厘米，1 吨=1000 千克。

英制（British system），在英联邦国家有较大的影响，但由于它不采用十进制，换算很不方便，"度量"和"衡"之间缺乏内在联系，因此使用范围逐渐减小。例如：1 品脱=0.5683 公升，1 蒲式耳=36.369 公升。

美制（U. S. system）以英制为基础，多数计量单位的名称与英制相同，但含义有差别，主要体现在重量单位和容量单位中。例如：1 品脱=0.5506 公升，1 蒲式耳=64 品脱=35.238 公升。

国际单位制是在公制基础上发展起来的，由国际标准计量组织在 1960 年通过，已经被越来越多的国家采用，它有利于计量单位的统一，标志着计量制度的日趋国际化和标准化，从而对国际贸易的进一步发展起到推动作用。

我国采用的是以国际单位制为基础的法定计量单位。《中华人民共和国计量法》第三条明确规定："国际单位制计量单位和国家选定的其他计量单位，为国家法定计量单位。"因此，在我国外贸业务中，出口货物除合同规定需采用公制、英制或美制计量单位者外，应该使用法定计量单位。一般不进口非法定计量单位的仪器设备，如有特殊需要，须经有关标准计量管理机构批准。

二、重量的计量方法

在国际贸易中，由于货物的种类和性质不同，使用的计量单位也不同，常用的计量单位有以下六种：重量单位（weight）、数量单位（number）、长度单位（length）、面积单位（area）、体积单位（volume）和容积单位（capacity）。重量的计算方法包括以下几种。

1.毛重

毛重（gross weight），是指货物本身的重量加上包装的重量。一些价值不高的产品可采用按毛重计价，即习惯上所称"以毛作净"（gross for net）的办法。

2.净重

净重（net weight），是指货物本身的重量，即除掉皮重后货物本身的重量。《联合国国际货物销售合同公约》第 56 条规定，如果在合同中没有规定货物重量是按毛重还是净重计量，则按净重计量。

皮重的计算，由买卖双方通过协商来确定，主要有以下计算方法。

① 按实际皮重（real tare 或 actual tare）计算，即将整批货物的实际包装物逐一过秤，算出皮重的总重量。

② 按平均皮重（average tare）计算，即从整批货物中抽取若干件，称其包装物的重量，再除以抽取的件数，得出平均皮重。平均皮重乘以整批货物总件数，就是整批货物的皮重。

③ 按约定皮重（computed tare）计算，即买卖双方以事先约定的单件包装重量，乘以货物的总件数，求得该批货物的总皮重。

④ 按习惯皮重（customary tare）计算，即将习惯皮重乘以总件数，就能求得全部包装的重量。有些货物使用的包装材料和规格较定型，皮重已被市场公认。这种市场所公认的皮重就是习惯皮重。

3.公量

公量（conditioned weight），是指用科学方法抽去货物中的水分后，再加上标准含水量所求得的重量。适用于价值较高而含水量不稳定的羊毛、生丝等货物。其计算公式如下。

$$公量=[货物净重/（1+实际回潮率）]×（1+标准回潮率）$$

4.理论重量

理论重量（theoretical weight），是指某些有固定规格和尺寸的货物，每件的重量大体是相同的，可以根据其件数估算出重量。

5.法定重量

法定重量（legal weight），是指货物重量加上直接接触货物的包装材料如销售包装等的重量。法定重量主要为海关征税时使用。

三、合同中数量条款的内容

（一）数量条款的基本内容

买卖合同中的数量条款，主要包括成交货物的数量和计量单位。按重量成交的货物，还需订明计算重量的方法。数量条款的内容及其繁简，应视货物的特性而定。

按照合同规定的数量交付货物是卖方的基本义务。《联合国国际货物销售合同公约》第35条、37条、52条等，对合同中的数量条款作了详细的规定：卖方必须按合同数量条款的规定如数交付货物。如果卖方实际交货数量多于约定数量，买方可以收取，也可以拒绝收取多交部分货物的全部或一部分；如果卖方交货数量少于约定数量，卖方应在规定的交货期届满前补交，但不得使买方遭受不合理的不便或承担不合理的开支，然而，买方保留要求损害赔偿的任何权利。为了避免买卖双方日后的争议，合同中的数量条款应当完整准确，双方对于计量单位的实际含义应理解一致，采用对方习惯使用的计量单位时，要注意换算的准确性，以保证实际交货数量与合同数量一致。

（二）数量机动幅度条款

在国际货物买卖中，有许多货物受本身特性、生产、运输或包装条件及计量工具的限制，在交货时往往很难做到绝对数量准确。为了合同的顺利履行，减少争议，买卖双方通常要在合同中规定数量机动幅度条款，允许卖方交货数量在一定范围内灵活掌握。买卖合同中的数量机动幅度条款有溢短装条款和"约数"条款。

1.溢短装条款

溢短装条款（more or less clause）即规定交货数量可在一定幅度内增减，卖方交货数量只要在允许增减的范围内即为符合合同有关交货数量的规定。常用的方式为规定允许溢短装的百分比。例如，200 M/T, With 5% more or less allowed at seller's option（200公吨，卖方可溢装或短装5%）。按此规定，卖方交货的数量在190～210 M/T，买方不得提出异议。

在使用溢短装条款时，可简单地在增减幅度前加上"±"符号。合同中规定有溢短装条款，具体伸缩量的掌握大都明确由卖方决定（at seller's option），但是在由买方派船装运时，也可规定由买方决定（at buyer's option）。在采用租船运输时，为了充分利用船舱容积，便于船长根据具体情况，如轮船的运载能力等，考虑装运数量，也可授权船方掌握并决定装运增、减量。在此情况下，买卖合同应明确由承运人决定伸缩幅度（at carrier's option 或 at ship's option）。

溢短装部分货物的计价方法通常按合同价格计算，但数量上的溢短装在一定条件下关系到买卖双方各自的利益。在按合同价格计价的条件下，如果交货时市价上涨，多装对买方有利；市价下跌，多装则对卖方有利。因此，买卖双方中对溢短装有选择权的一方在实际业务中很可能利用行市的变化来决定有利于自己的交货数量，以此来获得额外的利益。为了防止这种情形的出现，买卖双方可在订立溢短装条款时，明确规定对多装或少装的部分，不按合同价格计价，而按装船时或到货时的市价计算，以体现公平合理的原则。

此外，在跟单信用证业务中采用数量溢短装条款时，要注意实际交货的数量以所交货物的总价值不超过信用证总金额为限，除非信用证中规定"允许数量和金额均增减一定百分比"。

2."约数"条款

买卖合同中的数量机动幅度条款除溢短装条款以外，在少数场合还可使用"约数"（approximately or about）条款来表示实际交货数量可有一定幅度的伸缩，即在某一具体数字前加"约"或类似含义的字，如"约1000米"（about 1000 meters）。

在跟单信用证业务中，根据《跟单信用证统一惯例》第600号出版物（以下简称UCP600）规定："约"或"大约"用于信用证金额或信用证规定的数量或单价时，应解释为允许有关金额或数量或单价有不超过10%的增减幅度。

【案例讨论6-2】

我国某出口公司向美国出口龙虾一批，合同规定：每箱净重20千克，共1000箱，合20公吨。但货抵目的港后，经美国海关查验，每箱净重并非20千克，而是24千克，计1000箱，共24公吨。海关认为单货不符，进口商以多报少。

分析：出口商品的数量必须严格按合同或信用证的数字执行。少了，进口方会提出索赔；多了，进口国家的海关也不轻易放行。各国海关对进口货物的监督都很严。如进口商申报的数量与到货数量不等，轻则认为企业企图逃漏关税，重则认为走私，海关不仅可以处以罚款或没收货物，还可能进一步追究进口商的刑事责任。另外，若遇上当地市场疲软或价格趋跌，进口商也会拒收，或要求降低价格，或要求多交之货不再补钱。

第三节　合同中的包装条款

一、包装的重要性

货物包装是指为了有效地保证货物的品质完好和数量完整，采用一定的方法将货物置于合适容器里的一种措施。在国际贸易中，除了少数货物难以包装、没必要包装而采取裸装（nude pack）或散装（in bulk）方式，绝大多数货物都需要一定的包装。货物包装是货物生产的继续，适当的包装意味着生产过程的完成，此时货物才能进入流通领域和消费领域，实现使用价值或增加价值。

在国际货物买卖中，包装条件是买卖合同中的一项主要条件，是说明货物的重要组成部分。提供约定的或通用的货物包装，是卖方的主要义务之一。具体来说，包装有以下几方面的意义。

从货物生产的角度来看，只有做好适当的包装，绝大多数货物的生产过程才算完成。而且在生产过程中，合理的包装设计和先进包装机械的使用有助于生产企业实现生产的机械化和自动化，提高生产效率，减少损耗，节省各项费用，获得良好的经济效益。

从物资流通的角度来看，实物形态货物的流动包括运输、装卸、储存、信息管理等多个环节，具有动态的特征，货物在这一过程中容易受到损害；而包装恰恰能起到保护货物、减少损失的作用，因而便在货物物流中具有重要意义。此外，合理的货物包装在物流过程中还能提高运输、装卸、储存和管理的效率，起到减少各种费用支出的作用。

从货物销售的角度来看，市场上竞争力强、销售旺盛的货物往往具有良好的包装，在保护货物的同时也起到了宣传、促销的作用，还可以提高销售工作的效率，减少货损，有助于企业改善经济效益。

从货物消费的角度来看，合理的货物包装已经在保证卫生、提供方便、减少浪费、节约时间等方面给消费者带来了越来越大的利益。这一方面使消费者得到了心理上的满足，另一方面也加深了消费者对货物的认识，并愿意有更多的购买。而这又反过来进一步推动了货物生产和货物流通的发展。

二、包装的分类

根据在流通过程中所起的不同作用，货物包装可分为运输包装和销售包装两大类。

（一）运输包装

运输包装（transport packing），又称大包装或外包装（outer packing），是指将货物装入特定容器，或以特定方式成件或成箱的包装。运输包装的主要作用：一是保护货物，防止货损、货差；二是便于运输、储存和保管。

1.运输包装的分类

运输包装分为单件运输包装和集合运输包装两类。

单件运输包装，是指货物在运输过程中作为一个计件单位的包装，如纸箱（carton）、木箱（wooden case）、桶（drum）、包（bale）、袋（bag）、捆（bundle）等。

集合运输包装，又称成组化包装，是指将一定数量的单件包装组合成一件大包装。集合运输包装有提高装卸效率、保护货物、节省费用的作用。常见的集合运输包装有集装箱、集装袋、托盘等。

知识链接 6-2

2.包装标志

为了方便运输、储存、装卸，需要在运输包装上刷制一些标志，主要有运输标志、指示性标志和警告性标志三种。

（1）运输标志

运输标志（shipping mark），又称唛头，是指在运输包装上刷制的简单图形、字母、数字及简单的文字。运输标志的主要作用是使有关人员在运输过程中容易识别货物和核对单据，避免错发、错运，主要包括三项内容，即收/发货人名称或代号、目的地名称或代号、件号件数或批号。

国际标准化组织制定了标准运输标志并向各国推荐使用。标准运输标志包括四项内容：收货人或买方名称的英文字母缩写或简称；参考号，如合同号（contract No.）、订单号（purchase order No.）、信用证号码（credit No.）等；目的港或目的地；件号和件数。例如：

ABC——收货人名称的缩写

HAIER2023/003——参考号

NEWYORK PORT——目的地

C/NO.1-600——件号、件数

需要注意的是，如果目的港存在重名现象，应在港口后面加上所在国家；如果在签订合同时还无法确定包装数量，则件号可以显示为 1-UP。

（2）指示性标志

指示性标志（indicative mark），是指为指示有关人员在装卸、搬运和存储易碎、易损、

易变质货物时应注意的事项，而在运输包装上刷制的图形和简单文字，如"小心轻放""向上""堆码重量极限""禁止翻滚""易碎""防潮防水"等，如图 6-1 所示。

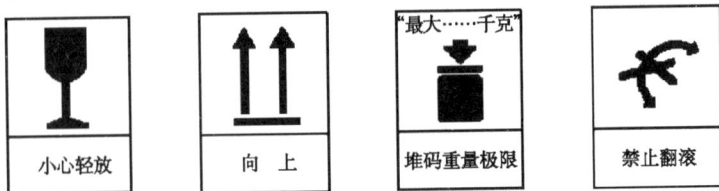

图6-1　部分指示性标志

（3）警告性标志

警告性标志（warning mark），又称危险品标志，是指在爆炸品、易燃品、有毒物品、放射性物品等危险性货物的运输包装上刷制的醒目图形和简单文字，以示警告。各国政府一般都对危险性货物的包装、运输、储存有专门的管理规定，应严格遵照执行。我国对于出口危险品货物，要求标打我国《危险货物包装标志》和《联合国危险货物运输标志》中规定的危险品标志，如图 6-2 所示。

图6-2　部分警告性标志

（二）销售包装

销售包装，又称小包装或内包装，是指直接接触货物并随货物进入零售网点和消费者直接见面的包装。

1.销售包装的种类

①挂式包装，指可在商店货架上悬挂展示的包装，可利用货架的空间陈列货物。

②堆叠式包装，在食品罐头等听装货物包装品的顶部和底部设有咬合装置，使货物在上下堆叠过程中可以互相咬合，大量堆叠而节省货位。

③便携式包装，包装的造型设计和大小比例更方便消费者携带。

④易开包装，指一些封口严密的包装容器，标有特定的开启部位，方便消费者打开封口，如易拉罐等。

⑤喷雾包装，这种包装本身就是喷雾器，使用时按压按钮，内装液体就自动喷出，如香

水、空气清新剂等。

⑥ 一次用量包装，指以使用一次为目的的较简单的包装，如一次用量的药品等。

⑦ 组合包装，指把在使用上有关联的不同品种、不同规格的货物搭配成套地放在一个包装内，如工具配套袋等。

⑧ 礼盒装，指专为送礼用的包装。

2.销售包装的标识和说明

在销售包装上，一般都附有装潢画面和文字说明，突出货物的特点，说明货物的商标、牌名、品名、产地、数量、规格、成分、用途和使用方法等。有的销售包装上还印有条形码的标志。条形码（bar code）是由一组粗细间隔不等的平行线条及其相应的数字组成的标志。由欧洲物品编码协会（后改名为国际物品编码协会）编制的 EAN 条码（European Article Number）是国际上使用最广、国际公认的物品编码标识系统。它由 12 位数字的产品代码和 1 位校验码组成。前 3 位为国家（地区）前缀码，中间 4 位为厂商号，后 5 位数字为产品代码。1991 年，国际物品编码协会分配给我国的国家前缀码为 690 ～ 699，2023 年新增 680 ～ 689 作为补充，分配给我国港澳台地区的地区前缀码为中国香港 489、中国澳门 958、中国台湾 471。

三、中性包装和定牌

（一）中性包装

中性包装指在出口货物的包装上不标明生产国别、地名和厂商名称。按照包装上有无贴牌，中性包装又分为无牌中性包装和定牌中性包装两种。

无牌中性包装是指出口货物的包装上既无生产国别、地名和厂商名称，也无商标和牌号。

定牌中性包装是指出口货物的包装上使用买方指定的商标或牌名，但无生产国别、地名和厂商名称。

采用中性包装，一是为了打破进口国家或地区的贸易壁垒，扩大出口；二是为了适应交易的特殊需要，如转口销售等。

（二）定牌包装

世界许多国家或地区的超级市场、大百货公司和专业商店，对其经营出售的货物，都要在货物上或包装上标明本店使用的商标或品牌，以扩大本店知名度和显示该货物的身价。而许多出口厂商，为了利用买主的经营能力及其商业信誉和牌名声誉，以提高货物售价和扩大销路，也愿意接受定牌生产。

定牌的具体做法有以下三种：

① 定牌中性包装；

② 在定牌生产的货物包装上标明本国的商标或品牌，同时也加注国外商号名称或表示其商号的标记；

③ 在定牌生产的货物包装上使用买方指定的商标或品牌并标明原产地，比如"中国制造"等字样。

使用定牌包装的原因很多，常见的包括：

① 出口商货物质量、规格都符合进口商的要求，但牌号不符合进口国或地区的要求；

② 进口商在国内（地区内）建立同类产品的良好品牌，进口其他厂牌的货物，对竞争不利；

③ 进口国或地区官方机构对出口国家或地区的贸易限制。

定牌业务要注意买方指定的商标是否存在侵权行为。为了避免在定牌业务中造成被动，可以在合同中规定：买方指定的商标，当发生被第三者控告侵权时，应由买方与控告者交涉，与卖方无关；由此给卖方所造成的损失应由买方负责赔偿。

四、订立包装条款的注意事项

合同中的包装条款一般包括包装材料、包装方式、包装费用的负担和运输标志等内容，现举例如下。

【例1】Packing: each set in a polybag printed with style diagram, size, composition, solid design in assorted sizes 40 sets per carton, marked with design number, sizes and quantity. （包装：每套装一个塑料袋，印制有款式图、尺码、成分，独款混码每箱40套，纸箱上注明款式号、尺码和数量。）

【例2】In cartons containing 50 tins of 2,000 tabs each. （纸箱装，每箱50听，每听2000片。）

【例3】In new single gunny bags of 25 kilograms net each. （单层新麻袋，每袋净重2千克。）

在订立包装条款时应注意下列问题。

1.要明确包装由谁供应和包装费由谁负担

通常有下列三种做法。

① 由卖方供应包装，包装连同货物一块交付买方。

② 由卖方供应包装，但交货后，卖方将原包装收回。关于原包装返回给卖方的运费由何方负担，应作具体规定。

③ 由买方供应包装或包装物料。采用此种做法时，应明确规定买方提供包装或包装物料的时间，以及由于包装或包装物料未能及时提供而影响发运时买卖双方所负的责任。

关于包装费用，一般包含在货价之中，不另计收。出口商应注意在不影响包装质量的前提下节省各种费用。但也有不计在货价之内，而按规定由进口商另行支付的。

2.包装条款规定要明确具体

在包装条款中一般不宜采用"海运包装"（sea worth packing）和"习惯包装"（customary packing）之类的术语。因为此类规定缺乏统一的理解，容易引起贸易纠纷。除非买卖双方经过交换意见就包装达成共识，否则一般不宜采用笼统的规定方法。

3.要考虑进口国家或地区对包装的有关法律、法令规定

一些国家或地区对其进口货物的包装材料、包装上的文字都有所规定，部分国家或地区出于国民健康的考虑也对包装的材料作出一些规定。比如，沙特阿拉伯港务局规定，所有运往该国港埠的建材类海运包装，凡装集装箱的，必须先组装托盘，以适应堆高机装卸，且每件重量不得超过2公吨；美国规定，为防止植物病虫害的传播，禁止使用稻草做包装材料，如被海关发现，必须当场销毁，并支付由此产生的一切费用。

4.要考虑有关国家或地区的消费水平和客户的具体要求对包装的影响

相对来说，出口低收入水平国家或地区的货物包装一般要简单实用，这样可以降低货物成本，从而使货物的定价降低，容易被当地消费者接受。而出口高收入国家或地区的货物包装要相对讲究，从而提高货物的档次。另外，具体包装形式也要考虑客户的要求。

5.要考虑进口地风俗习惯对货物包装的影响

由于不同的国家或地区人民的习俗及消费习惯不同，对货物的包装也有不同的偏好，因

此，出口商应对不同的国家或地区的习俗和消费习惯有所了解。

◇ 导入案例分析

　　包装是合同中非常重要的条款，按照合同规定，提供包装是出口商的义务。先导案例中虽然欧洲德普公司代表提出可以由中国海诚贸易公司自行解决包装问题，但是没有形成书面的文件，不能作为合同的有效补充。为了便于合同的履行，合同规定由德普公司提供包装材料或者印刷图样时，应同时规定提供材料的最晚时间，并规定如果德普公司不能按时提供包装材料，则由出口商海诚公司自行安排货物的包装等。

📝 本章练习

一、单选题

1.当合同中未注明货物重量是按毛重还是净重计算时，则习惯上按（　　）计算。

A.毛重　　　　　　B.净重　　　　　　C.以毛作净　　　　　　D.公量

2."以毛作净"实际上就是（　　）。

A.将净重作为毛重并作为计价的基础

B.将毛重视为净重并作为计价的基础

C.将理论重量作为计价的基础

D.将法定重量作为计价的基础

3.目前，我国采用以（　　）为基础的法定计量单位。

A.公制　　　　　　B.美制　　　　　　C.英制　　　　　　D.国际单位制

4.采用FOB术语成交，数量的机动幅度一般由（　　）。

A.买方和船方协商予以确定　　　　　　B.买卖双方协商

C.卖方单独确定　　　　　　D.船方单独确定

5.在国际贸易中，造型上有特殊要求或具有色香味方面特征的货物适合于（　　）。

A.凭样品买卖　　　　　　B.凭规格买卖

C.凭等级买卖　　　　　　D.凭产地名称买卖

6.按照UCP600的规定，在不超过信用证支取金额条件下，未以包装单位件数或其自身件数计量的货物数量的伸缩幅度允许为（　　）。

A.3%　　　　　　B.5%　　　　　　C.7%　　　　　　D.10%

7.在国际贸易中，大宗农副产品、矿产品以及一部分工业制成品习惯的计量方法是（　　）。

A.按面积计算　　　　　　B.按长度计算

C.按重量计算　　　　　　D.按容积计算

8.对进口羊毛、生丝等纺织原料，应使用的计量方法为（　　）。

A.毛重　　　　　　B.净重　　　　　　C.公量　　　　　　D.理论重量

9.上海某进出口公司与外商签订了一份出口大豆的合同，合同规定的出口数量为1000公吨，并规定允许卖方交货数量增减3%，但未对多交部分货物如何作价给予规定。交货时，卖方依合同规定多交了30公吨，根据国际惯例，此30公吨应按（　　）作价。

A.到岸价　　　　B.合同价　　　　C.议定价　　　　D.离岸价

10.信用证数量规定为1000双，不能分批装运，并受UCP600约束，没有规定溢短装条款。卖方实际发货数量为1040双，是否符合信用证规定？（　　）

A. 符合   B. 不符合   C. 由买卖双方事后商定   D. 不确定

二、判断题

1. 在出口贸易中，表达品质的方法多种多样，为了明确责任，最好采用既凭样品又凭规格买卖的方法。 （ ）

2. 在出口凭样品成交的业务中，为了争取国外客户，便于达成交易，出口企业应尽量选择质量最好的样品请对方确认并签订合同。 （ ）

3. 在约定的品质机动幅度或品质公差范围内的品质差异，除非另有规定，一般不另行增减价格。 （ ）

4. 运输包装上的标志就是指运输标志，也就是通常所说的唛头。 （ ）

5. 对于警告性标志，主要涉及危险品贸易。我国出口危险品货物除印刷我国的危险品标志外，还应标明国际上规定的危险品标志。 （ ）

6. 国际贸易中按重量成交的货物，如在合同中未明确规定用毛重还是净重计量、计价的，按《联合国国际货物销售合同公约》的规定应按净重计量、计价。 （ ）

7. 双方签订的贸易合同中，规定成交货物为不需包装的散装货，而卖方在交货时采用麻袋包装，但货物净重与合同规定完全相符，且不要求另外加收麻袋包装费。货到后，买方索赔，该索赔合理。 （ ）

8. 根据《联合国国际货物销售合同公约》的规定，如卖方所交货物多于约定数量，买方可以全部收下合同规定的货物和卖方多交的货物，也可以拒收多交货物的全部或一部分。 （ ）

9. 在表示货物品质的时候，应尽可能多地将货物的各项指标列举出来，以使货物质量的表示明确具体。 （ ）

10. 一般来说，包装费用包含在货物价格中，不另计收。但买方有特殊要求的除外，应在合同中订明费用的负担方和支付方法。 （ ）

三、简答题

1. 简述国际货物买卖合同中规定品质条款应注意的事项。

2. 简述国际货物买卖合同中溢短装条款的含义及其意义。

3. 简述中性包装的分类和作用。

4. 简述定牌生产的具体做法及需要注意的问题。

5. 简述订立包装条款时应注意的问题。

四、案例分析题

1. 中国黑龙江省某出口公司向英国出口一批大豆，合同规定：Moisture Content: 12% Max; Carbohydrate: 13% Min（含水量最高12%；碳水化合物含量最低13%）。在成交前黑龙江公司曾向英国买方寄过样品，订约后又电告买方成交货物与样品相似。当货物运到英国后，买方提出货物与样品不符，并出示相应的检验证书证明货物碳水化合物含量少于13%，以此要求黑龙江公司赔偿15000英镑的损失。此笔交易中商品品质的表示方法是什么？黑龙江公司是否需要赔偿？

2. 中国辽宁省某出口公司向英国出口一批水产品，在洽谈时，谈妥出口2000公吨，每公吨USD650 FOB大连口岸。但在签订合同时，在合同上只是笼统地写了2000吨，辽宁出口公司业务员认为合同上的吨就是指公吨，而发货时英商要求按长吨供货。英商的要求是否合理？

◎ 学习目标

知识目标：

1. 熟知贸易术语的含义及有关的国际贸易惯例

2. 了解《2020通则》的11种贸易术语，熟知《2020通则》对其中六种主要贸易术语的解释和规定

3. 熟知出口商品的价格构成与核算公式，知道不同贸易术语的价格构成与换算方法

4. 了解佣金和折扣的含义

技能目标：

1. 能够在贸易实践中根据实际情况灵活选用不同的贸易术语

2. 能够正确处理与贸易术语有关的争议

3. 熟练掌握出口价格核算和盈亏核算的方法

4. 能够用中英文拟订合同中的价格条款

素养目标：

1. 通过学习国际贸易术语，培养遵守国际惯例及国家法律法规的严谨工作态度

2. 通过学习价格核算，培养认真细致的工作态度及敬业精神

■ 导入案例

中国海口某公司从巴基斯坦购买棉纱，其中"飞马"牌棉纱500包，"金杯"牌棉纱500包，合同金额60万美元，价格条件为CIF HAIKOU INCOTERMS® 2020。货物装船后，卖方向买方提交全套有效单据。货物抵达目的港后，买方提货时发现部分棉纱已被污损。经检验公证，被污损的棉纱损失共计5000美元。于是买方要求卖方如数赔偿。买方的要求是否合理？

从上述案例可以看出，在国际贸易中，卖方在哪一时点交货，货物的风险也就由此转移给买方，这个点在国际贸易中被称为风险分界点。风险分界点对于买卖双方厘清双方对于货物的责任与风险的承担至关重要。学习国际贸易术语将有助于我们解决此类问题。

第一节　贸易术语概述

在国际货物买卖中，买卖双方的基本义务分别是：卖方提交合格的货物和单据，买方受领货物和支付货款。但在交易中仅仅明确双方的基本义务是不够的，在货物的交接过程中，有关责任、费用和风险也必须在买卖双方之间加以划分，而这些划分必然会影响商品的价格。在实际业务中，买卖双方往往通过贸易术语确定上述问题。因此学习和掌握国际贸易中现行的各种贸易术语及其相关的国际贸易惯例，对于明确双方各自应承担的责任、费用和风险，

以及合理确定商品价格具有十分重要的意义。

一、贸易术语的含义和作用

（一）贸易术语的含义

贸易术语（trade terms）被称为"国际贸易的语言"，它是指用三个英文大写字母的缩写表示一个简短的概念，说明交货地点，表示商品的价格构成，以及表明买卖双方在货物交接中的责任、费用和风险划分的专门用语。对贸易术语的含义须从以下几个方面来理解。

1. 用三个英文大写字母的缩写表示一个简短的概念

例如：贸易术语"FOB"为三个大写英文字母，是"free on board"的缩写，其简短概念为"船上交货（注明指定装运港）"。

2. 说明交货地点

《国际贸易术语解释通则 2020》（Incoterms® 2020）中的 11 个贸易术语，其交货地点不尽相同。卖方在产地交货的合同属起运合同；卖方在出口国或出口地交货的合同属装运合同；卖方在进口国或进口地交货的合同属到达合同。

3. 表示商品的价格构成

商品的 FOB 仅包含商品的出口成本，而商品的 CIF 不仅包含商品的出口成本，还包括商品出口的海运费和海运保险费。按 FOB 报价，因卖方承担的责任、费用和风险小，所以商品报价低；按 CIF 报价，因卖方承担的责任、费用和风险大，所以商品报价高。

4. 表明买卖双方在货物交接过程中的责任、费用和风险划分

在此处，"责任"是指卖方和买方之间各需履行哪些义务，如谁来组织货物的运输或保险，谁来获取装运单据和进出口许可证；"费用"在此为买卖双方各自承担哪些费用，如运输、包装或装卸费用，以及货物查验或与安全有关的费用；而"风险"表示货物灭失或损坏的危险。

总之，不同的贸易术语表明买卖双方各自承担不同的责任、费用和风险，而责任、费用和风险又影响成交商品的价格。由此可见，贸易术语具有两重性，它一方面表示交货条件，另一方面表示成交商品的价格构成，并且这两方面是密切相关的。

（二）贸易术语的作用

1. 有利于买卖双方洽商交易和订立合同

每种贸易术语都有特定的含义，买卖双方只要商定按何种贸易术语成交，即可明确彼此在货物交接过程中的主要责任、费用和风险。因此，贸易术语的使用大大简化了交易磋商的手续，缩短了洽商时间，节省了交易费用，从而有利于买卖双方达成交易和签订合同。

2. 有利于买卖双方核算价格和成本

贸易术语表示进出口商品价格的构成，买卖双方在确定成交价格时，可通过贸易术语明确成交商品的价格构成。因此，买卖双方可以根据报价中的贸易术语迅速进行价格、成本和盈亏核算，对对方的报价作出准确的反应。

3. 有利于买卖双方解决履约中的争议

国际贸易中的买卖双方在货物交接中产生争议时，可援引交易采用的贸易术语的一般解释来处理。其一般解释已成为国际贸易惯例，是大家所遵循的一种类似行为规范的准则。

总之，贸易术语与国际货物买卖合同密切相关。就国际货物买卖合同的成立而言，买卖双方以贸易术语为报价与接受的基准；就合同的履行而言，买卖双方以所选用的贸易术语为各

自履行义务、享受权利的依据；就合同的纠纷而言，买卖双方以所选用的贸易术语为解决纠纷、划分责任的准则。因此，贸易术语自然而然地具有合同的主要特征，一般合同也常以其所选用的贸易术语称呼，例如人们对以FOB术语成交的合同，称FOB合同；对以CIF术语成交的合同，称CIF合同。

二、与贸易术语有关的国际惯例

早在19世纪，在国际贸易中就开始使用贸易术语。1812年，世界上第一个贸易术语FOB在英国利物浦出现，50年后的1862年，CIF术语也在英国产生了。在后来的100多年时间里，随着国际贸易的扩大和深化，贸易术语的种类不断增加，新的问题也产生了，那就是在不同国家和不同业务中，对同一个贸易术语可能存在不同解释。因此，人们在使用贸易术语时，可能会因对术语的理解不同而引起矛盾和分歧。为了解决此类矛盾和分歧，统一对贸易术语的解释和做法，国际商会和某些国家的商业团体，分别制定了解释国际贸易术语的规则。这些规则在国际上得到广泛采用，形成了有关国际贸易术语的国际贸易惯例。目前在国际上影响较大的有关贸易术语的国际贸易惯例有三种。

（一）《1932年华沙—牛津规则》

《华沙—牛津规则》（Warsaw–Oxford Rules 1932）是国际法协会专门为解释CIF合同而制定的。19世纪中叶，CIF术语开始在国际贸易中广泛采用，而对使用这一术语时买卖双方各自承担的具体义务并没有统一的规定和解释。对此，国际法协会于1928年在波兰首都华沙开会，制定了关于CIF合同的统一规则，称为《1928年华沙规则》，共包括22条。其后，将此规则修订为21条，并更名为《1932年华沙—牛津规则》，沿用至今。这一规则对于CIF的性质、买卖双方所承担的风险、责任和费用的划分以及所有权转移的方式等问题都作了比较详细的解释。

（二）《1990年美国对外贸易定义修订本》

《1990年美国对外贸易定义修订本》（Revised American Foreign Trade Definitions 1990）是由美国九个商业团体制定的。它最早于1919年在纽约制定，原称为《美国出口报价术语定义》，后来于1940年在美国第27届全国对外贸易会议上作了修订，并于1941年7月定稿，命名为《1941年美国对外贸易定义修订本》，简称"美国定义"。至1990年又加以修订，改称《1990年美国对外贸易定义修订本》，该修订本中所解释的贸易术语共有六种（见表7-1）。

表7-1 《1990年美国对外贸易修订本》六种贸易术语一览

英文缩写与名称	中文名称
EXW (EX Works—Named Place)	产地交货
FOB (Free on Board)	运输工具上交货
FAS (Free Along Side)	运输工具边交货
CFR (Cost and Freight)	成本加运费
CIF (Cost, Insurance, Freight)	成本、保险费加运费
DEQ (Delivered Ex Quay [Duty Paid])	目的港码头交货并完税

《1990年美国对外贸易定义修订本》的修改幅度很小，且影响力有限。早期，美国将对外贸易定义修订本的内容并入了美国《统一商法典》（UCC）专门的一个章节——Delivery Terms（交货条件）。由于国际贸易中大多数国家均采用国际商会定义的Incoterms®，因此美国

在 2004 年修订 UCC 时将有关贸易术语的规则删除。这意味着美国无论是在国际贸易还是在国内贸易，均倾向采用国际商会定义的贸易术语，放弃了其本国的定义。

（三）《国际贸易术语解释通则 2020》

《国际贸易术语解释通则》（Incoterms®）是国际贸易中应用最为广泛的国际商事规则。第一版 Incoterms® 由国际商会（International Chamber of Commerce，ICC）于 1936 年正式发布，并先后于 1953 年、1967 年、1976 年、1980 年、1990 年、2000 年、2010 年和 2020 年进行修订和补充。Incoterms® 2020（又称《2020 通则》，国际商会第 723E 号出版物），是为适应国际贸易实务的最新发展形势，在 Incoterms® 2010 的基础上修订产生，并于 2020 年 1 月 1 日起生效。《2020 通则》解释的贸易术语共有 11 种，并将它们按照适用的不同运输方式分为两大类（见表 7-2）。

表7-2 《2020通则》中的贸易术语

术语缩写	贸易术语全称	适用运输方式
EXW	Ex Works 工厂交货［填入指定交货地点］	任一或多种运输方式
FCA	Free Carrier 货交承运人［填入指定交货地点］	任一或多种运输方式
CPT	Carriage Paid To 运费付至［填入指定目的地］	任一或多种运输方式
CIP	Carriage and Insurance Paid To 运费、保险费付至［填入指定目的地］	任一或多种运输方式
DAP	Delivered at Place 目的地交货［填入指定目的地］	任一或多种运输方式
DPU	Delivered at Place Unloaded 目的地卸货后交货［填入指定目的地］	任一或多种运输方式
DDP	Delivered Duty Paid 完税后交货［填入指定目的地］	任一或多种运输方式
FAS	Free Alongside Ship 船边交货［填入指定装运港］	海运和内河水运
FOB	Free on Board 船上交货［填入指定装运港］	海运和内河水运
CFR	Cost and Freight 成本加运费［填入指定目的港］	海运和内河水运
CIF	Cost, Insurance and Freight 成本、保险费加运费［填入指定目的港］	海运和内河水运

《2020 通则》通过一套 10 个条款规定了每种贸易术语对买卖双方在货物买卖中的主要责任、费用和风险，按照 A1/B1—A10/B10 排序，A 条款代表卖方的义务，B 条款代表买方的义务（见表 7-3）。

表7-3 《2020通则》所规定的买卖双方的主要义务

义务编号	义务名称
A1/B1	General Obligations 一般义务
A2/B2	Delivery / Taking Delivery 交货/提货
A3/B3	Transfer of Risks 风险转移
A4/B4	Carriage 运输
A5/B5	Insurance 保险
A6/B6	Delivery/Transport Document 交货/运输单据
A7/B7	Export/Import Clearance 出口/进口清关
A8/B8	Checking/Packaging/Marking 查验/包装/标记
A9/B9	Allocation of Costs 费用划分
A10/B10	Notices 通知

三、国际贸易惯例的适用性

国际贸易惯例（international trade customs），是指国际商业组织根据国际贸易实践中逐渐形成的一般贸易习惯做法而制定成文的规则。这些规则根据当事人意思自治的原则，得到国际上普遍接受和广泛使用，从而被公认为贸易惯例。国际贸易惯例是国际贸易法律的重要渊源之一，在国际贸易中具有非常特殊的地位，其所具有的非主权性、任意选择性以及直接来自国际贸易的实践等属性，大大地增强了其在国际贸易中的普遍适用性。贸易惯例不是强制性规则，而是任意选择性规则。只有当事人各方一致同意采用某惯例，该惯例才具有约束力。

国际贸易惯例本身不是法律，它以当事人的自愿为基础，对当事人不具有强制性约束力。买卖双方有权在合同中作出与惯例不符的规定，只要合同有效，双方均要履行合同规定的义务，一旦出现争议，法院或仲裁机构将依据合同条款进行判决或裁决。

因此，当买卖双方发生争议时，如果：① 合同的规定与惯例矛盾，则法院或仲裁机构以合同的规定为准；② 合同的规定与惯例不抵触，则法院或仲裁机构以国际惯例的规定为准；③ 合同中明确规定采用某种惯例，则这种惯例就具有强制性。

上述有关贸易术语的国际贸易惯例都是由非政府组织制定的，它们既非某国的法律，也非国际法律或协定，因此这些解释规则不形成法律强制性。只有当事人在合同中明确约定采用某项惯例时，它才对当事人形成法律约束力。同时，这些惯例对同一写法的贸易术语的解释不尽相同，有时甚至出入较大。为避免争议，建议贸易商在其所订立的买卖合同中订明采用规则的具体名称和版本年份。假如合同中未约定适用何种解释规则而发生争议，鉴于国际商会所制定的Incoterms®使用广泛，影响力最大，如当事人无特别约定，各国法院或仲裁机构往往推定当事人适用Incoterms®。

此外，买卖双方商定适用某惯例解释的贸易术语，并不意味着其买卖合同绝对受该贸易术语的约束。若合同有与该贸易术语解释冲突的特别规定，则合同的规定将优先适用。并且，买卖双方也可以通过合同对某惯例的贸易术语的规则进行修改，但当事人需要在合同中非常清晰地明确此类修改要达到的效果。

第二节 《2020通则》中的贸易术语

一、适用于海运及内河运输方式的三种常用贸易术语

（一）FOB

1. FOB的含义

FOB（Free on Board [Insert named port of shipment]，船上交货[填入指定装运港]），是指卖方在指定装运港将货物装上船（该船舶由买方指定），或取得已经如此交付的货物（常见于大宗商品的链式销售）即完成交货，货物灭失或损坏的风险在货物交到船上时发生转移，同时，买方承担自那时起的一切费用。

该术语仅适用于海运或内河水运，不适合于货物在交到船上之前已经移交给承运人的情形，如在集装箱终端被交给承运人。在此种情况下，双方应考虑采用FCA。

从商品的价格构成上看，FOB=EXW+货物装上船前的一切费用+出口清关的费用+出口国政府规定的装船前检验费用。

在合同中正确使用FOB的方法是，将FOB订入合同的价格条款，如"USD50.00/CARTON FOB HAIKOU INCOTERMS® 2020"，FOB后填入具体的装运港，并注明适用的规则及版本。因为海口的货运港口只有秀英港一个，所以可以只写海口。但像上海有多个货运港口的，应在FOB后注明具体的港口名称，如上海外高桥、上海洋山等。

2. FOB对买卖双方主要义务的划分

根据《2020通则》的规定，FOB下买卖双方的主要义务见表7-4。

表7-4 FOB下买卖双方的主要义务

项目	卖方	买方
责任	1. 必须提供符合销售合同约定的货物和商业发票及合同可能要求的其他与合同相符的证据，以及交货的通常证明 2. 必须在约定日期或买方通知的约定期限内在买方指定的装运港内的装货点（如有），按照该港口的习惯方式，以将货物置于买方指定的船上，或以取得已经如此交付的货物的方式交货，并给予买方充分通知 3. 必须提供其所拥有的买方安排运输和保险所需的信息，遵守与运输有关的安全要求 4. 如适用，必须办理出口国要求的所有清关手续并支付费用，如出口许可证、出口安检清关、装运前检验及任何其他官方授权 5. 必须以适合该货物运输的方式对货物进行包装和标记	1. 必须按销售合同约定支付货物价款，提取货物，接受交货证明 2. 必须自付费用订立自指定装运港起的货物运输合同，并就任何与运输相关的安全要求、船舶名称、装货点以及约定期限内所选择的交货时间给予卖方充分通知 3. 如适用，必须办理任何过境国和进口国要求的所有手续并支付费用，如进口许可及过境所需的任何许可、进口及任何过境安检清关、装运前检验及任何其他官方授权
费用	1. 货物在指定装运港装上船之前的一切费用 2. 如适用，办理出口清关的关税、税款和任何其他费用	1. 货物在指定装运港装上船之后的一切费用 2. 如适用，办理过境或进口清关的关税、税款和任何其他费用
风险	承担货物在指定装运港装上船之前的一切风险	承担货物在指定装运港装上船之时起的一切风险

3. 按FOB成交应注意的问题

（1）明确风险分界点

FOB的风险分界点为卖方交货点，是卖方在出口国指定装运港将货物装上买方指定的船舶时，即货交船上时，此点也是买卖双方的费用分界点。在实践中，买方或买方银行一般要求卖方提交清洁已装船的提单，故卖方要将货物安全完好地装船。

买卖双方应在订立销售合同时，在FOB后填入明确具体的交货点和适用规则版本。此外，应谨慎使用各种变形条件，如FOB Liner Terms、FOB Under Tackle、FOB ST等，因为《2020通则》中并未对FOB的变形条件作出任何具体的规定，若买卖双方未明确上述变形条件有无改变贸易术语的交货点和风险转移点，很容易引起争议。

（2）做好船货衔接工作

由于按FOB成交，是由买方租船订舱，而卖方负责备妥货物装船，因此存在船货衔接问题。买方应及时租船订舱，并将船名、装货点和约定期限内的交货时间（如有）及时通知给卖方，以便卖方按时备货、装船。按照《2020通则》规定，若买方未能按照规定给予卖方有关船名、装货点及约定期限内的交货时间的充分通知，或买方指定的船舶未准时到达，或未接收货物，或早于通知的时间停止装货，则买方承担自约定日期起或约定期限届满之时起的货物灭失或损坏的一切风险和任何额外费用。但以货物已清楚地确定为合同项下的货物为前提条件，如卖方可以采用约定方式对该批货物进行包装、刷唛等，将该批货物特定化为合同项下的货物。

在业务实践中，买卖双方应在合同中明确规定买方派船接货的时间及违约责任，并加强联系、及时沟通，或由卖方代办运输。如已约定由卖方代办运输，卖方必须按惯常条款订立运输合同，由买方承担风险和费用。

（3）FOB 的局限性

FOB 不适合于内陆地区出口商使用，它会增加出口商承担的风险、责任和费用，推迟运输单据出单时间，延缓出口商交单收汇。卖方如果采用集装箱运输或多式联运，可以直接在内陆地区（卖方所在地或其他交货地点）将货物交给承运人，凭承运人签发的集装箱提单交单收汇。若采用 FOB 则要多承担从内陆地区仓库至港口装船的风险、责任和费用。在业务实践中，若采用其他运输方式或国际多式联运，应选用 FCA，合同附加买方须指示承运人出具已装船批注提单给卖方的规定，或允许卖方提交收妥待运的提单。

【案例讨论 7-1】

我国某公司与外商签订一批小麦出口合同，合同约定：一级小麦 100 公吨，按 FOB 条件成交，装船时货物经检验符合合同规定的品质条件，卖方在装船后及时向买方发出装运通知。但在船舶的航行途中，由于遇到触礁事件，小麦被海水浸泡，品质受到严重影响。当货物到达目的港后，只能降价出售，因此，买方要求卖方赔偿其差价损失。问：卖方是否该赔偿？

（二）CFR

1. CFR 的含义

CFR（Cost and Freight [Insert named port of destination]，成本加运费 [填入指定目的港]），是指卖方在指定装运港将货物装上船，或取得已经如此交付的货物即完成交货，货物灭失或损坏的风险在货物交到船上时转移给买方，卖方还需订立将货物运至指定目的港的运输合同并支付运费。

该术语仅适用于海运或内河水运，不适合于货物在交到船上之前已经移交给承运人的情形，如在集装箱终端被交给承运人。在此种情况下，双方应考虑采用 CPT。

从商品的价格构成上看，CFR=FOB+ 主运费。

在合同中正确使用 CFR 的方法是，将 CFR 订入合同的价格条款，如 "USD55.00 / CARTON CFR SOUTHAMPTON INCOTERMS® 2020"，CFR 后填入具体的目的港，并注明适用的规则及版本。特别建议双方尽可能精准地指定目的港的特定地点，因为卖方需承担将货物运往该地点的运费。

2. CFR 对买卖双方主要义务的划分

根据《2020 通则》的规定，CFR 下买卖双方的主要义务见表 7-5。

表7-5　CFR下买卖双方的主要义务

项目	卖方	买方
责任	1. 必须提供符合销售合同约定的货物和商业发票及合同可能要求的其他与合同相符的证据，以及运输单据 2. 必须在约定日期或期限内，按照该港口的习惯方式，以将货物装上船，或以取得已经如此交付的货物的方式交货，并给予买方充分通知 3. 必须签订或取得运输合同，将货物自交货地运送至指定目的港，并遵守运输过程中与运输有关的安全要求 4. 必须提供其所拥有的买方获取保险所需的信息 5. 如适用，必须办理出口国要求的所有清关手续并支付费用，如出口许可证、出口安检清关、装运前检验及任何其他官方授权 6. 必须以适合该货物运输的方式对货物进行包装和标记	1. 必须按销售合同约定支付货物价款，提取货物，接受运输单据 2. 买方有权决定运输时间及/或指定目的港的收货点，买方必须给予卖方充分通知 3. 如适用，必须办理任何过境国和进口国要求的所有手续并支付费用，如进口许可及过境所需的任何许可、进口及任何过境安检清关、装运前检验及任何其他官方授权
费用	1. 货物在指定装运港装上船之前的一切费用 2. 货物运至指定目的港的运费和装船费、与运输相关的安全费用，以及根据运输合同由卖方承担的过境费和在约定卸货港的卸货费用 3. 如适用，办理出口清关的关税、税款和任何其他费用	1. 货物在指定装运港装上船之后的一切费用 2. 过境费用，除非根据运输合同规定该项费用由卖方承担 3. 包括驳运费和码头费在内的卸货费用，除非根据运输合同规定该项费用由卖方承担 4. 如适用，办理过境或进口清关的关税、税款和任何其他费用
风险	承担货物在指定装运港装上船之前的一切风险	承担货物在指定装运港装上船之时起的一切风险

3. 按CFR成交时应注意的问题

（1）装船通知的重要性

按CFR成交时，由卖方负责安排货物运至指定目的港的运输，而买方需要为其自身利益投买货运保险。货运保险主要是针对运输过程中可能出现的风险和损失，若卖方未及时发出装船通知，买方可能无法及时办理货运保险，甚至可能出现漏保货运险的情况。英国《1893年货物买卖法》（1979年修订）第32条规定："除非另有约定，卖方向买方运送货物的路线涉及海运时，在多数情形下货物通常要购买保险，卖方对买方负有告知义务，以使买方为海上运输期间的货物购买保险，如果卖方未能告知，则货物在海上的风险在于卖方。"各国法律、国际惯例和合同一般都支持上述英国货物买卖法的规定。因此，按CFR成交，卖方装船后务必及时向买方发出装船通知，以便买方及时给货物投保；否则，将由卖方继续承担货物风险，而不能以货物已装船、风险已经转移为由免除责任。

（2）卖方对租船订舱的责任

"租船订舱"是在贸易实务中对办理海运货物运输的说法。若需要运输的货物数量多或无班轮通航，可采用租船运输；若需要运输的货物数量不大又有班轮通航，可以预定舱位，采用班轮运输。CFR术语要求卖方负责安排运输，但《2020通则》的规定，卖方按惯常条款订立运输合同，由卖方承担费用，经由通常航线，用通常运输该类货物的船舶运送货物。因此，卖方对买方提出的关于限制船籍、船型、船龄、船级及指定班轮公司船只或航线的要求，有权拒绝。但从维护双方良好合作关系的角度，在卖方办得到又不增加费用的情况下，可考虑接受。合同中另有规定的，则另当别论。

（3）明确目的港卸货费用的负担问题

按CFR成交，如货物采用班轮运输，运费由办理货物运输的卖方支付，在目的港的卸货费用实际上由卖方负担。而大宗商品通常采用租船运输，如船方按不负担装卸费的条件出租船舶，卸货费应由何方承担呢？按《2020通则》的规定，包括驳船费和码头费在内的卸货费应由买方承担，除非运输合同规定该项费用由卖方承担。但如果卖方根据运输合同产生目的港的卸货费用，除非双方另有约定，卖方无权向买方追偿该项费用。所以，目的港卸货费原则上应由买方承担，但建议买卖双方事先就卸货费用的负担问题达成一致。

（4）CFR合同属于装运合同

《2020通则》规定CFR后填入指定目的港，且由卖方负责安排货物运至指定目的港的运输，这是否表示卖方需要在指定目的港完成交货呢？回答是否定的。CFR和FOB的交货点一样，都是在装运港货交船上时，在该点卖方完成交货，货物灭失或损坏的风险同时转移，而无论货物是否实际良好的状态、约定的数量或是否确实到达目的地。在业务实践中，这种卖方只保证按时完成装运即完成交货，而无须保证货物是否按时、完好抵达目的地的合同，被称为"装运合同"，六种常用贸易术语都属于装运合同。

【案例讨论 7-2】

中方公司用CFR贸易术语出口一批货物到非洲吉布提，装船后中方公司业务员疏忽，未将装船通知告知买方，导致买方未及时投保，而货物在运输途中遭受意外事故，全部灭失。问：谁将承担损失的责任？

（三）CIF

1. CIF的含义

CIF（Cost, Insurance and Freight [Insert named port of destination]，成本、保险费加运费[填入指定目的港]），是指卖方在指定装运港将货物装上船，或取得已经如此交付的货物即完成交货，货物灭失或损坏的风险在货物交到船上时转移给买方，卖方还需订立将货物运至指定目的港的运输合同并支付运费，订立货运保险合同并支付保险费。

该术语仅适用于海运或内河水运，不适合于货物在交到船上之前已经移交给承运人的情形，如在集装箱终端被交给承运人。在此种情况下，双方应考虑采用CIP。

从商品的价格构成上看，CIF=FOB+主运费+保险费。

在合同中正确使用CIF的方法是，将CIF订入合同的价格条款，如"USD58.00 / CARTON CIF SOUTHAMPTON INCOTERMS® 2020"，CIF后填入具体的目的港，并注明适用的规则及版本。特别建议双方尽可能精准地指定目的港的特定地点，因为卖方需承担将货物运往该地点的运费和保险费。

2. CIF对买卖双方主要义务的划分

根据《2020通则》的规定，CIF下买卖双方的主要义务见表7-6。

表7-6　CIF下买卖双方的主要义务

项目	卖方	买方
责任	1. 必须提供符合销售合同约定的货物和商业发票及合同可能要求的其他与合同相符的证据，以及运输单据和保险单据 2. 必须在约定日期或期限内，按照该港口的习惯方式，以将货物装上船，或以取得已经如此交付的货物的方式交货，并给予买方充分通知 3. 必须签订或取得运输合同，将货物自交货地运送至指定目的港，并遵守运输过程中与运输有关的安全要求 4. 必须自付费用取得货物保险 5. 如适用，必须办理出口国要求的所有清关手续并支付费用，如出口许可证、出口安检清关、装运前检验及任何其他官方授权 6. 必须以适合该货物运输的方式对货物进行包装和标记	1. 必须按销售合同约定支付货物价款，提取货物，接受运输单据 2. 买方有权决定运输时间及/或指定目的港的收货点，买方必须给予卖方充分通知 3. 如适用，必须办理任何过境国和进口国要求的所有手续并支付费用，如进口许可及过境所需的任何许可、进口及任何过境安检清关、装运前检验及任何其他官方授权
费用	1. 货物在指定装运港装上船之前的一切费用 2. 货物运至指定目的港的运费和装船费、与运输相关的安全费用，以及根据运输合同由卖方承担的过境费和在约定卸货港的卸货费用 3. 货物运输保险费 4. 如适用，办理出口清关的关税、税款和任何其他费用	1. 货物在指定装运港装上船之后的一切费用 2. 过境费用，除非根据运输合同该项费用由卖方承担 3. 包括驳运费和码头费在内的卸货费用，除非根据运输合同该项费用由卖方承担 4. 如适用，办理过境或进口清关的关税、税款和任何其他费用
风险	承担货物在指定装运港装上船之前的一切风险	承担货物在指定装运港装上船之时起的一切风险

3. 按CIF成交应注意的问题

（1）卖方办理保险的责任

按CIF成交，卖方必须签订保险合同，以对由买方承担的从装运港到目的港运输过程中货物灭失或损坏的风险投保。如果目的地国家要求在本地购买保险，则可能给卖方投保造成困难，双方应考虑使用CFR。买方还应注意，按《2020通则》的规定，CIF下的卖方只需投保符合《协会货物保险条款》（Institute Cargo Clauses, LMA/IUA）条款（C）或其他类似条款下的有限险别。最低保险金额应为合同规定价格另加10%（即110%），并采用合同约定的货币。所以，如果买方有更高或额外的投保要求，应与卖方协商一致，并在销售合同中明确规定，或自行作出额外的保险安排。

（2）CIF属于象征性交货

从交货方式来看，CIF是一种典型的象征性交货（symbolic delivery）。所谓象征性交货，是针对实际交货（physical delivery）而言的。前者指卖方只要按期在约定地点完成装运，并向买方提交合同规定的包括物权凭证在内的有关单证，就算完成交货义务，而无须保证到货。后者则是指卖方要在规定的时间和地点，将符合合同规定的货物提交给买方或其指定人，而不能以交单代替交货。在象征性交货方式下，卖方是凭单交货，买方是凭单付款，只要卖方按时向买方提交符合合同规定的全套单据，即使货物在运输途中损坏或灭失，买方也必须履行付款义务。反之，如果卖方提交的单据不符合要求，即使货物完好无损地运达目的地，买方仍有权拒付货款。由此可见，CIF交易实际上是一种单据的买卖。所以，装运单据在CIF交易中具有特别重要的意义。但必须指出，按CIF成交，卖方履行其交单义务，只是得到买方付款的前提条件，除此之外，卖方还必须履行交货义务。如果卖方提交的货物不符合要求，买方即使已经付款，仍然可以根据销售合同向卖方提出索赔。

（3）CIF并非"到岸价"

FOB常被称为"离岸价"，而CIF常被称为"到岸价"，实际上CIF并非到岸价。因为按《2020通则》对CIF的规定，卖方在装运港货交船上时即完成交货，货物灭失或损失的风险自卖方转移给买方，卖方既无须承担自装运港完成交货后的风险，也无须将货物按时、完好地交付到目的港。而且，卖方只需支付将货物运至指定目的港的正常运费和保险费，其他额外费用在卖方完成交货后应由买方承担。所以，按CIF成交，卖方承担的责任、费用和风险都没有"到岸"，也无须"到岸"交货，称CIF为到岸价，其实是不妥当的。

【案例讨论7-3】

按CIF贸易术语出口。卖方按合同的规定装船完毕后取得包括提单在内的全套装运单据。但是，载货轮船在启航后第二天就触礁沉没，买方闻讯后提出拒收单据，拒付货款。试问：卖方应如何处理？为什么？

二、适用于任何运输方式的三种常用贸易术语

（一）FCA

1. FCA的含义

FCA（Free Carrier [Insert named place of delivery]，货交承运人[填入指定交货地点]），是指卖方在约定日期或期限内在指定地点（卖方所在地或其他地点）将货物交给买方指定的承运人时即完成交货，货物灭失或损坏的风险自该地点起转移给买方。该术语可适用于任一或多种运输方式。

在合同中正确使用FCA的方法是，将FCA订入合同的价格条款，如"USD50.00 / CARTON FCA HAIKOU MEILAN INTERNATIONAL AIRPORT INCOTERMS® 2020"，FCA后填入尽可能具体的交货点，因为该地点是确定风险转移给买方且买方开始承担费用的地点。

2. FCA对买卖双方主要义务的划分

根据《2020通则》的规定，FCA下买卖双方的主要义务见表7-7。

表7-7　FCA下买卖双方的主要义务

项目	卖方	买方
责任	1. 必须提供符合销售合同约定的货物和商业发票及合同可能要求的其他与合同相符的证据，以及交货的通常证明 2. 必须在约定日期或买方通知的约定期限内的交货时间在指定地或指定点（如有），向买方指定的承运人（或其他人）交付货物，或以取得已经如此交付的货物的方式交货，并给予买方充分通知 3. 必须提供其所拥有的买方安排运输和保险所需的信息，遵守与运输有关的安全要求 4. 如适用，必须办理出口国要求的所有清关手续并支付费用，如出口许可证、出口安检清关、装运前检验及任何其他官方授权 5. 必须以适合该货物运输的方式对货物进行包装和标记	1. 必须按销售合同约定支付货物价款，提取货物，接受交货证明 2. 必须自付费用订立运输合同或安排从指定交货地开始的货物运输，并就指定承运人的名称、在约定交货期限内所选承运人收取货物的时间、指定承运人使用的运输方式（包括任何与运输有关的安全要求）、指定交货地的收货点，给予卖方充分通知 3. 如适用，必须办理任何过境国和进口国要求的所有手续并支付费用，如进口许可及过境所需的任何许可、进口及任何过境安检清关、装运前检验及任何其他官方授权
费用	1. 货物在指定交货点货交承运人处置之前的一切费用 2. 如适用，办理出口清关的关税、税款和任何其他费用	1. 货物在指定交货点货交承运人处置之后的一切费用 2. 如适用，办理过境或进口清关的关税、税款和任何其他费用
风险	承担货物在指定交货点货交承运人处置之前的一切风险	承担货物在指定交货点货交承运人处置之时起的一切风险

3. 按FCA成交应注意的问题

（1）明确交货地内的交货点

按FCA成交，需填入指定交货地点，该交货地点将对买卖双方装卸货物的责任产生不同影响。按《2020通则》的规定，若指定地点是卖方所在地，则卖方要将货物装上买方的运输工具；若指定地点是另一地点，则卖方要将货物装上卖方的运输工具并运抵该指定地点，并且做好从卖方运输工具上卸载的准备，以完成交货义务。

在业务实践中，建议买卖双方尽可能清楚地指明在指定交货地范围内的详细交货点。详细的交货点会让双方均清楚货物交付的时间和风险转移至买方的时间，并明确买方承担费用的地点。若双方未指明详细的交货点，根据《2020通则》的规定，卖方有权选择"最适合卖方目的"的地点，该地点即成为交货点，风险和费用从该点起转移至买方。

（2）卖方可取得已装船批注的提单

海运提单具有物权凭证效力，因此在托收或信用证支付方式下，银行会要求卖方凭已装船提单取得付款。而FCA适用于任一或多种运输方式，如果货物是在陕西西安由买方的公路运输车接载，承运人是无法出具在陕西西安装运的已装船批注提单的，因为陕西西安不是海运港口，船舶无法抵达该地装运货物。为满足卖方使用FCA销售时对已装船提单的需求，《2020通则》首次提供以下可选机制：如果双方在销售合同中如此约定，则买方必须指示承运人出具已装船批注提单给卖方；如果双方已约定卖方将提交给买方一份仅声明货物已收妥待运的提单，则无须选择该方案。

【案例讨论 7-4】

中方出口手表到印度，按 FCA Shanghai Airport 签约。交货期为 8 月。出口企业于 8 月 31 日将该手表运到上海虹桥机场，由航空公司收货并开具航空运单。中方即电传印度发出装运通知。9 月 2 日手表抵达盂买，将到货通知连同发票和航空运单送交盂买某银行。该银行即通知印商提货、付款，但印商以延迟交货为由拒绝。请思考：（1）FCA 贸易术语下的交货地点在哪里？（2）印商拒绝收货是否合理？为什么？

（二）CPT

1. CPT 的含义

CPT（Carriage Paid To [Insert named place of destination]），运费付至 [填入指定目的地]），是指卖方必须订立将货物运往指定目的地的运输合同并支付运费，并且在约定日期或期限内将货物交给与卖方签订运输合同的承运人，或取得已经如此交付的货物即完成交货义务，货物灭失或损坏的风险自货物移交给承运人时起转移给买方。该术语可适用于任一或多种运输方式。

在合同中正确使用 CPT 的方法是，将 CPT 订入合同的价格条款，如 "USD60.00 / CARTON CPT WINCHESTER RAILWAY STATION INCOTERMS® 2020"，CPT 后填入目的地的名称，卖方必须自付费用，订立将货物运至该指定目的地的运输合同。

2. CPT 对买卖双方主要义务的划分

根据《2020 通则》的规定，CPT 下买卖双方的主要义务见表 7-8。

表7-8 CPT下买卖双方的主要义务

项目	卖方	买方
责任	1. 必须提供符合销售合同约定的货物和商业发票及合同可能要求的其他与合同相符的证据，以及运输单据 2. 必须在约定日期或期限内在约定的交货地点将货物交给与卖方签订运输合同的承运人，或以取得已经如此交付的货物，并给予买方充分通知 3. 必须签订或取得运输合同，将货物自交货地运送至指定目的地，并遵守与运输有关的安全要求 4. 必须提供其所拥有的买方取得保险所需的信息 5. 如适用，必须办理出口国要求的所有清关手续并支付费用，如出口许可证、出口安检清关、装运前检验及任何其他官方授权 6. 必须以适合该货物运输的方式对货物进行包装和标记	1. 必须按销售合同约定支付货物价款，提取货物，接受运输单据 2. 如适用，必须办理任何过境国和进口国要求的所有手续并支付费用，如进口许可及过境所需的任何许可、进口及任何过境安检清关、装运前检验及任何其他官方授权
费用	1. 货物在约定交货点货交承运人处置之前的一切费用 2. 如适用，办理出口清关的关税、税款和任何其他费用 3. 货物运至指定目的地的运费，包括装货费用及与运输有关的安全费用	1. 货物在指定交货点货交承运人处置之后的一切费用 2. 如适用，办理过境或进口清关的关税、税款和任何其他费用 3. 过境费用，除非根据运输合同该项费用应由卖方承担 4. 卸货费用，除非根据运输合同该项费用应由卖方承担
风险	承担货交承运人处置之前的一切风险	承担货交承运人处置之时起的一切风险

3. 按 CPT 成交应注意的问题

（1）交货地和目的地

在 CPT 规则中，有两个地点非常重要：一个是货物的交货地或交货点（如有），另一个是约定为货物终点的目的地或目的点。需要特别注意的是，CPT 后填入的是指定目的地，卖方需要自付费用，订立将货物运至该目的地的运输合同，但卖方并不保证货物以良好的状态、约定的数量或是否确实到达该目的地，因为卖方在约定的交货地将货物交给承运人时就已经完成交货，风险自该交货点起转移给买方。所以，交货点用于确定风险转移，目的地作为卖方承诺签订运输合同运至的地点，需要区别开来。

在业务实践中，建议双方在销售合同中尽可能精准地确定交货地和目的地，或交货地和目的地内的具体地点。对于多个承运人各自负责从交货地到目的地之间不同运输路程的情况，若双方未约定具体的交货地或交货点，则默认当卖方将货物交给第一个承运人时，风险即发生转移。在销售合同中应尽可能精准地确定约定目的地内的具体地点，因为该地点是卖方必须签订运输合同运至的地点，并且是卖方承担运费直到该地点为止的地点。

（2）目的地卸货费用的负担

按《2020 通则》的规定，CPT 下目的地卸货费用由买方承担，但运输合同规定由卖方承担的除外。如果卖方在其运输合同项下承担在指定目的地的相关卸货费用，除非双方另有约定，卖方无权另行向买方追偿该费用。所以，如果按卖方订立的运输合同，运费中已包含目的地卸货费用，则卸货费由卖方承担；如果目的地卸货费用是货到目的地后另外收取的，则卸货费由买方承担。

（三）CIP

1. CIP 的含义

CIP（Carriage and Insurance Paid To [Insert named place of destination]，运费和保险费付至 [填入指定目的地]），是指卖方必须订立将货物运往指定目的地的运输合同并支付运费，订立货物运输保险合同并支付保险费，并且在约定日期或期限内将货物交给与卖方签订运输合同的承运人，或取得已经如此交付的货物即完成交货义务，货物灭失或损坏的风险自货物移交给承运人时起转移给买方。该术语可适用于任一或多种运输方式。

在合同中正确使用 CIP 的方法是，将 CIP 订入合同的价格条款，如 "USD65.00 / CARTON CIP WINCHESTER RAILWAY STATION INCOTERMS® 2020"，CIP 后填入目的地的名称，卖方必须自付费用，订立将货物运至该指定目的地的运输合同和货物运输保险合同。

2. CIP 对买卖双方主要义务的划分

根据《2020 通则》的规定，CIP 下买卖双方的主要义务见表 7-9。

表 7-9　CIP下买卖双方的主要义务

项目	卖方	买方
责任	1. 必须提供符合销售合同约定的货物和商业发票，及合同可能要求的其他与合同相符的证据，以及运输单据和保险单据 2. 必须在约定日期或期限内在约定的交货地点将货物交给与卖方签订运输合同的承运人，或以取得已经如此交付的货物，并给予买方充分通知 3. 必须签订或取得运输合同，将货物自交货地运送至指定目的地，并遵守与运输有关的安全要求 4. 必须自负费用取得货物保险 5. 如适用，必须办理出口国要求的所有清关手续并支付费用，如出口许可证、出口安检清关、装运前检验及任何其他官方授权 6. 必须以适合该货物运输的方式对货物进行包装和标记	1. 必须按销售合同约定支付货物价款，提取货物，接受运输单据 2. 如适用，必须办理任何过境国和进口国要求的所有手续并支付费用，如进口许可及过境所需的任何许可、进口及任何过境安检清关、装运前检验及任何其他官方授权
费用	1. 货物在约定交货点货交承运人处置之前的一切费用 2. 如适用，办理出口清关的关税、税款和任何其他费用 3. 货物运至指定目的地的运费，包括装货费用及与运输有关的安全费用 4. 货物运输保险费	1. 货物在指定交货点货交承运人处置之后的一切费用 2. 如适用，办理过境或进口清关的关税、税款和任何其他费用 3. 过境费用，除非根据运输合同该项费用应由卖方承担 4. 卸货费用，除非根据运输合同该项费用应由卖方承担
风险	承担货交承运人处置之前的一切风险	承担货交承运人处置之时起的一切风险

3. 按CIP成交应注意的问题

（1）卖方投保的义务

根据《2020通则》的规定，按CIP成交，卖方还必须签订从交货点起至少到目的点的货物运输保险合同。虽然自交货点到目的点的货物运输保险是由卖方负责办理的，但自交货点起货物灭失或损坏的风险应由买方承担。所以，卖方的投保具有代办性质，即为买方的利益投保，保险单的投保人是卖方，在买方付款后，卖方可将保险单以背书的方式转让给买方，使买方取得保单上的权利。

还需要特别注意的是，在《2020通则》CIP规则下，卖方需要投保符合《协会货物保险条款》（A）或其他类似条款下的范围广泛的险别。但是，双方仍然可以自行约定更低的险别。这点是《2020通则》相比之前版本对CIP作出的较大修改，之前版本都规定CIP下的卖方与CIF下一样，只需投保最低险别，但现行版本则要求CIP下的卖方必须投保最高险别，而CIF下的卖方仍只需投保最低险别。最低保险金额应为合同规定价格另加10%（即110%），并采用合同约定的货币。

（2）两个"分界点"的问题

CIP存在两个"分界点"：一个是风险分界点，它划分了买卖双方承担的货物灭失或损坏的风险；一个是费用分界点，它划分了买卖双方承担的主运费和保险费。CIP的风险分界点应该是在交货地，即在约定的交货地卖方将货物交给承运人时，风险从卖方转移至买方，所以货物自交货地到指定目的地的风险是由买方承担的。CIP的主运费和保险费的分界点在指定目的地，因为卖方必须支付将货物运至指定目的地的运费和保险费。但需要明确的是，卖方只需支付通常的运费和保险费，其他额外费用除合同另有规定外，在卖方完成交货义务后应由买方承担。

实际上，在六种主要贸易术语中，只有FOB和FCA两种贸易术语的风险分界点和费用分界点是重合的，CFR、CIF和CPT、CIP四种贸易术语都存在两个分界点的问题。很多人误以为贸易术语后填入的港口或地点就是交货地点，实际上，只有FOB和FCA等F组的术语（即首字母为F的贸易术语）可以这样理解，C组的术语（即首字母为C的贸易术语）后面填入的港口或地点并非交货地点，而是卖方需要办理至该地点的货物运输和保险，但卖方并不保证在该地点将货物按时、完好、安全地交给买方，因为卖方在交货地将货物交给承运人时即完成交货，按这些贸易术语签订的合同都属于装运合同。

三、其他五种贸易术语

除了六种主要贸易术语，《2020通则》还规定了其他五种贸易术语。虽然这五种贸易术语并不常用，但在某些情况下，它们可以满足买方或卖方的特定要求。因此，也需要了解并掌握其他五种贸易术语。

（一）EXW

EXW（Ex Works [Insert named place of delivery]，工厂交货 [填入指定交货地点]），是指卖方在约定的日期或期限内，在指定地点（如工厂或仓库）将货物交给买方处置时，即完成交货。卖方不需要将货物装上任何前来接收货物的运输工具，需要清关时，卖方也无须办理出口清关手续。该术语可适用于任一或多种运输方式。

EXW是卖方承担的义务最少，而买方承担义务最大的贸易术语。因此，从买方角度出发，基于以下原因，应谨慎使用该术语。若买方希望规避在卖方场所装载货物期间的风险，应考虑选择FCA（在FCA下，若货物在卖方场所交付，则卖方负有装载货物的义务并承担货物装载中的风险）。若买方预计办理出口清关会有困难，建议买方最好选择FCA（在FCA下，办理出口清关的义务和费用由卖方承担）。

（二）FAS

FAS（Free Alongside Ship [Insert named port of shipment]，船边交货 [填入指定装运港]），是指卖方在约定的日期或按买方通知的约定期限内的交货时间，将符合合同规定的货物交到指定装运港船边（如置于码头或驳船上），该船舶由买方指定，或取得已经如此交付的货物，即完成交货义务。货物灭失或损坏的风险在货物交到船边时发生转移，同时买方承担自那时起的一切费用。该术语仅适用于海运或内河水运。

在业务实践中，FAS一般适用于大宗货物的交易，因为大宗货物通常采用租船运输，若按照船方不负责装卸费用的条件签订租船合同，则装船费用应由买卖双方中的一方承担。如果按FOB成交，因为卖方需要将货物装上船以完成交货，所以装船费用应由卖方承担。不仅如此，卖方还须承担货物装船的风险和责任。而如果按FAS成交，则装船的风险、责任和费用均由买方承担，因为卖方只需在船边完成交货。所以，FAS和FOB就货物装船义务给出了不同的划分，由此给买卖双方不同的选择。此外，当买方所派船只不能靠岸时，卖方要负责用驳船把货物运至买方指派船只的船边，并在船边交货。

【案例讨论7-5】

中国某公司按照FAS条件进口一批木材，在装运完成后，国外卖方来电要求中方公司支付货款，并要求支付装船时的驳船费。对于卖方的要求，中方公司应如何处理？

（三）DAP

DAP（Delivered at Place [Insert named place of destination]，目的地交货[填入指定目的地]），是指卖方在指定目的地将处于抵达运输工具上并已做好卸货准备的货物交由买方处置时，完成交货并转移风险。卖方承担将货物运送到指定目的地或该指定目的地内的约定交货点的一切风险。卖方不需要将货物从抵达的运输工具上卸载。DAP可适用于任一或多种运输方式。

在DAP下，交货地和目的地是相同的，也就是说卖方是在目的地完成交货的，所以按DAP成交的合同属于到达合同，卖方必须将货物按时、完好、安全地交付到买方才能完成交货。在业务实践中，建议买卖双方尽可能清楚地约定目的地或目的点，原因如下：第一，货物灭失或损坏的风险在该目的地或目的点转移至买方；第二，该目的地或目的点之前的费用由卖方承担，该目的地或目的点之后的费用由买方承担；第三，卖方必须签订运输合同或安排货物运输至该目的地或目的点。若卖方未履行上述义务，卖方即违反了《2020通则》DAP规则中的义务，并将对买方任何随之产生的损失承担责任。

（四）DPU

DPU（Delivered at Place Unloaded [Insert named place of destination]，目的地卸货后交货[填入指定目的地]），是指卖方在指定目的地将已从抵达运输工具上卸载的货物交由买方处置时，完成交货并转移风险。卖方承担将货物运送到指定目的地以及卸载货物的一切风险。DPU可适用于任一或多种运输方式。

DPU是唯一要求卖方在目的地卸货的贸易术语。因此，卖方应确保其可以在指定地点组织卸货。

（五）DDP

DDP（Delivered Duty Paid [Insert named place of destination]，完税后交货[填入指定目的地]），是指卖方在指定目的地将已办理进口清关并处于抵达运输工具上且已做好卸货准备的货物交由买方处置时，完成交货并转移风险。卖方承担将货物运送到指定目的地或该指定目的地内的约定交货点的一切风险。DDP可适用于任一或多种运输方式。

DDP是《2020通则》规定的全部11个贸易术语中卖方承担的风险、责任和费用最大的贸易术语。在DDP下，交货发生在目的地，并且由卖方负责进口清关，并支付任何进口关税或办理任何海关手续。因此，如果卖方无法办理进口清关，应考虑选择DAP或DPU。

第三节　出口价格核算

一、进出口商品的作价原则与作价方法

（一）作价原则

我国进出口商品的作价原则是，在贯彻平等互利的基础上，根据国际市场的价格水平，结合国别或地区政策，并按照我方的购销意图确定适当的价格。国际市场价格通常指商品在

国际集散中心的市场价格，主要出口国或地区当地市场的出口价格或主要进口国或地区当地市场的进口价格。由于价格构成因素不同，影响价格变化的因素也是多种多样的，因此，在确定进出口商品价格时，必须充分考虑影响价格的种种因素，并注意同一商品在不同情况下应有合理差价，防止不分情况、采用全球同一价格的错误做法。

为了正确掌握进出口商品价格，除遵循上述作价原则外，还必须考虑下列因素。

1. 商品的质量和档次

在国际市场上，一般都贯彻按质论价的原则，即优质高价、劣质低价。商品质量的优劣、档次的高低、包装装潢的好坏、式样的新旧、商标或品牌的知名度，都会影响商品的价格。

2. 运输距离

国际贸易中的商品一般要经过长途运输，运输距离的远近会影响运费和保费的开支，从而影响商品的价格。因此，确定商品价格时，必须核算运输成本，做好比价工作，以体现地区差价。例如，在其他交易条件都相同的情况下，我国出口商报 CIF BUSAN 价肯定要低于CIF LOS ANGELES 价，因为前者是从我国运到韩国釜山港，后者是从我国运到美国洛杉矶港，运输距离不同。

3. 交货地点和交货条件

在国际贸易中，由于交货地点和交货条件不同，买卖双方承担的责任、费用和风险就各有区别，在确定进出口商品价格时，必须考虑这些因素。例如，在其他交易条件都相同的情况下，按 EXW 条件和按 DDP 条件成交，EXW 报价肯定要低于 DDP 报价。

4. 季节性需求的变化

在国际市场上，某些节令性的商品，如赶在节令前到货，抢先应市，即能卖上好价。过了节令的商品，其售价往往很低，甚至以低于成本价的"跳楼价"出售。因此，应充分利用季节性需求的变化，切实掌握好季节性差价，争取按对我方有利的价格成交。

5. 成交数量

按国际贸易的习惯做法，成交量的大小影响价格。成交量大时在价格上应给予适当优惠，或者采用数量折扣的办法；反之，如成交量过少，甚至低于起订量时，可以适当提高售价。因此，无论成交数量多少，都采取同样价格成交的做法是不恰当的，外贸业务员应当掌握好数量差价。

6. 支付条件和汇率变动的风险

支付条件是否有利和汇率变动风险的大小，都会影响商品的价格。例如，同一商品在其他交易条件相同的情况下，采用预付货款和货到付款时，其价格应当有所区别，同时，确定商品价格时，一般应争取采用对自身有利的货币成交，如采用不利的货币成交，应当把汇率变动的风险考虑到货价中去，即出口时适当提高售价，进口时适当压低购买价格。

7. 国际市场商品供求变化和价格走势

国际市场价格受供求变化的影响而上下波动，有时甚至出现瞬息万变的情况。因此，在确定成交价格时，必须考虑供求状况和价格变动的趋势。当市场上的商品供不应求时，价格会呈上涨趋势；反之，商品供过于求时，价格就会呈下降趋势。由此可见，切实了解国际市场的供求变化状况，有利于对国际市场价格的走势作出正确判断，也有利于合理地确定进出口商品的成交价格，避免价格掌握上的盲目性。

此外，交货期的远近、市场销售习惯和消费者的偏好等因素，对确定价格也有不同影响，必须通盘考虑、权衡得失，在此基础上确定合适的价格。

（二）作价方法

1. 固定作价

固定作价是最常见的作价方法，即在交易磋商时就把价格确定下来，事后无论发生什么情况都按确定的价格结算应付货款。固定作价具有明确、具体、便于结算的优点，我国对外贸易多采用这种方法。但采用固定作价，意味着买卖双方要承担从订约到结算期间商品的市场价格变动的风险。所以，固定作价主要适用于价格波动不大的商品，不适用于价格敏感性商品或远期交货的买卖。

例如，合同中的价格条款明确规定为"USD280.00 PER CARTON FOB HAIKOU INCOTERMS® 2020"，此价格即为固定价格，若合同中无其他规定，双方必须按此价格结算货款，即使订约后商品的市场价格发生重大变化，任何一方也不得要求变更原定价格。

2. 非固定作价

（1）暂不固定价格（后定价格）

某些商品价格变动频繁且波动幅度较大或交货期较长，买卖双方对市场趋势难以预测但又有订约意图，则可以采用这种定价方法，只约定将来确定价格的时间或方法，其具体做法又有以下两种：

① 在价格条款中明确规定定价时间和定价方法，如"以×年×月×日纽约商品交易所该商品的收盘价为基础加 3 美元作价"，按此作价方法，双方可以规避商品市场价格变动的风险。

② 只规定作价时间而不规定作价方法，如"由双方在×年×月×日协商确定价格"。但这种方法对作价方式未作出规定，执行时易产生争执，一般只适用于双方有长期交往并已形成比较固定的交易习惯的合同。

（2）暂定价格

对于某些价格变动较大、交货期较长的商品，买卖双方可以在合同中先订立一个初步价格，作为开立信用证和初步付款的依据，待双方确定最后价格后再进行最终清算，多退少补。如"单价暂定每公吨 1000 英镑 CIF 神户（备注：上述价格为暂定价格，买方按本合同规定的暂定价开立信用证，于装船月份前 15 天再由买卖双方协商确定价格）"。

（3）部分固定价格，部分非固定价格

对于大量分批装运的商品买卖，在订约时对近期交货的部分采用固定作价，远期交货的部分暂不作价，而在交货前一定期限内由双方议定价格，以兼顾买卖双方的利益。

3. 滑动作价

滑动作价是指签订合同时先规定一个基础价，交货时再按工资、原材料价格变动指数对基础价作出调整，确定最后价格。对于某些生产周期长的机器设备和原材料商品，买卖双方为了避免承担价格变动的风险，往往采用滑动作价的方法。在合同中订有价格调整系数，具体规定有关价格调整的办法。例如，"以上基础价格将按下列调整公式根据×××（机构）公布的×年×月的工资指数和物价指数予以调整"。

二、佣金与折扣

在磋商交易和计算价格时，有时会涉及佣金和折扣。正确掌握与运用佣金和折扣，可以达到扩大销售和增加经济效益的目的。与之相适应，在合同的价格条款中，有时也会涉及佣金和折扣。价格条款中规定的价格，可分为包含佣金或折扣的价格和不包含此类因素的净价

（net price）。在业务实践中，除非事先另有约定，若有关价格条款未对佣金或折扣作出表示，通常理解为该合同价格是不含佣金或折扣的价格。

（一）佣金和折扣的含义

在国际贸易中，有些交易是通过中间商（包括代理商、经纪人等）进行的。佣金（commission）就是中间商介绍生意或代买代卖而收取的酬金。包含佣金的价格被称为含佣价。我国某些外贸公司在代理国内企业开展进出口业务时，通常由双方签订协议规定佣金率，而在对外报价时，佣金率则不明示在价格中，这种做法被称为"暗佣"。若在价格条款中，明确表示佣金多少，这种做法被称为"明佣"，常出现在我国出口企业向国外中间商的报价中。正确运用佣金，有利于调动中间商的积极性和扩大交易。佣金的支付方法有两种：一种是由中间商直接从货价中扣除；另一种是卖方收妥货款后，按事先约定的期限和佣金率，另外支付给中间商。

佣金的支付方式有三种：① 直接从货价中扣除，即合同中规定的价格为含佣价，而买方实际支付的价格为扣除佣金之后的价格；② 待出口商收妥货款后，再按事先约定的期限和佣金率，将佣金汇付给中间商；③ 如采用信用证付款，则在信用证中规定佣金在议付时直接从信用证款项中扣除，称为"议扣"。

折扣（discount/allowance）是卖方按原价给予买方一定百分比的价格减让，即在价格上给予适当的优惠。使用折扣的方式减让价格，而不直接降低报价，使卖方既保持商品的价位，又明确表示其能给予买方价格优惠，是一种促销手段，如数量折扣、季节折扣、特别折扣、现金折扣等。

（二）佣金和折扣的表示方法

在合同的价格条款中，佣金和折扣有不同的表示方法。

1. 用百分比表示

在合同的价格条款写完后，用文字说明该价格包含佣金或折扣的百分比。例如：

USD200 per M/T CIF New York including 2% commission

GBP200 per M/T CIF London including 3% discount

GBP200 per M/T CIF London less 3% discount

2. 用"C"表示佣金

在贸易术语后面加上大写字母"C"（英文commission的首字母）加上佣金率来表示含佣价，佣金率的百分比符号也可以省略，折扣一般不用此法。例如：

HKD50 per dozen CFRC2% Hong Kong

USD200 per case CIFC5 San Francisco

3. 用绝对数表示

在合同价格条款里，明确说明佣金或折扣的具体金额。例如：

Pay ABC Company USD50 as commission per M/T

Discount USD10 per M/T

三、核算出口价格

（一）了解出口价格的构成

出口商品的价格主要包括商品本身的成本、国内经营总费用、国外经营总费用和利润。

1. 商品本身的成本

根据出口商类型的不同，商品本身的成本分为生产成本、加工成本和采购成本三种类型。生产成本是指制造商生产某一产品所需的投入。加工成本是指加工商对成品或半成品进行加工所需的投入。采购成本是指贸易商向供应商采购的价格。

2. 国内经营总费用

国内经营总费用主要包括认证费、包装费、仓储费、国内运输费、商检费、税费、港区港杂费、贷款利息、业务费用、银行费用等。

3. 国外经营总费用

国外运费指货物出口时支付的海运、陆运、空运或多式联运的费用。

国外保险费指出口商向保险公司投保货运险所支付的费用。

佣金指出口商向中间商支付的酬金。

4. 利润

由于进出口报价时，商品尚未销售出去，因此这里的利润一般指预期利润。

（二）掌握实际采购成本的计算方法

对于从事贸易的出口商而言，商品成本即为采购成本，是贸易商向供货商购买货物的支出。一般来讲，供货厂商所报的价格就是贸易商的采购成本。然而，供货商报出的价格一般包含税费，即增值税。增值税是以商品进入流通环节所发生的增值额为课税对象的一种流转税。由于出口商品是进入国外流通领域的，为了增加产品在售价上的竞争力，要将含税的采购成本中的出口退税部分予以扣除，从而得出实际采购成本。我国实行出口退税制，对不同的商品实施不同的退税率。关于出口商品是否享受退税及退税率，可以在"国家税务总局官网首页—纳税服务—出口退税率查询"项下查询。我国现行增值税属于比例税率，根据应税行为分为 13%、9%、6% 三档税率。

$$实际采购成本 = 采购成本 - 出口退税额$$

$$出口退税额 = \frac{采购成本}{1+增值税率} \times 出口退税率$$

$$实际采购成本 = 采购成本 \times \frac{1+增值税率-出口退税率}{1+增值税率}$$

【例题 7-1】 某公司采购一批足球，每只足球购货成本为 80 元人民币（含 13% 增值税），若足球出口退税率为 13%，求每只足球的实际采购成本。

解：实际采购成本 $= 80 \times \dfrac{1+13\%-13\%}{1+13\%} = 70.80$（元人民币/只）

（三）了解国内费用的名目与计算

国内费用是指卖方为完成出口商品交货所发生的各项费用。主要包括：① 包装费；② 仓储费；③ 国内运输费；④ 国内保险费；⑤ 证书费；⑥ 商检费；⑦ 出口关税；⑧ 出口报关费；⑨ 港口费；⑩ 装船/货费；⑪ 银行费用；⑫ 邮寄费；⑬ 经营管理费用。

出口货物涉及的各种国内费用在报价时大部分还没有发生，因此该费用的预算实际是一种估算。有两种方法。

1. 加总求和法

加总求和法是将货物装运前的各项费用根据以往的经验进行估算并叠加，然后除以出口商品数量获得单位商品装运前的费用：

$$单位出口商品国内费用=\frac{国内总费用}{出口商品数量}$$

2. 定额费用率的方法

所谓定额费用率是指贸易公司在业务操作中对货物装运前发生的费用按公司年度支出规定一个百分比，一般为公司购货成本的3%～10%。在业务实践中，该费率由贸易公司按不同的商品、交易额大小、竞争的激烈程度自行确定。

$$单位出口商品国内费用=采购成本×定额费率$$

【例题7-2】某出口公司出口冻虾17公吨，每公吨进货价格为5600元人民币，估计该批货物国内运杂费1200元，出口商检费300元，报关费100元，港口费用950元，其他各种费用共计1500元，银行手续费800元，求该商品的国内费用。

解：冻虾国内费用 $=\dfrac{1200+300+100+950+1500+800}{17}=285.2941$（元人民币/吨）

接上题背景，若定额费率为进货价的5.5%，则该商品的国内费用为多少？

冻虾国内费用 $=5600×5.5\%=308$（元/吨）

究竟采用何种方法确定单位产品国内费用，应结合收集数据的准确性、价格的竞争性和定价策略等综合考虑决定。在实践中，因出口费用涉及项目繁杂、单位众多、各项费用不易精确估算，所以常采用定额费率的方法加以预算。

（四）了解境外费用的项目与计算

出口价格是否需要核算境外费用，取决于采用的贸易术语，以及对方的要求（要包含佣价或净价）。

1. 出口运费预算

进出口货物的运输通常采用的是海运运输方式，在采用CFR、CIF等价格术语时，办理运输并支付运费是出口商的责任。这时，运费就成为构成货价的要素之一。

海运方式，根据承运货物船舶的不同营运方式可以分为班轮运输和租船运输两种。除大宗初级产品外，多数商品采用班轮运输方式。在班轮运输中，根据托运货物是否装入集装箱又可分为散装货物与集装箱货物两类。

（1）散装货物（件杂货）海运运费预算

① 海运运费构成：主要为基本运费和附加运费两部分。附加运费主要有燃油附加费、货币贬值附加费、港口拥挤费、转船附加费等。

② 海运运费计算标准：包括W、M、W/M、Ad Val.等计收基本运费的标准。

③ 海运运费计算公式：

$$海运运费=（1+附加费率）×基本费率×货运量$$

④ 海运运费计算步骤：

第一步，根据货物名称，在运价表中的货物分级表上查找货物的等级和运费计算标准；

第二步，根据货物的装运港、目的港，找到相应航线，按货物的等级查找基本运价；

第三步，查询该航线和港口所要收取的附加费项目和数额（百分比）及货币种类；

第四步，根据基本运价和附加费算出实际运价（单位运价）；

第五步，根据货物的托运数量算出应付的运费总额。

【例题7-3】某公司出口一批蛋制品，毛重10公吨，体积11立方米，从上海装运，直航至英国普利茅斯港，求海运运费。

解：① 查货物分级表知：蛋制品为 12 级，W/M。

② 查航线费率表知：基本费率为 USD116/F.T.。

③ 查附加费率表知：直航附加费为 USD18/F.T.；燃油附加费是基本运费的 35%。

故海运运费 =[116×（1+35%）+18]×11=1920.60（美元）

（2）集装箱货物海运运费预算

对于集装箱货物运费的计收有两种方法：拼箱货按散装货计算，整箱货按包箱价计算。计算公式为：

$$海运运费 = 包箱价 × 集装箱个数$$

【例题 7-4】从上海出口女式套头衫 9110 件至纽约，用 2 个 20′ 集装箱装或用 1 个 40′ 集装箱装的海运费分别是多少？通过"航线及运费查询"查得上海至纽约海运费为：20′ 集装箱 USD3702，40′ 集装箱 USD4674。

解：装 2 个 20′ 集装箱的海运费 =3702×2=7404（美元）

装 1 个 40′ 集装箱的海运费 =4674×1=4674（美元）

2. 保险费预算

在出口交易中，在以 CIF 或 CIP 术语成交的情况下，出口方需要进行保险费的预算。保险费是按照货物的保险金额乘以一定的百分比（保险费率）计算得到的。

$$保险费 = 保险金额 × 保险费率$$

$$保险金额 = CIF 或 CIP 价格 × （1+ 投保加成率）$$

投保加成率由买卖合同确定，一般为 10%，不超过 30%。

$$保险费 = CIF 或 CIP 价格 × （1+ 投保加成率）× 保险费率$$

由于保险金额一般是以 CIF 或 CIP 价格为基础加成确定的，若已知 CFR 或 CPT 价格，可按下述公式换算：

$$CIF 或 CIP 价格 = \frac{CFR 或 CPT 价}{1-（1+ 投保加成率）× 保险费率}$$

【例题 7-5】向日本出口钢材，已知 CFR 价格为每公吨 520 美元，现改报 CIF 价格，投保一切险，投保加成率为 10%，保险费率为 0.55%，试计算 CIF 价格和每公吨的保险费。

解：CIF 价格 $= \dfrac{520}{1-（1+10\%）× 0.55\%} =523.165$（美元/公吨）

保险费 =523.165×（1+10%）×0.55%=3.165（美元/公吨）

3. 佣金预算

佣金是买方或卖方付给中间商的报酬。包含佣金的价格称含佣价，不包含佣金的价格称为净价，净价与含佣价之间的换算关系如下：

$$净价 = 含佣价 - 佣金$$

$$佣金 = 含佣价 × 佣金率$$

$$含佣价 = \frac{净价}{1- 佣金率}$$

【例题 7-6】买卖双方以每公吨 1000 美元 CIF 含佣 3% 的价格达成交易，每公吨的佣金是多少？

解：佣金 =1000×3%=30（美元/公吨）

【例题 7-7】某商品的 CFR 价为 840 美元，加成 10% 投保，保险费率为 1.2%，佣金率为 3%，若客户要求改报 CIFC3 价，试求其含佣价。

解：$CIFC3 = \dfrac{CFR}{1-佣金率-(1+投保加成率)\times 保险费率}$

$= \dfrac{840}{1-3\%-(1+10\%)\times 1.2\%} = 877.93（美元）$

（五）掌握利润的预算方法

价格中所包含的利润由商品价格与商品出口成本之差决定，在实践中，商人决定利润的预算方法有两种：一是根据出口成本利润率计算利润；二是根据出口销售价格利润率计算利润。

【例题 7-8】某公司单位产品的出口成本为 100 美元，假设预期出口成本利润率为 20%，出口销售价格利润率为 20%，请分别计算出口价格和利润额。

①根据出口成本利润率计算：出口价格=100×（1+20%）=120（美元）

出口利润额=100×20%=20（美元）

②根据出口销售价格利润率计算：出口价格=100÷（1-20%）=125（美元）

出口利润额=125×20%=25（美元）

由此可见，计算利润的基础不同，出口报价和利润大小也不同。因此公司在进行价格预算时，应特别注意本公司利润预算的依据，以免报价失误，造成损失。

（六）六种贸易术语价格的构成及换算

1. 六种贸易术语价格的构成

FOB 价格=实际采购成本+国内费用+预期利润

FCA 价格=实际采购成本+国内费用+预期利润

CFR 价格=实际采购成本+国内费用+海运运费+预期利润

CPT 价格=实际采购成本+国内费用+国外运费+预期利润

CIF 价格=实际采购成本+国内费用+海运运费+海运保险费+预期利润

CIP 价格=实际采购成本+国内费用+国外运费+国外保险费+预期利润

2. 不同贸易的价格换算

CFR 价格=FOB 价格+海运运费（F）

CIF 价格=FOB 价格+海运运费（F）+海运保险费（I）

因为保险费=CIF 或 CIP 价格×（1+投保加成率）×保险费率，将保险费的计算公式代入上式，移项合并同类项后，得到如下公式：

$$CIF 价格 = \dfrac{FOB 价格 + F}{1-(1+投保加成率)\times 保险费率}$$

上述公式的分子也就是 CFR 价格，所以上述公式可以作为将 FOB、CFR 和 CIF 三种价格进行换算的万能公式。

【例题 7-9】某公司业务员参加广交会，对其负责的某种商品计算后得出该商品可报每桶 150 美元 FOB 厦门，但他认为只准备一种报价是不够的，该商品销往北美比较多，他准备再计算 CIF 洛杉矶价（经查：该商品每桶海运费 15 美元，加成 10% 投保，保险费率 0.5%），请帮他计算报价。

解：CIF 价格 $= \dfrac{150+15}{1-(1+10\%)\times 0.5\%} = \dfrac{165}{0.9945} \approx 165.91（美元/桶）$

FOB、CFR 和 CIF 换算公式也适用于 FCA、CPT 和 CIP，因为前三种贸易术语与后三种贸易术语在价格构成上是一一对应的关系。

四、出口盈亏核算

在实际业务中，外贸业务员向客户报价后，客户可能会还价，此时，外贸业务员需要根据对方还价进行盈亏核算，以判断能否按照客户还价成交。出口盈亏核算是外贸业务员必须掌握的技能之一。衡量一笔出口业务的盈利程度，通常使用出口换汇成本、出口盈亏额和出口盈亏率三个指标。

（一）出口换汇成本

出口换汇成本（export cost for foreign exchange）是指某商品出口净收入换取一个单位的外汇所需的本币成本，即某笔出口业务用多少单位的本币换取一个单位的外币。出口换汇成本应与银行的外汇牌价（现汇买入价）进行比较，若出口换汇成本高于当时的银行外汇牌价，出口为亏损；若出口换汇成本低于银行的外汇牌价，则出口为盈利。出口换汇成本越低，说明出口盈利水平越高。其计算公式为：

$$出口换汇成本 = \frac{出口总成本（本币）}{出口外汇净收入（外汇）}$$

其中，出口总成本是出口商品退税后的实际采购成本加上出口装船前的一切费用。出口外汇净收入是指出口商品按FOB价销售所得的外汇总收入，若商品是按CIF价出口的，应在出口外汇总收入中扣除国外运费和保险费；若商品是按含佣价出口的，则需要扣除佣金。出口总成本和出口外汇净收入可以用以下公式表示：

$$出口总成本 = 实际采购总成本 + 国内总费用$$
$$出口外汇净收入 = 出口外汇总收入 - 国外运费 - 国外保险费 - 佣金$$

【例题 7-10】某公司出口商品1000箱，该货每箱收购价人民币100元（含13%增值税），国内费用为收购价的15%，出口退税率为13%。该货外销价为每箱20美元CFR曼谷，每箱货应付海运运费1.2美元，预计结汇时1美元=7.2元人民币，计算该商品的出口换汇成本。

解：单位商品出口成本 $= 100 \times \dfrac{1+13\%-13\%}{1+13\%} + 100 \times 15\% \approx 103.4956$（元人民币）

出口总成本 $= 103.4956 \times 1000 = 103495.6$（元人民币）

出口外汇净收入 $= (20-1.2) \times 1000 = 18800$（美元）

出口换汇成本 $= \dfrac{出口总成本}{出口外汇净收入} = \dfrac{103495.6}{18800} \approx 5.5051$（元人民币/美元）

（二）出口盈亏额和出口盈亏率

出口盈亏额（export profit）是指出口净收入与出口总成本的差额。若差额为正数，为出口盈余额；若差额为负数，为出口亏损额。出口净收入是出口外汇净收入按当时的银行外汇牌价（现汇买入价）折成本币的数额。出口盈亏率（export profit margin）指出口盈亏额与出口本币总成本的比率。其计算公式为：

$$出口盈亏额 = 出口净收入 - 出口总成本$$
$$出口净收入 = 出口外汇净收入 \times 银行外汇买入价$$

【例题 7-11】资料如例题 7-10，试求该商品的出口盈亏率。

解：出口盈亏率 $= \dfrac{18800 \times 7.2 - 103495.6}{103495.6} \times 100\% = 30.79\%$

第四节　合同中的价格条款

商品的价格涉及买卖双方的经济利益，是交易磋商的焦点，价格条款是合同中的核心条款之一。所以，必须正确掌握进出口商品价格的表示方法，学会拟订合同中的价格条款。

国际货物买卖合同中的价格条款包括商品的单价和总值两项基本内容。

一、单价

国际贸易中的商品单价（unit price）比国内贸易中的商品单价复杂，通常由计量单位、单位价格金额、计价货币和贸易术语四个基本要素构成。例如：

每公吨	100	美元	FOB海口
（计量单位）	（单位价格金额）	（计价货币）	（贸易术语）

合同中的单价条款由四个要素构成：计价货币、单位价格金额、计量单位和贸易术语。例如，GBP100.00/DOZEN CIF LONDON INCOTERMS® 2020。

在制订单价条款时应注意以下几点。

第一，要正确写明计价货币的名称。世界上有很多国家和地区的货币单位名称是相同的，而币值差别却很大，所以，必须清楚写明是何国或地区的货币，在简写时应尤其注意这一点。如"元"有人民币元、日元、美元、欧元、加拿大元、港元、新加坡元等，应用货币的英文缩写或中文全称说明具体货币名称。表7-10罗列了世界主要货币名称及其英文缩写。

表7-10　世界主要货币名称及其英文缩写

货币英文代码	货币英文全称	中文名称
CNY	Chinese Yuan	人民币元
HKD	Hong Kong Dollar	港元
EUR	Euro	欧元
CHF	Chweizer Franken（德语）	瑞士法郎
USD	United States Dollar	美元
CAD	Canadian Dollar	加拿大元
GBP	Great Britain Pound	英镑
JPY	Japanese Yen	日元
AUD	Australian Dollar	澳大利亚元

第二，要明确计量单位采用何种度量衡制度。由于国际贸易中各国和地区使用的度量衡制度不一，不同度量衡制度下的计量单位表示的商品实际数量差别很大，如以"吨"为单位，应明确是公吨、长吨或短吨，否则容易引起争议。

第三，贸易术语的表述要准确、完整，不能省略港口和适用惯例的版本年份。世界上同名港或城市不少，例如美国和英国都有港口Boston，牙买加、加拿大和澳大利亚都有港口Kingston。若遇上同名港，一定要在港口后加注国名，以示区别。

第四，佣金与折扣的表示方法要正确、清楚。

二、总值

总值（total amount）也称总价（total value），是商品单价与成交商品数量的乘积，即一笔交易的货款总金额。总值使用的货币应与单价使用的货币一致，并用大小写同时表示。

✧ 导入案例分析

贸易术语表明价格的形成，确定了交接货物时买卖双方的责任、费用和风险的划分，明确了双方在交接货物过程中的责任与义务。我们通过学习知道，在开篇案例中，买方的索赔要求不合理。因为CIF合同属装运合同，CIF术语是象征性交货术语。只要卖方按合同规定在装运港完成装运，并向买方提交全套合格的单据就算完成了交货义务，买方应凭单付款。至于交货后，货物发生的任何损坏或灭失的风险，卖方概不负责。除非买方能举证货物在装运前就已污损，否则卖方概不负责赔偿。由于CIF合同是由货物买卖合同、运输合同和保险合同组成的，因此买方可依据具体情况向船公司或保险公司索赔，卖方可予以协助。

📝 本章练习

一、单项选择题

1. 在实际业务中，FOB条件下，买方常委托卖方代为租船、订舱，其费用由买方负担。如到期订不到舱，租不到船，（　　　）。
   A. 卖方不承担责任，其风险由买方承担
   B. 卖方承担责任，其风险也由卖方承担
   C. 买卖双方共同承担责任、风险
   D. 双方均不承担责任，合同停止履行

2. 按CFR贸易术语成交的国际货物买卖，应由（　　　）。
   A. 卖方负责租船订舱并办理海上保险
   B. 买方负责租船订舱并办理海上保险
   C. 卖方负责租船订舱，买方负责办理海上保险
   D. 买方负责租船订舱，卖方负责办理海上保险

3. 在一般情况下，按FOB成交的合同中，不应计入货物价格的是（　　　）。
   A. 货物采购成本　　　B. 国内运费　　　C. 国外保险费　　　D. 各项出口税费

4. 我国山东甲公司与日本乙株式会社签订了一份由日方向中方提供船用设备的买卖合同，其中价格条款为USD 85,000/SET CIF QINGDAO。运输途中出现不可抗力导致船舶起火，虽经及时抢救，仍有部分设备被烧坏，之后双方就设备损失赔偿发生争议并申请仲裁。（　　　）应承担烧坏设备造成的损失。
   A. 日本乙株式会社　　B. 山东甲公司　　　C. 船公司　　　　D. 保险公司

5. 根据《2020通则》的解释，以CIF鹿特丹成交，卖方对货物所承担的风险界限是（　　　）。
   A. 货物在装运港装上船以前
   B. 货物在装运港卸下卖方车辆以前
   C. 货物在目的港卸货以前
   D. 货物在目的港装上买方车辆以前

6. 按照《2020通则》的规定，CIF与CFR的主要区别在于（　　　）。
   A. 办理租船订舱的责任方不同　　　　B. 办理货运保险的责任方不同
   C. 风险划分的界限不同　　　　　　　D. 办理出口手续的责任方不同

7. 根据《2020通则》的规定，CFR术语仅适用于水上运输，若卖方先将货物交到货运站

或使用集装箱运输时，与CFR相对应，应采用（　　　）为宜。

A. FCA　　　　　　　B. CPT　　　　　　C. CIP　　　　　　D. DAF

8. 象征性交货意指卖方的交货义务是（　　　）。

A. 不交货　　　　　　　　　　　B. 既交单又实际性交货

C. 凭单交货　　　　　　　　　　D. 实际性交货

9. 商品出口总成本与出口所得的外汇净收入之比是（　　　）。

A. 出口商品盈亏额　　B. 出口商品盈亏率　C. 出口换汇成本　　D. 出口创汇率

10. 中国某公司对外报价为CIF价每箱180.0美元，外商要求改报CIFC5%，中方应报价为（　　　）。

A. 187.0美元　　　　B. 188.4美元　　　　C. 189.5美元　　　　D. 195.9美元

二、多项选择题

1. 国际贸易术语是以不同的交货地点为标准，用简短的概念或英文缩写的字母表示的术语。它可以表示（　　　）。

A. 商品的价格构成　　　　　　　B. 货物交接中风险的划分

C. 买卖双方在交易中的主要义务划分　　D. 买卖双方在交易中的主要费用分担

2. 有关贸易术语的国际贸易惯例有（　　　）。

A.《国际贸易术语解释通则2020》　　　B.《1932年华沙—牛津规则》

C.《1990年美国对外贸易定义修订本》　　D.《汉堡规则》

3. 可适用于多种运输方式的贸易术语有（　　　）。

A. FCA　　　　　　　B. CPT　　　　　　C. CIP　　　　　　D. DDP

4. 根据《2020通则》的解释，FOB条件和CFR条件下卖方均应（　　　）。

A. 提交商业发票及海运提单

B. 租船订舱并支付运费

C. 承担货物于装运港装上船以前的一切风险

D. 办理出口通关手续

5. 根据《2020通则》的解释，采用FCA条件成交时，卖方应负的责任有（　　　）。

A. 订立运输契约　　B. 按时交货　　C. 办理出口手续　　D. 提交交货凭证

6. 在国际贸易中，作价办法有（　　　）。

A. 固定价格　　　　B. 非固定价格　　　C. 后定价格　　　　D. 暂定价格

7. 在确定出口成交价格时，应考虑的具体因素有（　　　）。

A. 商品的质量和档次　　　　　　B. 成交量

C. 运输距离　　　　　　　　　　D. 支付条件

8. 下列单价条款对佣金表述正确的有（　　　）。

A. 每公吨150美元CIF上海包括2%的佣金

B. 每公吨150美元CIF上海，每公吨付佣金3美元

C. 每公吨150美元CIFC2%上海

D. 每公吨150美元CIF上海

E. 每公吨150美元CIFC上海

9. 合同中的单价条款包括（　　　）。

A. 贸易术语　　　　B. 计量单位　　　C. 单位价格金额　　D. 计价货币

10. 成交价为 CIF 价格的，计算外汇净收入时需扣除的有（　　）。

A. 国内运费　　　　B. 装船费用　　　　C. 国外运费　　　　D. 国外保险费

三、判断题

1. 中国从汉堡进口货物，如按 FOB 条件成交，需由中方派船到汉堡口岸接运货物；而按 CIF 条件成交，则由出口方洽租船舶将货物运往中国港口，可见，中方按 FOB 进口承担的货物运输风险比按 CIF 进口承担的风险大。（　　）

2. 买卖双方以 CIF 条件成交，若双方在洽商合同时未规定具体的险别，则卖方投保时，只有投保最低限度险别的义务。（　　）

3. 在 EXW 条件下卖方所承担的责任是最小的，而在 DDP 条件下卖方所承担的责任是最大的。（　　）

4. FCA、CPT、CIP 三种贸易术语中，就卖方承担的风险而言，FCA 最小，CPT 次之，CIP 最大。（　　）

5. 买卖双方以 CIP 条件成交，若双方在洽商合同时未规定具体的险别，则卖方投保时，只有投保最低限度险别的义务。（　　）

6. 中方发盘"每箱 13.15 英镑 CIF 上海"。（　　）

7. 商品总值使用的货币不必与单价货币一致。（　　）

8. 当出口换汇成本低于外汇牌价时，出口盈利。（　　）

9. 采用非固定价格时，应尽可能将作价方法订得明确具体，以保证合同的有效性。（　　）

10. 在 FOB 条件下，如合同未规定"装船通知"条款，卖方将货物装船后不发装船通知，此做法不算违约。（　　）

四、案例分析题

1. 买卖双方按照 FOB 条件签订一笔化工原料的买卖合同，装船前检验时，货物的品质良好，符合合同的规定。货到目的港，买方提货后检验发现部分货物结块，品质发生变化。经调查确认原因是货物包装不良，在运输途中吸收空气中的水分导致原颗粒状的原料结成硬块。于是，买方向卖方提出索赔，但卖方指出，货物装船前是合格的，品质变化是在运输途中发生的，也就是在装运港装船之后才发生的，按照国际贸易惯例，其后果应由买方承担，因此，卖方拒绝赔偿。

请根据以上内容回答下列问题：

（1）货物损失责任由（　　）承担。

A. 买方　　　　B. 卖方　　　　C. 船方　　　　D. 保险公司

（2）你作出上述判断的理由是（　　）。

A. 品质变化是在装运港装船之后发生的，根据 FOB 术语，后果应由买方承担

B. 装船前检验，货物品质良好，后果应由保险公司承担

C. 包装不良，说明致损的原因在装船前已经存在，后果应由卖方承担

D. 运输途中发生的问题，应由船方承担

（3）根据《2020 通则》的解释，采用 FOB 术语时卖方应履行的基本义务包括（　　）。

A. 租船订舱，将货物装船并支付正常运费

B. 办理货运保险

C. 承担将货物运至目的港之前的风险

D. 办理出口通关手续

（4）根据《2020通则》的解释，采用FOB术语时买方应履行的基本义务包括（　　　）。

A. 租船订舱，将货物装船并支付正常运费

B. 办理货运保险

C. 承担将货物运至目的港之前的风险

D. 办理进口通关手续

（5）本案例中，风险转移的地点是（　　　）。

A. 装运港船上　　　　　　　　　　B. 目的港船上

C. 货物交给船方　　　　　　　　　D. 风险尚未从卖方转移给买方

2. 中国某出口公司按CIF条件向欧洲某国进口商出口一批草编制品，向人保财险有限公司投保了一切险，并规定按信用证方式支付。中方出口公司在规定的期限、指定的中国某港口装船完毕，船公司签发提单，然后去中国银行议付款项。第二天，出口公司接到客户来电，称装货的海轮在海上失火，草编制品全部烧毁，客户要求中方公司出面向人保财险有限公司提出索赔，否则要求中方公司退回全部货款。问：该批交易按CIF伦敦条件成交，对于客户的要求，中方公司该如何处理？为什么？

3. 中方以CFR贸易术语与外商成交一批消毒碗柜的出口合同，合同中规定装运时间为6月15日以前。中方公司备妥货物，并于6月8日装船完毕，由于遇星期日休息，中方业务员未及时向买方发出装运通知，导致买方未能及时办理投保手续，而货物在6月8日晚因发生火灾被烧毁。问：货物损失责任由谁承担？为什么？

4. 某口岸出口公司按CIF AVONMOUTH向英商出售一批核桃仁，由于该商品季节性较强，双方在合同中规定：买方须于9月底前将信用证开出，卖方保证运货船只不得迟于12月2日驶抵目的港。如货轮迟于12月2日抵达目的港，买方有权取消合同。如货款已收，卖方须将货款退还买方。请问这一合同的性质是否还属于CIF合同？

五、计算题

1. 中国某公司以每公吨500美元CFRC3大阪报价，对方要求改为CIFC5价，请问中方应如何报价？（设保险费率为0.6%）

2. 出口一个20英尺集装箱的内衣，纸箱装，每箱20套，纸箱尺码和毛重分别为65厘米×62厘米×62厘米和60千克，供货价格为50元/每套（含13%增值税，出口退税率为9%），出口包装费每纸箱为20元人民币，商检费、仓储费、报关费、国内运杂费、业务费、港口费及其他各种税费每个集装箱约为2000元人民币，20英尺集装箱的国外运费约为每箱1000美元，如果按CIF成交，中方按成交金额的110%投保一切险，保险费率为0.5%。现假设（美元对人民币的汇率约为1：7）：

（1）中方欲获得10%的利润（按成交金额计算），试计算该货的FOB价；

（2）中方欲获得10%的利润（按成交金额计算），试计算该货的CIF价；

（3）如果外商在中方所报的CIF价基础上还价10%，中方利润还有多少？

（4）如果外商坚持所还价格，中方又想保持10%的利润不变，供货价应不高于每套多少元？（计算过程保留小数点后4位，计算结果保留小数点后2位）

3. 某公司出口餐具，假设进货价为每打CNY8.27，出口价为每打USD3.80 CIF NEWYORK（已知每打运费为USD0.35，保险费为USD0.02），试计算餐具的换汇成本。

第八章

国际货物运输与保险

◎ **学习目标**

知识目标:

1. 了解国际货物运输的基本知识,知道海运运输方式的特点与经营方式

2. 了解海运提单的种类

3. 了解集装箱运输的交接货方式

4. 了解国际货物运输保险的基本知识,知道中国海洋运输保险条款与伦敦保险协会货物运输保险条款的区别

技能目标:

1. 掌握国际货物买卖合同中运输条款和保险条款的拟订方法

2. 掌握班轮运费和保险费的计算方法

3. 掌握海运提单等货运单据的操作

4. 掌握国际货物运输的投保和索赔操作

素养目标:

1. 培养动手操作、分析问题和解决问题的能力

2. 培养诚信意识、敬业精神、创新意识

3. 培养考虑问题全面、做事认真细致的职业素养

4. 培养风险防范意识

■ **导入案例**

中国G公司以CIF价格条件从英国E公司进口一套精密设备,因合同金额不大,遂采用简式标准格式合同,保险条款只简单规定为"保险由卖方负责办理"。不料,到货后,G公司发现设备某零件变形影响其正常使用。G公司向E公司索赔,E公司答复仪器出厂前经过严格检验,有质量合格证书,非他们责任。后经中国商检公司检验认定是运输途中该零件受到振动、挤压造成的。G公司于是向保险公司索赔,保险公司认为此情况属于"碰损、破碎险"承保范围,但G公司提供的保单上只投保了"协会货物条款(C)",未加保"碰损破碎险",所以无法赔付。G公司无奈只好重新购买此零件,既浪费了金钱,又耽误了时间。

第一节　国际货物运输方式

在国际贸易中,买卖双方分隔两地,甚至远隔重洋,双方成交的货物一般都需要经过长途运输才能从卖方所在地抵达买方所在地。国际货物运输涉及的运输方式种类很多,其中包括海洋运输、铁路运输、航空运输、公路运输、内河运输、邮包运输、管道运输、集装箱运输以及由各种运输方式组合而成的国际多式联运。在一笔进出口业务中采用何种运输方式,

应由买卖双方在磋商交易时作出具体约定。

一、海洋运输

海洋运输（ocean transportation）不受道路和轨道的限制，通过能力很大，万吨以上甚至数十万吨的巨轮都可以在海洋中航行。由于海洋运输的运量很大，运输成本较低，许多国家特别是沿海国家货物的进出口，大多采用海洋运输方式。在国际贸易总量中，通过海洋运输的货物占80%以上。因此，海洋运输是国际贸易中最主要的运输方式。

海洋运输虽有上述优点，但也存在一些不足之处，例如：船舶航行速度较慢；有些港口冬季可能会结冰，有些港口枯水期水位会较低，难以保证全年通航；海洋运输距离较长，易受气候影响，面临的货损风险较大等。

按照船舶经营方式的不同，海洋运输可分为班轮运输（regular shipping liner / liner）和租船运输（charter）。

（一）班轮运输

班轮运输又称定期船运输，是指船舶按照规定的时间，在固定的航线上和固定的停靠港口之间，从事客货运输业务，并按事先公布的运费率或协议运费率收取运费的一种船舶经营方式。

1. 班轮运输的特点

班轮运输具有以下四个特点。

一是"四固定"。班轮公司有固定的船期表，有固定的航线，每条航线有固定的停靠港口，并按照相对固定的运费率收取运费。

二是"一负责"。在班轮运输中，由船方负责货物的配载、装卸，相关的装卸费包含在运费中，货方无须在运费之外支付装卸费。船货双方不约定装卸时间，因而也不计算滞期费和速遣费。

三是船货双方的权利、义务与责任豁免的规定，以船方签发的提单条款为依据。

四是班轮承运的货物品种、数量比较灵活，货运质量有保证，且一般采取在码头堆场或仓库交接货物的方式，货物交接比较便利。

2. 班轮运输运费

班轮运输有杂货班轮运输和集装箱班轮运输两种。杂货班轮运输的特点是运输的货物不装在集装箱内，以件杂货为主，也可以是一些散货、重大件货物等，这种运输方式特别适合小批量零星件杂货的海上运输。集装箱班轮运输是以集装箱为运输单元的班轮运输。集装箱班轮运输具有货运质量高、运送速度快、装卸方便、机械化程度高、作业效率高、便于开展联运、能降低货运成本等优点，它正逐步取代传统的杂货班轮运输。

（1）杂货班轮运费的计算

杂货班轮运费包括基本运费和附加费两部分。前者是指将货物从装运港运到目的港所应收取的基本运费，它是全程运费的主要组成部分；后者是指对一些需要特殊处理的货物或者由于突发事件或客观情况变化等而另外收取的费用。杂货班轮运费的计算公式如下：

$$基本运费 = 基本运费率 \times 货运量$$
$$附加费 = 基本运费 \times \sum 附加费率$$
$$班轮运费 = 基本运费 + 附加费$$
$$= 基本运费率 \times 货运量 \times (1 + \sum 附加费率)$$

基本运费率和附加费率按班轮公司公布的班轮运价表（freight tariff）的规定收取，船公司一般会定期公布自己的运价表。运价表一般包括货物分级表（部分货物等级分类见表8-1）、各航线运费率表（航线基本运费率示例见表8-2）、附加费率表（部分附加费种类见表8-3），以及计算运费的规则和规定。货物分级表将货物分为20个等级，不同等级有不同的运费率，其中1级运费率最低，20级运费率最高。

表8-1　部分货物等级分类

货名Commodities	级别 Class	计费标准Basis
人造革及制品 Artificial leather & goods	11	M
棉布及棉纱 Cotton goods & piece goods	10	M
玩具（木制、铁制、长毛线制）Toy（wooden, metal, plush）	8	M
各种豆类 Beans, all kinds	5	W/M
自行车及零件 Bicycles & parts	9	W/M
纸（捆、卷）Paper（In bales & reels）	12	W
瓷砖、瓷器 Tiles, porcelain	7	W
各种毛巾 Cotton towels, all kinds	9	M
卫生洁具 Sanitary wear	8	M

班轮运费的计费标准，是指货运量的确定方法。根据货物的不同，通常采用下列几种标准确定货运量的计算方式：

① 按货物的实际毛重计收，一般称"重量吨"（weight ton）。1重量吨按1公吨或1长吨计算，在运价表内用字母"W"表示。

② 按货物的体积或容积计收，一般称"尺码吨"（measurement ton）。1尺码吨按1立方米或40立方英尺（1.13立方米）计算，在运价表内用字母"M"表示。

③ 按重量或体积计收，统称"运费吨"（freight ton），即指班轮公司按货物的重量或体积较高者确定货运量，在运价表内用"W/M"表示。

④ 按货物的FOB总值计收，即从价运费。班轮公司在承运黄金、白银、精密仪器、手工艺品等贵重货物或高价货物时，由于在积载、保管等方面需要采取特别措施，并承担较大的责任，因此对这类货物收取从价运费，其费率占FOB货价的百分之零点几到5%不等，在运价表上用"A.V."表示。

⑤ 按货物重量、体积和价值中最高者计收（W/M or A.V.），船公司从托运货物的重量、体积和价值中选择计收运费最高者作为计收标准。

⑥ 按货物重量或尺码选择较高者，再加上从价运费计收，运价表中用"W/M plus A.V."表示。

⑦ 按个数计收（per unit）。适用于车辆、活牲畜等特殊商品。

⑧ 按议价计费（open rate）。适用于托运人的货物特别多的情况，由货主和船公司临时协调议定，在运价表中用"open"表示。

⑨ 起码运费（minimum rate）。如果单笔托运货物的重量、体积和价值都太小或太低，没有达到运价表中规定的最低计费标准，承运人就按照最低的运费水平计收。

表8-2　中国某港口—美国航线基本运价

Scale of class rates for China–US service (in USD)				
Class	Seattle, Portland San Francisco	Los Angeles Long Beach	Miami Charleston	Philadelphia New York, Boston
1	95	100	115	120
2	100	105	120	125
…				
7	130	135	142	145
8	136	140	146	150
9	143	147	153	156
10	150	155	160	165

表8-3　国际海运的部分附加费

附加费名称及缩写	解释
燃油附加费（BAF/BAC/FAF） Bunker adjustment factor (charge) / fuel adjustment fee	由于燃油价格上涨，船舶的燃油费用支出超过原核定的运输成本中的燃油费用，承运人在不调整运价的前提下增加的附加费
超重附加费（OWS/HLA） Over weight surcharge / heavy lift additional	由于单件货物重量超过一定限度而加收的一种附加费
超长附加费（LLA） Long length additional	由于单件货物长度超过一定限度而加收的一种附加费
港口拥挤附加费（PCS） Port congestion surcharge	由于港口拥挤，船舶抵港后需要长时间等泊而产生额外费用，为补偿船期延误损失而增加的临时附加费。一般是在以色列、印度某些港口及中南美航线使用
直航附加费 Direct additional	一批货物达到规定的数量，托运人要求将其直接运抵非基本港卸货，船公司为此加收的费用
转船附加费 Transshipment additional	如果货物需要转船运输，公司必须在转船港口办理换装和转船的手续而增加的费用
货币贬值附加费（CAF） Currency adjustment factor	由于国际外汇市场汇率发生较大的变化，计收运费的货币贬值，承运人的实际收入减少，为弥补这种损失而加收的附加费
码头操作费（THC） Terminal handling charge	船公司在运费之外，向货代企业额外收取的一项费用，是随着国际海上集装箱班轮运输的发展而产生的
美国仓单费（AMS） American manifest system	自动舱单系统录入费，用于美加线，自2011年1月1日起，出口美国、加拿大、墨西哥的货物，征收AMS费用，规定船公司必须于装货前24小时将货物资料通过AMS系统报美国海关
直接收货附加费（ORC） Origin receiving charge	也称本地出口附加费，一般在华南地区使用

（2）集装箱班轮运费的计算

集装箱班轮运费与杂货班轮运费一样，也是由基本运费和附加费组成的。基本运费的计算方法有两种：第一种是采用与普通杂货班轮运输基本运费相同的计算方法，对具体的航线按货物的等级和不同的计费标准来计算基本运费，一般适用于拼箱货；第二种是采用包箱费率，即以一个集装箱为计费单位计算基本运费，常用于集装箱整箱交货的情况。常见的包箱费率有以下三种形式。

① FAK包箱费率（freight for all kinds），即对每一个集装箱不分货类，按统一标准收取费用的费率；

② FCS包箱费率（freight for class），即按不同货物等级制定的包箱费率。货物等级也是1～20级，但级差较小。一般低价货费率高于传统运输费率，高价货费率则低于传统运输费率；同一等级货物，重量货运价高于体积货运价。

③ FCB包箱费率（freight for class or basic），是既按不同货物等级或货类制定包箱费率，又按计费标准制定包箱费率。

表8-4为中国某港口到美国航线的普通干货集装箱海运包箱费率。

表8-4　中国某港口—美国航线普通干货集装箱海运包箱费率

单位：美元

Final Destination	FCL20′ GP	FCL40′ GP	FCL40′ HQ
Seattle, Portland, San Francisco	5,100	6,600	6,650
Los Angeles, Long Beach	4,000	6,000	6,000
Miami, Charleston	8,250	10,700	10,900
Philadelphia, New York, Boston	6,800	9,900	9,900

说明：需另收取美国仓单费（AMS）USD35/set；

直接收货附加费（ORC）USD141/20′ GP，USD269/40′ GP，USD269/40′ HQ

集装箱整箱货按包箱价计算运费，计算公式为：

$$海运运费＝包箱价 \times 集装箱个数$$

（二）租船运输

租船运输又称不定期船运输，是指租船人向船方租赁船舶用于运输货物的一种运输方式。

1. 租船运输的特点

租船运输与班轮运输相比，没有"四固定"的特点，具体的区别体现在以下几个方面：

① 属于不定期船，无固定的航线、挂靠港和船期，一切由租船双方在装运前协商确定；

② 运价不固定，受市场供求的约束，随租船市场行情的变化而变化；

③ 租船运输中的港口使用费、装卸费及船期延误等责任费用的划分由双方协定；

④ 租船运输主要适用于粮谷、煤炭、石油、木材等大宗货物的运输；

⑤ 租船人和出租人双方之间的权利、义务和责任以签订的租船合同为准。

2. 租船运输的方式

租船运输的方式包括定程租船、定期租船、光船租船等。

定程租船（voyage charter），是指按航程（包括单程、来回程和连续单航次）租赁船舶，故又称程租船或航次租船。在定程租船方式下，船方必须按租船合同规定的航程完成货物运输任务，并负责经营管理船舶和承担船舶在航行中的一切开支。

定期租船（time charter），是指按一定期限租赁船舶。在租赁期间，租船人在租船合同规定的航行区域内可自行使用和调度船舶。一般来说，在定期租船方式下，各航次中所产生的燃料费、港口费、装卸费、垫舱物料费等各项费用均由租船人负担，而船方仅对船舶的维护、修理、机器的正常运转和船员工资与给养负责。定期租船方式下的租金一般按租期每月每吨若干金额计算，船租双方不规定装卸率和滞期费、速遣费。

光船租船（bare boat charter），是指船舶所有人将船舶出租给承租人使用一段时期，船舶所有人所提供的船舶是一艘空船，既无船长，又未配备船员，承租人要自己任命船长、配备船员，并负责船员的给养和船舶营运管理所需的一切费用。船舶所有人除了在租期内收取租金，对船舶本身和船舶运营均不负责。这种光船租船方式，实际上属于单纯的财产租赁，与上述定期租船有所不同。

3. 定程租船运费

定程租船是租船市场上使用得较多的一种方式，且对运费的波动最为敏感。其运费构成包括基本运费、装卸费（船方不负责装卸，或不负责装货，或不负责卸货时产生），以及滞期费和速遣费。

（1）基本运费

定程租船的基本运费是指从装运港到目的港的海上运费。其计算方式有两种：一种是按运费率（rate of freight）计算，即规定每单位重量或每单位体积的运费额，同时规定按装船时的货物重量（in taken quantity）或按卸船时的货物重量（delivered quantity）来计算总运费；另一种是整船包价（lump sum freight），即不管租方实际装货多少，一律按包价支付。

（2）装卸费

有关货物的装卸费用由租船人和船方协商确定，并在定程租船合同中作出具体的规定。主要有下列四种不同的规定：

① 船方不负担装卸费（F.I.O.）或船方不负责装卸、理舱和平舱（F.I.O.S.T.），采用此法的情况较为普遍；

② 船方负担装卸费（gross terms / liner terms）；

③ 船方只负担装货费，不负担卸货费（F.O.）；

④ 船方只负担卸货费，不负担装货费（F.I.）。

（3）滞期费和速遣费

在定程租船运输中，装卸货时间的长短会影响船舶的使用周期和在港费用，这直接关系到船方的经营效益。因而，为了节省船期，定程租船合同中一般都有规定租船人在一定时间内完成装卸作业的条款，即装卸时间条款，或称装卸期限条款。如果在约定的允许装卸时间内未能将货物装卸完，致使船舶在港内停泊时间延长，给船方造成经济损失，则延迟期间的损失，应按每天若干金额补偿给船方，这项补偿金称为滞期费（demurrage charges）；反之，如果提前完成装卸任务，使船方节省了船舶在港的费用支出，船方将其获取的利益的一部分给租船人作为奖励，这部分费用称为速遣费（dispatch money）。

二、铁路运输

在国际货物运输中，铁路运输（railway transportation）是一种仅次于海洋运输的主要运输方式。铁路运输具有许多优点，例如，火车运行速度较快，载运量较大，一般不易受气候条件的影响，能终年正常运行，而且在运输途中遭受的风险较小，所以铁路运输具有高度的连续性。办理铁路运输手续要比办理海洋运输手续简单，并且发货人和收货人可以在就近的始发站（装运站）与目的站办理托运和提货手续。

进出口货物采用铁路运输，称国际铁路货物联运（international railway transportation），是指两个或两个以上国家按照协定，利用各自的铁路，联合起来完成一票货物的全程运输的方式。它使用统一的国际联运单据，在一国铁路向另一国铁路移交货物时，不需发货人、收货人参加，由铁路部门对全程运输负连带责任。

国际铁路货物联运的有关当事国事先必须有书面约定，才能协作开展货物的联运工作。相关的国际条约主要有《国际铁路货物运送公约》（简称《国际货约》）和《国际铁路货物联运协定》（简称《国际货协》）两个。1954年1月，中国加入了《国际货协》，开办了国际的铁路联运。近年来，我国大力发展通过国际铁路联运向欧洲国家运输货物。中欧班列（China Railway Express）是由中国国家铁路集团有限公司组织，按照固定车次、线路、班期和全程运行时刻开行，运行于中国与欧洲以及"一带一路"共建国家间的集装箱等铁路国际联运列车。

国际铁路货物联运所使用的运单和运单副本，是铁路部门与发货人之间缔结的运送契约。在发货人提交全部货物和付清其所负担的一切费用后，始发站有关人员在运单和运单副本上加盖始发站日期戳记，证明货物已经承运，运送契约即告缔结。按照我国同参加《国际货协》的各国所签订的贸易交货共同条件的规定，运单副本是卖方通过有关银行向买方结算货款的主要文件之一。但铁路运单并非物权凭证，不能通过背书转让和作为抵押品向银行融通资金。

知识链接 8-1

三、航空运输

航空运输（air transportation）是一种现代化的运输方式，它与海洋运输、铁路运输相比，具有运输速度快、货运质量高，且不受地面条件的限制等优点。因此，它最适宜运送急需物资、鲜活商品、精密仪器和贵重物品。近年来，随着国际贸易的迅速发展以及国际货物运输技术的不断现代化，空运方式日趋普遍。国际航空货物运输（international airline cargo transportation）是以航空器为运输工具，根据当事人订立的航空运输合同，无论运输有无间断或者有无转运，运输的出发地点、目的地点或者约定的经停地点之一在一国境外，而将运送货物至目的地并收取报酬或提供免费服务的运输方式的统称。

我国通过航空运输进口的货物，主要有贵重货物、稀有金属、精密仪器仪表、电脑、手表、钻石、种禽、种畜和技术资料等。我国通过航空运输出口的货物，主要有鲜活货物（如鱼、蟹）、生丝、绸缎、服装、裘皮和羊绒等。

航空运输包括班机运输、包机运输、集中托运、急件快递四种方式。班机运输（scheduled airline）是指航班在固定航线上飞行的运输方式，它有固定的始发站、途经站和目的站。一般航空公司都采用客货混合型飞机。包机运输（chartered carrier）是指包租整架飞机或由几个发货人（或航空货运代理人）联合包租一架飞机来运送货物的运输方式，分为整包机和部分包机两种。前者适合运送大批量货物，后者适用于有多个发货人并且他们的货物到达同一个目的站的情况。集中托运（consolidation）是指由航空货运代理公司将若干单独发货人的货物集中起来，组成一整批货，由其向航空公司申请托运到同一目的站，货到国外后由目的站的空运代理办理收货、报关并分拨给各个实际收货人的运输方式。此种方式运费较低，在外贸业务中使用较多。急件快递（air express）是由专门经营这项业务的公司与航空公司合作，设专人用最快的速度将急件在发货人、机场、收货人之间进行传递的运输方式。

采用航空运输需要办理一定的货运手续，航空公司一般只负责空中运输，货物在始发机场交给航空公司之前的揽货、接货、报关、订舱，以及在目的站机场从航空公司手中接货、报关、交付或送货上门等业务则由航空货运代理公司办理。

四、其他运输方式

（一）国际公路货物运输

国际公路货物运输（international road cargo transportation）是指国际货物借助一定的运载工具，沿着公路作跨越两个或两个以上国家或地区的移动过程，在国际货物运输中起重要的衔接作用。公路货物运输与其他运输方式相比较，具有机动灵活、应急性强，能深入其他运输工具无法到达的地方等优点，也存在汽车的载重量小，车辆运时震动较大，易造成货损事故，费用和成本也比海运和铁路运输高等缺点。国际公路货物运输的作用主要体现在以下方面。

首先，公路运输的特点决定了它最适合短途运输。它可以将两种或多种运输方式衔接起来，实现多种运输方式联合运输，做到进出口货物运输的"门到门"服务。

其次，公路运输可以配合船舶、火车、飞机等运输工具完成运输的全过程，是港口、车站、机场集散货物的重要手段。尤其是鲜活商品、集港疏港抢运，往往能够起到其他运输方式难以起到的作用。可以说，其他运输方式往往要依赖汽车运输来最终完成两端的运输任务。

再次，公路运输也是一种独立的运输体系，可以独立完成进出口货物运输的全过程。公路运输是欧洲大陆国家之间进出口货物运输的最重要的方式之一。我国的边境贸易运输、港澳货物运输，其中有相当一部分也是靠公路运输独立完成的。

最后，集装箱货物可以通过公路运输实现国际多式联运。集装箱由交货点通过公路运到港口装船，或从港口经公路运至交货点。美国陆桥运输和我国内地通过香港的多式联运中，公路运输均作为重要衔接环节。

（二）内河运输

内河运输（inland water transportation）是指使用船舶通过国际江湖河川等天然或人工水道，运送货物和旅客的一种运输方式。它是水上运输的一个组成部分，是内陆腹地和沿海地区的纽带，也是边疆地区与邻国边境河流的连接线，在现代化的运输中起着重要的辅助作用。

我国拥有四通八达的内河航运网，长江、珠江等主要河流中的一些港口已对外开放，同一些邻国还有国际河流相通（如黑龙江、澜沧江等），为我国进出口货物通过河流运输和集散提供了十分有利的条件。

近几年，西北欧内河运输发展迅速，特别是荷兰，欧洲内河船队有一半是荷兰籍。在荷兰，超过一半的货物和 40% 的集装箱使用内河水运。干货船运输最为普遍，但近年来油轮和集装箱船增长较快。西北欧地区有超过 50 个内河集装箱码头在运营，其中荷兰、德国各 20 个。所有码头都开设了内河集装箱定期班轮服务。除此之外，还有 5 个内河集装箱码头已经宣布要开工建设。在此基础上，欧洲正在逐步建立内河集装箱班轮运输网，密集的集装箱水运网络可以提供覆盖西北欧全部地区的运输服务。

（三）邮包运输

邮包运输（parcel post transportation）是指利用邮局办理货物运输的方式。这种方式具有手续简便、费用低等特点，但只适用于重量轻、体积小的商品，如精密仪器、配件、药品和样品、质料等零星物品的运输。

各国邮政部门之间订有协定和公约，通过这些协定和公约，各国的邮件包裹可以互相传递，从而形成国际邮包运输网。国际邮政运输具有国际多式联运和"门到门"运输的性质，托运人只需按邮局章程一次托运、一次付清足额邮资，取得邮政包裹收据（parcel post receipt），交货手续即告完成。邮件的国际传递由各国的邮政部门负责办理，邮件到达目的地后，收件人可凭邮局到件通知向邮局提取。

邮包收据是邮包运输的主要凭证。它既是邮局收到寄件人邮包后所签发的凭证，也是收件人凭以提取邮件的凭证，又是当邮包发生灭失或损坏时索赔和理赔的依据，但邮包收据不是物权凭证。

近年来，随着网上跨境电子商务的发展，针对消费者的小额国际贸易开始出现，使得特快专递业务迅速发展。国际快递（international express service）是指在两个或两个以上国家（或地区）之间所进行的快递、物流业务。目前，国际快递业务的主要承运人有EMS（International Express Mail Service，国际特快专递业务）、DHL（敦豪航空货运公司）、FedEx（联邦快递）、UPS（United Parcel Service，联合包裹服务公司）、TNT（Thomas National Transport，天地物流）等。

（四）管道运输

管道运输（pipeline transportation）是以管道为运输工具的一种长距离输送液体和气体物资的运输方式，是一种专门由生产地向市场输送石油、煤和化学产品的运输方式，是统一运输网中干线运输的特殊组成部分。许多盛产石油和天然气的国家都积极发展管道运输，因为管道运输速度快，流量大，中途装卸环节少，运费低廉。

（五）集装箱运输

集装箱运输（container freight transport），是指以集装箱这种大型容器为载体，将货物集合组装成集装单元，以便在现代流通领域内运用大型装卸机械和大型载运车辆进行装卸、搬运作业与完成运输任务的一种新型、高效率和高效益的运输方式。现代海洋、内河、铁路、航空和公路运输，都广泛采用集装箱运输货物，集装箱运输可以将不同运输方式有机结合起来，从而更好地实现货物的"门到门"运输。

集装箱（container）是指具有一定强度、刚度和规格，专供周转使用并便于机械操作的大型装货容器。使用集装箱装运货物，可直接在发货人的仓库装货，运到收货人的仓库卸货，中途更换车、船时，无须将货物从箱内取出换装。图8-1是常见的通用集装箱。

集装箱有多种类型，根据国际标准化组织的规定，集装箱的规格有三个系列，仅第一个系列就有15种之多。在国际货运中使用的集装箱规格主要有20英尺（1英尺=0.3048米）和40英

图8-1 集装箱

尺两种，常用的有1CC型20′×8′×8′6″与1AA型40′×8′×8′6″。集装箱箱体上都有一个11位字符的编号，此编号是按照集装箱号码的国际标准统一编制的，第一部分为4位英文字母，前3位英文字母为箱主代码，如"MSC"对应的箱主是地中海航运。第4位代码"U"表示集装箱单位（Unit）。第二部分为6位阿拉伯数字，即箱体注册码，是每个集装箱的唯一标识。第三部分为校验码，一般带方框以区分于箱体注册码。它是检验箱主代号和顺序号记录是否准确的依据，由前4位字母和6位数字经过校验规则运算得出。

1. 集装箱的种类

集装箱按用途可分为通用集装箱（干货箱）（general-purpose container / dry cargo container）、冷冻集装箱（reefer container）、挂衣集装箱（dress hanger container）、开顶集装箱（open-top container）、框架集装箱（flat-rack container）、罐式集装箱（tank container）、平

台集装箱（platform container）等种类。

2. 集装箱的规格及载重说明

表 8-5 为通用集装箱的规格及载重说明。需注意：表 8-5 中的技术参数只供参考，并不具有普遍性，因为即使是同一规格的集装箱，因结构和制造材料的不同，其技术参数也会略有差异。

表8-5　通用集装箱的规格及载重说明

集装箱箱型	箱内尺寸（米×米×米）	最大载重/千克	内容积/立方米
20 英尺货柜（20 GP）（20′×8′×8′6″）	5.898×2.352×2.391	28270	33.2
40 英尺货柜（40 GP）（40′×8′×8′6″）	12.031×2.352×2.391	26650	67.7
40 英尺加高货柜（40 HQ）（40′×8′×9′6″）	12.031×2.352×2.698	26500	76.3
45 英尺加高货柜（45 HQ）（45′×8′×9′6″）	13.544×2.352×2.698	28680	86.0

3. 集装箱的装箱方式

采用集装箱运输货物时，集装箱的装箱方式有整箱货（full container load，FCL）和拼箱货（less than container load，LCL）之分。凡装货量达到每个集装箱容积的 75% 或达到每个集装箱负荷量的 95% 都为整箱货，由发货人负责装箱、计数、积载并加铅封（shipper count，load and seal），以箱为单位向承运人进行托运。凡装货量达不到上述整箱标准的，则选择拼箱托运，通常由发货人或货运代理公司将货物从工厂送交集装箱货运站（container freight station，CFS），运输部门按货物的性质、目的地分类整理，然后将运往同一目的地的货物拼装成整箱后再发运。

4. 集装箱的处置场所

集装箱的处置场所主要是集装箱堆场和集装箱货运站。

集装箱堆场（container yard，CY），是专门用于保管和堆放集装箱（重箱和空箱）的场所，是整箱货办理交接的地方，一般设在港口的装卸区内。

集装箱货运站，又叫中转站或拼装货站，是拼箱货办理交接的地方，一般设在港口、车站附近，或内陆城市交通方便的场所。

5. 集装箱的交接方式

如前如述，集装箱的装箱方式有整箱货和拼箱货之分，而整箱货和拼箱货的交接方式有所不同。集装箱的交接方式可以分为以下几种。

① 整箱交、整箱收（FCL–FCL），适用于"场到场"运输（CY TO CY）、"门到门"运输（DOOR TO DOOR）、"场到门"运输（CY TO DOOR）、"门到场"运输（DOOR TO CY）。

② 整箱交、拆箱收（FCL–LCL），适用于"场到站"运输（CY TO CFS）、"门到站运输（DOOR TO CFS）。

③ 拼箱交、整箱收（LCL–FCL），适用于"站到场"运输（CFS TO CY）、"站到门"运输（CFS TO DOOR）。

④ 拼箱交、拆箱收（LCL–LCL），适用于"站到站"运输（CFS TO CFS）。

其中，由发货人装箱，然后由其自行将货物运至集装箱堆场等待装运，货到目的港（地）后，收货人可以直接在目的港（地）的集装箱堆场提货，此方式为"场到场"运输；由发货人装箱，并在其货仓或工厂仓库将货物交承运人验收后，由承运人负责全程运输，直到收货人的货仓或工厂仓库交箱为止，这种全程连续运输为"门到门"运输；承运人在集装箱货运站负责将不同发货人运往同一目的地的货物拼装在一个集装箱内，货到目的港（地）后，再由承运人在集装箱货运站拆箱分拨给不同的收货人，此方式为"站到站"运输。

（六）国际多式联运

国际多式联运（international multimodal transport）简称多式联运，是在集装箱运输的基础上产生和发展起来的一种综合性的连贯运输方式，是指按照国际多式联运合同，以至少两种不同的运输方式，由多式联运经营人将货物从一国境内接管地点运至另一国境内指定交付地点的运输组织形式。

班轮运输和集装箱运输的发展促进了国际货物多式联运的发展。这种联运方式将不同的运输方式组合成综合性的一体化运输，通过一次托运、一次计费、一张单证、一次保险，由各运输区段的承运人共同完成货物的全程运输。构成国际多式联运必须具备以下条件。

① 必须具有一份多式联运合同，明确规定多式联运经营人（承运人）和托运人之间的权利、义务、责任、豁免的合同关系和多式联运的性质。

② 必须使用一份全程多式联运单据（multimodal transport document，MTD），证明多式联运合同已经成立，多式联运经营人已经接管货物并负责按照合同条款交付货物。

③ 必须是至少两种不同运输方式的连贯运输，这是确定一票货运是否属于多式联运的最重要的特征，为履行单一方式运输合同而进行的货物接送，则不应视为多式联运。

④ 必须执行全程单一运费率。多式联运经营人在对货主负全程运输责任的基础上，还需制定一个货物从发运地至目的地的全程单一费率，并以包干形式一次向货主收取。

⑤ 必须由一个多式联运经营人对全程运输负总的责任。

⑥ 必须是跨越国境的国际货物运输。

第二节　国际货物运输单据

一、海运提单

海运提单（ocean bill of lading，B/L），简称提单，根据《中华人民共和国海商法》第七十一条规定，是指用以证明海上货物运输合同和货物已经由承运人接收或者装船，以及承运人保证据以交付货物的单证。提单所涉及的当事人主要有承运人、托运人、收货人等。其中，承运人通常是指与托运人签订运输合同或承担运输任务的船公司，托运人是指与承运人签订运输合同或将货物交给承运人的人，收货人是指有权提取货物的人。

（一）海运提单的性质和作用

提单的性质与作用主要表现在以下三个方面。

1. 货物收据

提单是承运人（或其代理人）签发给托运人的货物收据（receipt for the goods），用来证实已按提单记载的事项收到货物，承运人应凭提单所列内容向收货人交货。

2. 物权凭证

提单是一种货物所有权的凭证（documents of title），因此，拥有提单就等于拥有支配货物的权利，就等于占有货物。卖方凭提单向银行结算货款，提单的合法持有人凭提单可以在目的港向船公司提取货物，也可以在载货船舶抵达目的港交货前，通过转让提单来转移货物的所有权，还可以凭提单向银行抵押以取得贷款。

3. 运输契约的证明

运输契约是在装货前签订的，而提单是在装货后才签发的，因此，提单本身并不是运输契约，而只是运输契约的证明（evidence of contract of carriage）。在提单背面照例印有各项运输条款和条件，规定了承运人和托运人双方的权利义务和免责事项，提单的合法持有人有权向承运人索取违约赔偿。

（二）海运提单的内容

提单的格式很多，每家船公司都有自己的提单格式，但基本内容大致相同，一般包括提单正面记载的事项和提单背面印有的运输条款。提单的样式见图 8-2。

BILL OF LADING GOREEFERS TIANJIN LOGISTICS CO., LTD.

Shipper (full style and address) CHINA AUTO CAIEC LTD NR. 265 BEISIHUAN ZHONGLU, HAIDIAN DISTRICT,BEIJING 100083, CHINA	GOREEFERS TIANJIN LOGISTICS CO., LTD. Bill of Lading for Port-To-Port or Combined Transport
Consignee (full style and address) or Order TO ORDER OF ALIMPORT	B/L Number 597597443G Reference Number BJSSE160719 Vessel And Voyage No. SOROE MAERSK 1607
Notify Party (full style and address) ALIMPORT HAVANA CUBA	Port of Loading NINGBO PORT,CHINA Port of Discharge MARIEL PORT,CUBA

PARTICULARS DECLARED BY THE SHIPPER BUT NOT ACKNOWLEDGED BY THE CARRIER

Container Numbers, Seal Numbers and Marks	Number and kind of packages - description of cargo	Gross weight - kg	Measurement - m³
NOMBRE DE PRODUCTO: ATUN EN ACEITE VEGETAL 12X1000G NOMBRE DE LA PLANTA: NINGBO TODAY FOOD CO.,LTD. PAIS DE ORIGEN: CHINA FECHA DE PRODUCCION: FECHA DE VENCIMIENTO: LOT: NOMBRE DE PRODUCTO: ATUN EN ACEITE VEGETAL 48X170G NOMBRE DE LA PLANTA: NINGBO TODAY FOOD CO.,LTD. PAIS DE ORIGEN: CHINA FECHA DE PRODUCCION: FECHA DE VENCIMIENTO: LOT:	6761 CARTONS SHIPPER'S LOAD, COUNT & SEAL SAID TO CONTAIN: PRESERVES OF TUNA TRANSSHIPMENT AND/OR STOPOVERS IN U.S PORTS AND/OR TERRITORIES UNDER USA CONTROL ARE FORBIDDEN. CLEAN ON BOARD THC AT DESTINATION PREPAID	83288.320 KGS	117.190 CBM

MRKU8760662/CN6500406/1617CARTONS/20755.000KGS/29.130CBM/20GP
MSKU3079494/CN6831541/1852CARTONS/20920.260KGS/29.500CBM/20GP
MSKU3755182/CN6500405/1440CARTONS/20692.800KGS/29.060CBM/20GP
MSKU7106704/CN6831542/1852CARTONS/20920.260KGS/29.500CBM/20GP

FREIGHT PREPAID 4*20'GP CY-CY

SAY: SIX THOUSAND SEVEN HUNDRED AND SIXTY ONE CARTONS ONLY .

ORIGINAL

SHIPPED on board in apparent good order and condition, unless otherwise stated and to be discharged at the aforesaid port of discharge or so near thereto as the Vessel may safely get and be always safe afloat. This Bill of Lading in a receipt only for the number of packages shown herein. Weight, measurements, marks and numbers, quality, quantity, contents and value shown above are furnished by the Merchant and have not been checked and are to be considered unknown unless expressly acknowledged and agreed to. The signing of this Bill of Lading is not to be considered as such acknowledgement or agreement. In accepting this Bill of Lading the Merchant expressly accepts and agrees to all its stipulations, exceptions and conditions, on both pages, whether printed, written, stamped or otherwise incorporated, as fully as if they were all signed by the Merchant. One of the Bills of Lading must be surrendered duly endorsed in exchange for the Goods or delivery order. Full freight and charges are payable as per agreement, but always deemed earned latest on signing Bills of Lading, discountless and non returnable, Ship and/or Goods lost or not.	Total number of Containers / Packages or Units received by the carrier Shipper's declared value Declared value charge Freight details and charges
Carrier's name / principal place of business Delivery Agent: EXPEDIMAR S.A. CALLE 1RA # 1404 E/ 14 & 16, MIRAMAR, LA HABANA, CUBA. TEL: 53 7 204 2440 / 1481 / 0158 FAX: 53 7 204 0080 EMAIL: EXPEDIMAR@EXPEDIMAR.CU	Date shipped on board 2016-08-07 Place and date of issue BEIJING,CHINA 2016-08-07 Number of original Bills of Lading THREE Pre-carriage by
Signature 天津瑞鲜国际物流有限公司 Goreefers Tianjin Logistics Co., Ltd Authorized Signature THE CARRIER: MAERSK LINE ...... as Agents (Agent's name / signature)	Place of receipt by pre-carrier Place of delivery by on-carrier

GoReefers - BOL - 0502 - 1500

图 8-2 海运提单样本

1. 提单的正面内容

提单正面记载的事项，分别由托运人和承运人或其代理人填写，通常包括下列事项。

① 托运人（shipper）；

② 收货人（consignee or order）；

③ 被通知人（notify party）；

④ 前程运输（pre-carriage by）；

⑤ 收货地点（place of receipt）；

⑥ 装运港（port of loading）；

⑦ 船名及航次（vessel's name and voyage number）；

⑧ 卸货港（port of discharge）；

⑨ 最后交货地点（place of delivery）；

⑩ 唛头及件号（marks and Nos.）；

⑪ 集装箱数或包装件数、包装种类和货物的描述（No. of containers or packages，type of packages and description of goods）；

⑫ 毛重（gross weight）；

⑬ 尺码（measurement）；

⑭ 运费和费用（freight and charges）；

⑮ 正本提单份数（number of original Bs/L）；

⑯ 签单地点和日期（place and date of issue）；

⑰ 签署人及身份（signature）。

2. 提单的背面条款

在班轮提单背面，通常都印有运输条款，这些条款是确定承托双方以及承运人、收货人和提单持有人之间的权利与义务的主要依据。为了缓解船货双方的矛盾并照顾双方的利益，统一提单背面条款的内容，各国曾先后签署了如下四个有关提单的国际公约。

① 1924 年签署的《统一提单的若干法律规则的国际公约》，简称《海牙规则》（Hague Rules）。

② 1968 年签署的《布鲁塞尔议定书》，简称《维斯比规则》（Visby Rules）。

③ 1978 年签署的《联合国海上货物运输公约》，简称《汉堡规则》（Hamburger Rules）。

④ 2008 年签署的《联合国全程或部分海上国际货物运输合同公约》，简称《鹿特丹规则》（The Rotterdam Rules 2008）。

由于上述四个公约签署的历史背景不同、内容不一，各国对这些公约的态度也不尽相同。因此，各国船公司所签发的提单的背面条款也就互有差异。

（三）海运提单的种类

在国际贸易业务中，可以从不同的角度对提单加以分类，主要有以下几种方式。

1. 按货物是否已装船分类

按货物是否已装船分类，提单可分为已装船提单和备运提单。

已装船提单（shipped / on board B/L），是指货物装船后，由承运人签发给托运人的提单，它必须载明装货船名和装船日期。提单上记载的装船日期表明装货完毕的日期，该日期应完全符合买卖合同规定的装运时间。由于已装船提单对收货人按时收货有保障，因此，在买卖合同中一般都规定卖方须提供已装船提单。

备运提单（received for shipment B/L），又称收讫待运提单，是承运人在收到托运货物等待装船期间，向托运人签发的提单。

2. 按提单上有无不良批注分类

按提单上有无不良批注分类，提单可分为清洁提单和不清洁提单。

清洁提单（clean B/L），是指交运货物的"外表状况良好"（in apparent good order and condition），承运人在提单上未加任何有关货损或包装不良之类批注的提单。在买卖合同中，一般都明确规定卖方提供的已装船提单必须是清洁提单，银行也只接受清洁提单，所以卖方只有提交清洁提单，才能取得货款。

不清洁提单（unclean B/L or foul B/L），是指承运人为了保护自身利益，在托运货物的外表状况不良或件数、重量与提单记载不符时，加注批语，如"铁条松散"（iron-strap loose or missing）、"×件损坏"（... packages in damaged condition）等的提单。凡承运人加注这类表明货物外表状况不良或存在缺陷等批语的提单，称为不清洁提单。银行为了自身的安全，对不清洁提单，除信用证明确规定可接受外，一般都拒绝接受。因此，在实际业务中，有些托运人为了便于向银行结汇，当遇到货物外表状况不良或存在缺陷时，便要求承运人不加批注，仍给予签发清洁提单。在这种情况下，托运人必须向承运人出具保函（letter of indemnity），保证如由货物破残短损及由承运人签发清洁提单而引起的一切损失，概由托运人负责。在国际贸易业务中，一般认为，包含下列三种批注的提单不应被视为不清洁提单：① 不明确表示货物或包装不能令人满意的条款，如"旧箱""旧桶"等；② 强调承运人对货物或包装品质所引起的风险不负责任的条款；③ 否认承运人知道货物内容、重量、容积、质量或技术规格的条款。

3. 按提单收货人抬头分类

按提单收货人抬头的不同分类，提单可分为记名提单、不记名提单和指示提单三种。

记名提单（straight B/L），是指在提单收货人栏内填写特定收货人名称的提单。此种提单不能背书（endorsement）转让，货物只能交给提单上填写的特定收货人。根据某些国家的习惯，承运人签发记名提单，记名收货人只凭身份证明而无须出示正本提单即可提货，此时该提单就失去了物权凭证的作用。记名提单一般用于买方预付货款的情况。

不记名提单（bearer B/L），是指在提单收货人栏内不填写收货人或指示人的名称而留空，或只写明"货交来人"（to bearer）的提单。提单持有人不做任何背书，就能凭提单转让货物所有权或提取货物，承运人只凭提单交货。由于这种提单风险较大，故国际贸易业务中一般极少使用。

指示提单（order B/L），是指在提单收货人栏内只填写"凭指定"（to order）或"凭某人指定"（to order of）字样的一种提单。这种提单经过背书才可以转让，通过转让可以实现买卖仍在运输途中货物的目的。这种提单有利于资金周转，故在国际贸易业务中使用较多。

背书的方法有两种：单纯由背书人（提单转让人）签字盖章的，称为空白背书；除背书人签字盖章以外，还列有被背书人（受让人）的名称的，称为记名背书。注明"凭指定"且托运人注明是卖方的提单，在卖方未背书转让之前，卖方仍拥有货物的所有权。在我国的出口贸易中，大多采用这种"凭指定"、空白背书的提单，习惯上称为"空白抬头、空白背书"提单（ocean marine bill of lading made out to order and blank endorsed）。

4. 按运输方式分类

按运输方式的不同分类，提单可分为直达提单、转船提单和联运提单。

直达提单（direct B/L），是指从装运港将货物直接运抵目的港所签发的提单。如合同和信用证有规定不准转运的，托运人就必须在取得直达提单后，方可向银行结汇。

转船提单（transshipment B/L），是指载货船舶不直接驶往目的港，需在途中某港换装另一艘船舶时所签发的包括全程运输的提单。转船提单中一般会注明"在某港转船"（with transshipment at）字样。

联运提单（through B/L），是指货物须经两种或两种以上的运输方式才能运抵目的港，而其中第一程为海运时由第一程承运人所签发的提单。联运提单用于海陆联运、海空联运或海海联运。

5. 按提单内容的繁简分类

按提单内容的繁简分类，提单可分为全式提单和略式提单。

全式提单（long form B/L），是指通常应用的带有背面条款的提单。这种提单除在其正面列明必要的项目外，在其背面还列有各项有关装运的条款，以表明承运人和托运人的权利与义务。

略式提单（short form B/L），是指不带背面条款，仅保留其正面的必要项目的提单。这种提单一般都印有"本提单货物的收受、保管、运输和运费等项，均按本公司全式提单上的条款办理"的字样。

6. 按提单使用的效力分类

按提单使用的效力分类，提单可分为正本提单和副本提单。

（1）正本提单

正本提单（original B/L），是指由承运人、船长或其代理人签字盖章，注明签发日期并标明"正本"（original）字样的提单。正本提单在法律上和商业上都是公认的物权凭证，是提货的依据，可流通转让。

全套正本海运提单（full set original ocean B/L），是指承运人签发的全部份数的正本提单。提单正面如注明已签发三份正本，则三份即构成全套；如注明只签发一份正本，则一份也构成全套。大多数船公司会签发三份正本，凭其中一份提货后，其余各份均告失效。

（2）副本提单

副本提单（non-negotiable / copy B/L），是指没有承运人、船长或其代理人签字盖章，一般都标明"副本"（copy）或"不可转让"（non-negotiable）字样的提单。副本提单仅供内部流转、业务工作参考及企业确认装船信息使用。

7. 其他分类

在国际贸易实际业务中，除了上述几类提单，还有一些具有特殊性质的提单。

舱面提单（on deck B/L），是指承运人对装在船舶甲板上的货物签发给托运人的提单，故又称甲板货提单。承运人在这种提单上打印或书写"装舱面"（on deck）字样，以表明提单所列的货物装在甲板上。由于货物装在甲板上风险比较大，托运人一般需向保险公司加保甲板险。

过期提单（stale B/L），是指错过规定的交单日期或晚于货物到达目的港的提单。前者是指超过信用证规定的交单期或信用证未规定交单期时在装运日 21 天后才交到银行兑用的提单；后者是近洋短程运输所致，在近洋短程运输情况下，很难避免出现过期提单的情况，所以卖方为了维护自身的利益，一般都要求买方在申请开证时，须列入可以接受过期提单的条款，以免引起争议。

倒签提单（anti-dated B/L），是指货物装船后，应托运人要求，承运人在签发提单时，倒签已装船日期的一种提单。例如，实际装船日期是 8 月 5 日，而合同或信用证规定的装运时间是 7 月 31 日前，为了符合合同或信用证的规定，将提单日期倒签为 7 月 31 日，此为倒签提单。

预借提单（advanced B/L），是指货物尚未装船，承运人预先签发给托运人的已装船提单。按规定，提单须在货物装船完毕时签发。不管是倒签提单还是预借提单，提单日期都不是真正的装船日期。这种行为侵犯收货人的合法权益，故应杜绝使用。上述两种提单均需托运人提供保函才能获得，英、美、法等国对保函不予承认，亚洲、欧洲一些国家认为只要未损害第三者利益，便不属违法，不过仍应严加控制。

第三方提单（third party B/L），是指提单上注明的托运人为与买卖双方或信用证的受益人无关的第三方的提单。有时，中间商为了防止买方与真正的供货商接洽，或是代理商、批发商为了利用业务或经营上的优势推销商品、出售或转让他人商品，会使用背书方式转让提单，要求出口商（真正的供货商）在提单上不列出其名称或国别，而以第三方为托运人，其目的就是不想真正的供货商暴露给买方，以防买方绕开中间商直接找供货商订货。采用这种提单时，必须在合同或信用证中作出相应的规定，如规定"第三方提单可接受"（Third party B/L is acceptable）。

知识链接 8-2

二、铁路运单

我国通往境外的铁路运输分为国际铁路联运和通往港澳的国内铁路运输（已于 2010 年 6 月 15 日起停办货运业务），分别使用国际铁路货物联运单和承运货物收据。当通过国际铁路办理货物运输时，在发运站由承运人加盖日戳签发的运单叫"铁路运单"（railway bill）。铁路运单是由铁路运输承运人签发的货运单据，是收、发货人同铁路之间的运输契约。铁路运单是国际铁路货物联运所使用的运单和运单副本，是铁路与货主间缔结的运送契约。运单副本是卖方通过有关银行向买方结算货款的主要文件之一。铁路运单与航空运单相同，并非物权凭证，是不可转让的。

国际铁路货物联运中从头到尾使用的一份统一的联运单据叫作国际铁路联运运单（international railway through transport bill），按照相关国际铁路联运规则，运单正本要从头至尾地随货同行，运单副本（第二联）用于卖方交单结汇，UCP600 第 24 条是信用业务中审核铁路运单的标准，其 b 款 ii 规定"注明'第二联'（duplicate）的铁路运输单据将被作为正本接受"，但是须注意铁路运单不是货物凭证。

三、航空运单

（一）航空运单的性质与作用

航空运单（airway bill，AWB）是由承运货物的航空公司制定、由托运人（或以托运人的名义）按照航空公司的要求填制并由航空公司确认的，用以表明托运人和承运人之间所订立的运输契约。航空运单与海运提单不同，它不具备物权凭证的特性，不可转让，在航空运单上都会有"not negotiable"字样。货物运抵目的地后，收货人凭航空公司的到货通知及身份证明领取货物，并在航空运单上签收。卖方只可凭航空运单向银行办理结汇。若合同约定采用航空运输方式，建议使用信用证方式支付或 100% 前 T/T 方式支付货款（即在卖方办理货物托运手续前买方必须电汇支付 100% 货款），以防个别不法商人钻航空运单不是物权凭证的空子，在未向卖方支付货款的情况下将货物提走。

航空运单的主要作用有：承运人与托运人之间的运输合同证明；承运人已接收货物的证明文件；承运人据以核收运费的凭证及运费收据；承运人内部业务的依据；进出口货物办理清关手续的必需单证；航空公司业务操作的依据，航空运单随货机同行，承运人会根据运单上的相关信息对货物作出相应的组织安排；当承运人承办保险或托运人要求承运人代办保险时，航空运单也可以作为保险证明（载有保险条款的航空运单又被称为红色航空运单）。

（二）航空运单的构成

我国国际航空货运单由一式 12 联组成，包括 3 联正本（original）、6 联副本（copy）和 3 联额外副本（extra copy）。航空货运单的每一份正本都印有背面条款，涉及航空货物运输的相关法律问题，如索赔、保险、运输更改等。航空货运单的构成及各联的功能如表 8-6 所示。

表8-6　航空货运单的构成

序号	名称	分发对象及用途	颜色
1	Original 3	交托运人，作为承托双方运输合同及承运人收运货物的证明	浅蓝色
2	Copy 9	交代理人，供代理人留存	白色
3	Original 1	交出票的航空公司，作为承托双方运输合同证明及运费结算凭证	浅绿色
4	Original 2	随航班货物交收货人，以备进口报关、提货之用	粉红色
5	Copy 4	提货收据，收货人在提货时签字，并由承运人留存以证明妥善交货	浅黄色
6	Copy 5	目的地机场	白色
7	Copy 6	第三承运人	白色
8	Copy 7	第二承运人	白色
9	Copy 8	第一承运人	白色
10	Extra copy	供承运人使用	白色
11	Extra copy	供承运人使用	白色
12	Extra copy	供承运人使用	白色

（三）空运单分类

航空货运单从不同的角度可以划分为不同类别。

1. 按空运单有无出票人的标志，可分为航空公司运单和中性运单

航空公司运单上面有航空公司的标志，而中性运单上面则没有。

2. 按空运单的出票人，可分为主运单和分运单

主运单（master air waybill，MAWB）由航空公司签发，每一票货物的出运都必须出具主运单。分运单（house air waybill，HAWB）是在集中托运业务（consolidation）中，由空运代理人在办理货物出运时签发给各发货人的运单。集中托运业务中的空运代理即体现为集中托运人（consolidator）的身份。

在集拼业务中，航空运输公司向始发机场的集拼商（货运代理）签发航空公司的主运单（MAWB），集拼商再向每一个托运人（货主）签发自己的分运单（HAWB）；在目的地机场，航空公司凭主运单向分拨商（break bulk agent）（集中托运在目的地的代理或分支机构）交货，分拨商再凭分运单向每一个收货人交货。两者的主要区别如下：分运单是发货人与集拼商（空运代理人）之间的航空货物运输契约，合同的双方当事人分别是发货人和集拼商（空运代理人）；而主运单则是集拼商（空运代理人）与航空公司之间的航空货物运输契约，合同的双方

当事人分别是集拼商（空运代理人）与航空公司。集中托运中，货主与航空公司之间没有直接的运输合同关系。

主运单的托运人栏（shipper）填写集拼商（空运代理人），收货人栏（consignee）填写分拨商，两者均是空运代理人；而分运单中的托运人栏和收货人栏均是实际货主。

在非集拼业务中，有时托运人会为了达到某种商业目的，方便业务操作，特向集拼商（空运代理人）提出签发分运单的请求。

四、其他运输单据

（一）海运单

海运单（seaway bill），是承运人或其代理向托运人签发的表明已收到托运人的货物并拟将该货物运往指定目的港并直接交给指定收货人的凭证。它是证明海上运输合同存在，货物已由承运人接管或装船，以及承运人保证据以将货物交付给单证所载明的收货人的一种不可流通的单证，因此又称为"不可转让海运单"（non-negotiable seaway bill）。

提单是物权的凭证，可通过流通转让使货物的推定占有权得以转移，便于贸易的发展。但提单也有它的缺点，最大的缺点就是必须凭正本提货，但随着航海技术的发展，在近洋运输中经常会出现货到了单据还没到，影响了进口商的及时提货，海运单的出现弥补了海运提单的这一不足。

不可转让海运单于1997年开始被北大西洋之间的部分运输公司使用，由于现代商船行驶速度的提高，货物很快就可以运抵目的港，而进口商必须等提单等货运单据寄到才可提货，这不利于船公司和进口商的经营活动的开展，故人们效仿航空运单，开始使用不可转让海运单，它是承运人收到托运人交来货物而签发的收据。不可转让海运单的记名收货人是唯一的收货人，承运人负责把货物交给该收货人，无须收回该项单据，即海运单下进口商作为记名收货人可以不凭海运单直接提货。正本的海运单在此只是出口商通过银行交单结汇须提交的证明其已发运货物的一份证明文件。信用证如果要求提交海运单，则银行按照UCP600第21条对其进行审核。

海运单的基本功能包括：海运单是承运人收到由其照管的货物的收据；海运单是运输合约的证明；解决经济纠纷时，不可转让海运单可作为货物担保的基础。此外，海运单不是物权凭证，它是不可流通转让的运输单据，只要证明身份后，船公司即可交货给指名收货人，无须交出海运单。目前海运单在欧洲和远东之间、欧洲内部以及欧洲与中东或北美之间的贸易中得到广泛使用。

（二）国际多式联运单据

《联合国国际货物多式联运公约》对多式联运单据所下的定义是："证明多式联运合同以及证明多式联运经营人接管货物并负责按照合同条款交付货物的单证。"1991年《联合国贸易和发展会议/国际商会多式联运单证规则》对此所下的定义是："证明多式联运合同的单证，该单证可以在适用法律的允许下，以电子数据交换信息取代，并且可以（a）以可转让方式签发，或者（b）表明记名收货人以不可转让方式签发。"在我国，多式联运单据是指证明多式联运合同以及证明多式联运经营人接管集装箱货物并负责按合同款交付货物的单据。

从上述定义可知，多式联运单据与海运提单作用相似：① 是多式联运合同的证明；② 是多式联运经营人收到货物的收据；③ 是收货人据以提货的物权凭证。

（三）邮包收据

邮包运输的凭证是邮包收据（parcel post receipt）。它既是邮局收到寄件人邮包后所签发的凭证，也是收件人凭以提取邮件的凭证，当邮包发生损坏或丢失时，它还可以作为索赔和理赔的依据。但邮包收据不是物权凭证。信用证业务中如果要求邮包收据，银行按照UCP600第25条审核该运输单据。

第三节　合同中的装运条款

在进出口合同中，涉及装运方面的条款，除规定运输方式外，还必须规定装运时间、装运港（地）和目的港（地）、分批装运和转运等各项内容。明确、合理地规定装运条款是保证进出口合同顺利履行的重要条件之一。

一、装运时间

装运时间（time of shipment）又称装运期（date of shipment），是卖方完成货物装运的期限。装运期和交货期（time of delivery），在象征性交货条件下，两者的意思是一致的，这是因为卖方完成货物装运即完成交货义务；但在实际交货条件下，如在DAP、DPU、DDP条件下，两者的含义不一样，这时的装运期是指货物装运的时间，交货期则是指货物到达目的地交货的时间，它们之间相差一个运输航程。

（一）装运时间的规定方法

在国际货物买卖合同中，买卖双方必须对装运时间作出具体的规定。常用的规定方法有以下几种。

1. 规定在某月或跨月装运

例如：Shipment during March, 2025.

2. 规定在某月底或某日前装运

例如：Shipment at or before the end of May, 2025.

Shipment on or before July 15th, 2025.

Shipment not later than Sep. 15th, 2025.

3. 规定在收到信用证后一定期限内装运

例如：Shipment within 30 days after receipt of L/C.

在对买方资信了解不够或为防止买方可能因某些情况不按时履行合同的情况下，可采用这种方法规定装运时间，以保障卖方的利益。注意，在采用这种方式规定装运时间时，为防止出现买方拖延或拒绝开证而造成卖方不能及时安排生产及耽误装运进程的被动局面，合同中必须同时规定有关信用证开立或送达的期限。例如，

The buyer must open the relevant L/C to reach seller not later than June 15th, 2025.

4. 近期装运术语

表达这类规定的词语有"立即装运"（immediate shipment）、"即期装运"（prompt shipment）、"尽速装运"（shipment as soon as possible）等。在订立买卖合同时，应尽量避免使用这类规定方法，因为各国对此解释不一，有的理解为1个月，有的理解为2周，容易引起争议和纠纷。国际商会制定的UCP600中明确规定，不应使用如"迅速""立即""尽速"等类

似词语，如使用这类词语，银行将不予理会。

（二）规定装运时间应注意的问题

规定装运时间时，一般应考虑货源情况，如生产周期、库存情况、交货数量、商品特点、包装及市场情况；也应考虑运输情况，如航线、航班和国内运输情况；还应特别注意开证日期与装运时间的衔接等情况。

1. 应考虑货源和船源的实际情况

从货源和船源的实际情况出发来确定装运期或交货期，有利于卖方按期装运和履行约定的交货义务。如对货源无把握就盲目成交，很有可能出现到时交不了货，造成有船无货的情况。在按 CFR 或 CIF 条件出口和按 FOB 条件进口时，还应考虑船源情况。如对船源无把握就盲目成交，或者没有留出安排船位的合理时间，规定在成交的当月交货或装运，则可能出现到时租不到船或订不到舱位，而形成有货无船的情况。

2. 应考虑市场情况

要考虑市场需求情况，特别是季节性商品，其装运时间与买方安排销售密切相关，这一点买卖双方在磋商合同的运输条款时要充分考虑。

3. 应考虑开证日期的规定是否明确、合理

装运期与开证日期是相互关联的。为了保证按期装运和及时交货，在规定装运期的同时，还应明确、合理地规定开证日期，并使两者相互衔接。一般来说，信用证至少应在装运期开始前 15 天送达卖方，以便卖方有充足的时间安排装货。

二、装运港（地）和目的港（地）

装运港（port of shipment/loading）是指货物起始装运的港口，目的港（port of destination/discharge）是指最终卸货的港口。

（一）装运港和目的港的规定方法

在国际货物买卖合同中，买卖双方必须对装运港和目的港作出明确的规定。为了便于卖方安排装运和适应买方接收货物或转售货物的需要，装运港通常由卖方提出，经买方同意后确定；目的港通常由买方提出，经卖方同意后确定。常用的规定方法有以下几种。

1. 只规定一个装运港和目的港

在一般情况下，只规定一个装运港和一个目的港，并列明港口名称。例如，

Port of Shipment: Shanghai
Port of Destination: London

2. 规定多个装运港和目的港

在大宗交易的情况下，有时需要规定两个或两个以上的装运港或目的港，并分别列明港口名称。例如，

Port of Shipment: Qingdao and Shanghai
Port of Destination: London and Liverpool

3. 规定选择港

在磋商交易时，如明确规定一个或几个装卸港有困难，可以采用选择港（optional ports）的办法，即允许收货人在预先提出的两个或两个以上的卸货港，在货轮抵达第一个备选港口前，按船公司规定的时间，将最后确定的卸货港通知船公司或其代理人，船方负责按通知的卸货港卸货。按一般航运惯例，如果货方未在规定时间将选定的卸货港通知船方，船方有权

在任何一个备选港口卸货。例如，

> CIF London/Hamburg/Rotterdam
>
> CIF London, optional Hamburg/Rotterdam, optional addition for buyer's account

4. 规定以某一航区为装运港或目的港

笼统规定某一航区为装运港或目的港。例如，

> Port of Shipment: China ports
>
> Port of Destination: U.K. ports

（二）规定国外装运港和目的港应注意的问题

在进口合同中规定国外的装运港，以及在出口合同中规定国外的目的港时，应注意以下事项。

1. 力求具体、明确

国外港口名称应明确、具体，最好只有一个港口名称。在磋商交易中，如国外商人笼统地提出以"欧洲主要港口"或"非洲主要港口"为装运港或目的港时，不宜轻易接受。因为欧洲或非洲港口很多，究竟哪些港口是主要港口，并无统一的解释；而且到达各港的距离不同，港口条件不一，运费和附加费相差很大，所以我们应避免采用此种规定方法。

2. 合理使用"选择港"

采用"选择港"时应注意：① 合同中规定的选择港的数目一般不超过 3 个；② 备选港口要在同一条班轮航线上，而且是班轮公司的船只都能停靠的港口；③ 在核定价格和计算运费时，应按备选港口中最高的运费率加上选卸港附加费计算；④ 在合同中应明确规定买方确定目的港的时间，以及因选择港而增加的运费、附加费均由买方负担。

3. 注意装卸港的具体条件

关于装卸港的具体条件，主要是考虑有无直达班轮航线、港口装卸条件以及运费和附加费用水平等。如果租船运输，还应进一步考虑码头泊位水的深度、有无冰封期、冰封的具体时间以及港口对船舶国籍有无限制等因素。

4. 注意港口有无重名

世界各国港口重名的很多，例如，维多利亚（Victoria）港，世界上有 12 个之多，波特兰（Portland）港、波士顿（Boston）港在美国、英国及其他国家都有同名港。为了防止发生差错、引起纠纷，在买卖合同中应明确注明装卸港所在国家和地区的名称。

（三）规定国内装运港和目的港应注意的问题

在出口业务中，对国内装运港的规定，一般以选择接近货源地的对外贸易港口为宜，同时应考虑港口和国内运输的条件及费用水平。如果进出口公司对某一出口商品采取集中成交、分口岸交货的方式，由于在成交时还不能确定具体装运港口，在这种情况下，也可规定两个或两个以上的港口或规定"中国口岸"为装运港，这样可以占据主动位置。

在进口业务中，对国内目的港的规定，原则上应选择接近用货单位或消费地区的对外贸易港口。

三、分批装运和转运

分批装运（partial shipments），又称部分发运，是指一个合同项下的货物在成交数量较大时分若干批或若干期装运的方式。在国际贸易中，有的交易因为数量较大，或由于备货、运输条件、市场需要或资金的限制，有必要分期、分批交货的时候，可在合同中规定分批装运条款。

转船或转运（transshipment）是指货物自装运港运至目的港的过程中，从一个运输工具转移到另一个运输工具上，或是由一种运输方式转为另一种运输方式的行为。如果到目的港或目的地无直达班轮或班列等，或者合同规定集装箱装运，而出口口岸缺乏装卸设备，要集中到其他口岸装箱时，都需要在合同中规定允许转运。

（一）合同中的分批装运和转运条款

是否允许分批装运和转运，直接关系到买卖双方的经济利益。因此，能否分批装运和转运，合同双方当事人应该达成一致意见，并在合同中作出相应的规定。一般来说，允许分批装运和转运，能使卖方处于主动地位。

1. 规定允许分批装运和转运

例如：Partial shipments and transshipment are to be allowed.

2. 规定不允许分批装运和转运

例如：Partial shipments and transshipment are not to be allowed.

3. 既规定允许分批装运，又规定分批装运的具体时间、批次及数量

例如：Shipments are to be effected during April, May, June, July, 2025 in four equal monthly lots.

（二）国际惯例对分批装运和转运的规定

在实际业务中，我们应注意UCP600中关于分批装运和转运的相关规定。

1. UCP600 第 31 条 a 款的相关规定

UCP600 第 31 条 a 款规定："允许部分支款或部分装运。"第 31 条 b 款规定："①表明使用同一运输工具并经由同次航程运输的数套运输单据在同一次提交时，只要显示相同目的地，将不视为部分发运，即使运输单据上表明的发运日期不同或装卸港、接管地或发送地点不同。如果交单由数套运输单据构成，其中最晚的一个发运日将被视为发运日。②含有一套或数套运输单据的交单，如果表明在同一种运输方式下经由数件运输工具运输，即使运输工具在同一天出发运往同一目的地，仍将被视为部分发运。"

【案例讨论 8-1】

中国山东某公司向国外出口一批花生仁，国外客户开来不可撤销信用证，证中的装运条款规定："Shipment from Chinese port to Singapore in May. Partial shipment prohibited."。山东公司因货源不足，先于 5 月 15 日在青岛港将 200 公吨花生仁装上"东风"轮，取得一套提单；后又在烟台联到一批货源，在山东公司承担相关费用的前提下，该轮船又驶往烟台港装 300 公吨花生仁于同一轮船，并于 5 月 20 日取得有关提单。然后在信用证有效期内将两套单据交银行议付，银行却以分批装运、单证不符为由拒付货款。请问银行的拒付是否合理？为什么？

2. UCP600 第 32 条的相关规定

UCP600 第 32 条规定："如信用证规定在指定的时间段内分期支款或分期发运，任何一期未按信用证规定期限支取或发运时，信用证对该期及以后各期均告失效。"

【案例讨论 8-2】

中国某公司向美国出口茶叶 600 箱。合同与信用证上均规定："Each month shipment 200 carton from January."。请问：如果 1 月份装 200 箱，2 月份不装，3 月份和 4 月份各装 200 箱是否可以？为什么？

3. UCP600 第 20 条 c 款的相关规定

UCP600 第 20 条 c 款规定："i. 只要同一提单包括运输全程，则提单可以注明货物将被转运或可被转运。ii. 银行可以接受注明将要发生或可能发生转运的提单。即使信用证禁止转运，只要提单上证实有关货物已由集装箱、拖车或子母船运输，银行仍可接受注明将要发生或可能发生转运的提单。"

由此可知，UCP600 中关于禁止转运的规定，实际上仅针对海运港至港运输中非集装箱的货物（散货）的转运行为。UCP600 对转运作了以上淡化和从宽的规定，主要是为了适应现代运输业的发展，有利于减少因转运引起的纠纷。但该解释仅适用于信用证业务的处理而不涉及买卖合同条款的解释。在实际业务中，买卖双方还应在合同中明确规定允许转运条款。

四、装运通知

装运通知（shipping advice）是买卖合同中必不可少的一项条款。无论按哪种贸易术语成交，交易双方都要承担相互通知的义务。规定这项条款的目的在于，明确买卖双方的责任，促使买卖双方相互配合，共同做好船货衔接工作。

按照国际贸易的一般做法，按 FOB 条件成交时，卖方应在约定的装运期开始以前（一般为 30 天），向买方发出货物备妥准备装船的通知，以便买方及时派船接货。买方接到卖方发出的通知后，应按约定时间，将船名、船舶到港受载日期通知卖方，以便卖方及时安排货物出运和准备装船。

按 CIF、CFR 或 FOB 条件成交时，卖方应于货物装船后，立即将合同号、货物的品名、件数、重量、发票金额、船名及装船日期等各项内容，告知买方，以便买方在目的港做好接货和卸货的准备，并及时办理进口清关等手续。如按 FOB 或 CFR 条件成交，买方接到此项装运通知后，还需办理货物运输保险的投保手续。按照国际贸易惯例，如卖方漏发或未及时发出此项装运通知，致使买方漏保或未及时投保的，则卖方应承担买方因此而遭受的有关损失。

第四节 国际货物运输保险

保险是一种经济补偿制度，从法律角度看，它是一种补偿性契约行为，被保险人（insured）向保险人（insurer）提供一定的对价（保险费），保险人则对被保险人将来可能遭受的承保范围内的损失负赔偿责任。

保险的种类很多，国际货物运输保险属于财产保险的范畴。货物运输保险已经成为国际贸易不可缺少的组成部分。国际货物运输保险是指被保险人（卖方或买方）对一批或若干批货物向保险公司按照一定金额投保一定险别并缴纳保险费，保险公司承保后，如果所保货物在运输途中发生承保范围内的损失，保险公司按保单的规定给予被保险人经济上的补偿。

国际贸易中的货物一般都需经过长途运输，在整个运输过程中可能会遇到自然灾害或意外事故而遭受损失。为了更好地将不可预知的风险转移给保险公司，使贸易得以顺利进行，货物装运前宜办理货运保险。

由于国际贸易中的货物可采取的运输方式有很多，如海洋运输、铁路运输、航空运输、公路运输和邮包运输等，国际货物运输保险也相应地分为海运货物保险、陆路运输货物保险、航空运输货物保险和邮包运输保险。因为海运货物保险是其他运输方式保险的蓝本，故本节以海运货物保险为主进行介绍，对其他货物运输保险只作简要说明。

一、国际货物运输保险的范围

海上运输货物风险很大，保险公司为了保证外贸业务的正常开展，根据海上运输的特点设置了海运货物保险承保的范围，包括保障的风险、保障的损失与保障的费用。

（一）海运货物保险保障的风险

对于海上货物运输，保险公司承保的风险有海上风险和外来风险两类。

1. 海上风险

海上风险（perils of the sea）也称为海难，包括自然灾害（natural calamity）和意外事故（fortuitous accidents）。自然灾害在这里是指自然力量所造成的灾害，但并不泛指一切由自然界力量引起的灾害，而是具有特定的范围，如恶劣气候、雷电、海啸、地震、火山爆发、洪水、流冰等。意外事故在这里是指由意外事件造成的事故，但并不泛指海上发生的所有意外事故，而是具有特定的范围，如运输工具遭受搁浅、触礁、沉没、碰撞、失踪、失火、爆炸等。

2. 外来风险

外来风险（extraneous risks）包括一般外来风险（general extraneous risks）和特殊外来风险（special extraneous risks）。一般外来风险指被保险货物在运输途中由一般外来原因所造成的风险，主要包括偷窃、沾污、渗漏、破碎、受热受潮、串味、生锈、钩损、淡水雨淋、碰损、短量、提货不着等。特殊外来风险指由军事、政治、国家政策法令以及行政措施等特殊外来原因所造成的风险，主要包括战争、罢工、货物被有关当局拒绝进口或没收、船舶被扣导致交货不到等。

（二）海运货物保险保障的损失

海上货物运输损失，简称海损（average），是指被保险货物在海运途中，遭受海上风险而产生的损失。在保险业务中，海损一般还包括与海运相连接的陆上运输和内河运输过程中所发生的损失。按损失程度的不同，海损可分为全部损失和部分损失；按货物损失性质的不同，又可分为共同海损和单独海损。

1. 全部损失和部分损失

（1）全部损失

全部损失（total loss）又称全损，是指被保险货物全部遭受损失。按损失的情况，全部损失可以分为实际全损（actual total loss，ATL）和推定全损（constructive total loss）。实际全损是指物质性的消失，推定全损是指虽未达到全部货物的物质性灭失，但避免实际全损所需费用超过了其货值本身。需要注意，在海上保险业务中，全损的概念不是以一艘船上载运的全部货物的完全灭失为划分标准，保险人对全损范围的界定通常在保险条款中以文字加以说明。

以下情况可以被认为是发生了实际全损：① 被保险货物完全灭失，如船舶触礁后船货同时沉入海底；② 货物实际上已经不可能归还被保险人，如货物被敌方扣押无法拿回；③ 货物丧失原有用途和价值，如水泥被海水浸泡成为硬块；④ 船舶失踪超过两个月仍无讯息。

属于推定全损的情况包括：① 货损后，修复费用超过货物修复后的价值；② 货损后，整理和续运到目的地的费用超过货物到达目的地的价值；③ 实际全损已不可避免，或为避免全损所需的施救费用将超过获救后的价值；④ 被保险人失去货物所有权，而收回所有权所需支出的费用将超过收回后的货物价值。

在推定全损的情况下，被保险人可以获得的损失赔偿有以下两种情况：① 办理委付，获得全损的赔偿；② 不办理委付，获得部分损失的赔偿。委付是海上货物运输保险中处理索赔的一种特殊做法，是指被保险人在保险标的处于推定全损时，向保险人声明愿意将保险标的的一切权益，包括财产权及一切由此产生的权利与义务转让给保险人，并要求保险人按全损给予赔偿的一种行为。在实务中的具体做法是，在推定全损发生后，被保险人如需获得全损的赔偿，应立即以书面或口头方式向保险人发出委付通知。

（2）部分损失

部分损失（partial loss）是指被保险货物的损失没有达到全部损失的程度。

2. 共同海损和单独海损

（1）共同海损

共同海损（general average）是指载货的船舶在海上遇到灾害、事故，威胁到船、货各方的共同安全，为了解除这种威胁，维护船、货安全，或者使航程得以完成，由船方有意识地、合理地采取措施所作出的某些特殊牺牲或支出的特殊费用。例如，某海轮的舱面上装有1000台拖拉机，航行中遇大风浪袭击，450台拖拉机被卷入海中，海轮严重倾斜，如不立即采取措施，则有翻船的危险，船长下令将余下的550台拖拉机全部抛入海中，船舶得以继续安全行驶。此时被抛的550台拖拉机的损失就是共同海损。共同海损的成立，必须具备一定的条件：

① 导致共同海损的危险必须是真实存在的，并危及船、货的共同安全；

② 共同海损措施必须是为了解除船、货的共同危险，人为地、有意识地采取的合理措施；

③ 共同海损的牺牲是有特殊性质的，费用损失必须是额外支付的；

④ 共同海损的损失必须是共同海损措施的直接的、合理的后果；

⑤ 共同海损措施最终必须有效果。

船舶在遭受共同海损后，凡属共同海损范围内的牺牲或费用均应由获救受益方（船方、货方和运费收入方）根据获救价值按比例分摊，这种分摊称为共同海损分摊。

（2）单独海损

单独海损（particular average）是指被保险货物遭受海损后，其损失未达到全部损失的程度，而且是仅由受损方单独承担的部分损失。与共同海损相比较，单独海损的特点有以下三点：① 它不是人为有意造成的部分损失；② 它是保险标的本身的损失；③ 单独海损仅由受损失的被保险人单独承担，但其可根据损失情况从保险人处获得赔偿。

【案例讨论 8-3】

某货轮在某港装货后，航行途中不慎发生触礁事故，船舶搁浅，不能继续航行。事后船方反复开倒车强行浮起，但船底被划破，致使海水渗入货舱，造成船货部分损失。为使货轮继续航行，船长发出求救信号，船被拖至就近港的船坞修理，暂时卸下大部分货物。前后花了10天，共支出修理费5000美元，增加各项费用支出（包括员工工资）共3000美元。当船修复后继续装上原货启航。次日，忽遇恶劣气候，船上装载的某货主的一部分货物被海水浸湿。请思考：以上所述的各项损失，各属于什么性质的损失？

（三）海运货物保险保障的费用

由海上运输风险导致的费用主要有以下两种。

1. 施救费用

施救费用（sue & labor charges），又称营救费用或损害防止费用，是指当保险标的遭遇保险责任范围内的灾害事故时，被保险人或其代理人为防止损失的扩大而采取抢救措施所支出的费用。

各国保险法规或保险条款一般都规定：保险人对施救费用应承担赔偿责任，赔偿金额以不超过该批货物的保险金额为限。

2. 救助费用

救助费用（salvage charges），是指保险标的遭遇承保范围内的灾害事故时，由保险人和被保险人以外的第三者采取救助措施并获成功，由被救助方支付给救助方的一种报酬。

救助费用一般都可以列为共同海损的费用项目。各国保险法规或保险条款一般都规定：保险人对救助费用承担赔偿责任。

二、我国货物运输保险

为了适应国际货物海运保险的需要，中国人民财产保险股份有限公司（Property and Casualty Company Limited，以下简称PICC或人保财险有限公司）根据我国保险实际情况，并参照国际保险市场的习惯做法，分别制定了适用于各种运输方式的货物保险条款，总称"中国保险条款（China Insurance Clauses，CIC）"。其中，根据人保财险有限公司制定的《海洋运输货物保险条款》（Ocean Marine Cargo Clauses）的规定，我国海运货物保险条款包括基本险和附加险的保险范围、保险责任的起讫与除外责任等内容，具体如下。

（一）基本险

基本险又称主险，可单独投保。在我国，基本险包括平安险、水渍险和一切险三种。

1. 平安险

"平安险"（free from particular average，FPA）一词是我国保险业的习惯叫法，其英文含义是单独海损不赔偿。平安险的责任范围主要包括以下几种。

① 被保险货物在运输途中由恶劣气候、雷电、海啸、地震、洪水等自然灾害造成整批货物的实际全损或推定全损。若被保险货物用驳船运往或运离海轮，则每一艘驳船所装的货物可视为一个整批。

② 运输工具搁浅、触礁、沉没、互撞、与流冰或其他物体碰撞，以及失火、爆炸等意外事故造成货物的全部或部分损失。

③ 在运输工具已经发生搁浅、触礁、沉没、焚毁等意外事故的情况下，货物在此前后又在海上遭到恶劣气候、雷电、海啸等自然灾害所造成的部分损失。

④ 在装卸或转船时由一件或数件甚至整批货物落海所造成的全部或部分损失。

⑤ 被保险人对遭受承保责任内危险的货物采取抢救、防止或减少货损的措施所支付的合理费用，但以不超过该批被救货物的保险金额为限。

⑥ 运输工具遭遇海难后，在避难港由卸货所引起的损失及在中途港、避难港由卸货、存仓以及运送货物所产生的特别费用。

⑦ 共同海损的牺牲、分摊和救助费用。

⑧ 运输合同中订有"船舶互撞责任"条款的，根据该条款规定应由货方偿还船方的损失。

【案例讨论8-4】

中国某外贸公司按CIF术语出口一批货物，装运前已向保险公司按发票总值110%投保平安险，6月初货物装妥顺利开航。载货船舶于6月13日在海上遇到暴风雨，致使一部分货物受到水渍，损失价值2100美元。数日后，该轮突然触礁，致使该批货物又遭到部分损失，价值为8000美元。

问：保险公司对该批货物的损失是否赔偿？为什么？

2. 水渍险

"水渍险"（with particular average，WPA/WA）也是我国保险业沿用已久的名称，其英文含义是负责单独海损的赔偿。水渍险的责任范围主要包括以下两部分：

① 平安险所承保的范围；

② 被保险货物由恶劣气候、雷电、海啸、地震、洪水等自然灾害所造成的部分损失。

【案例讨论 8-5】

中国某公司按CIF向欧洲出口棉布一批，根据合同规定投保水渍险。海运途中，舱内食用水管漏水而使其中30包遭受水渍。问：保险公司对此损失是否赔偿？为什么？中方应该怎么办？

3. 一切险

一切险（all risks）是三种基本险别中承保责任范围最大的一种，其责任范围主要包括以下两部分：

① 水渍险所承保的范围；

② 被保险货物由一般外来风险所造成的全部损失或部分损失。

由此可见，一切险是水渍险和一般附加险的总和，但不包括特殊附加险。

（二）附加险

附加险是基本险的扩大和补充，不能单独投保，只能在投保一种基本险后加保，但是可以加保一种或数种附加险。在我国，附加险可分为一般附加险、特殊附加险和其他附加险。

1. 一般附加险

一般附加险（general additional risks）承保的是一般外来风险造成的全部或部分损失。一般附加险主要有11种，具体的险别名称和承保范围如下：

① 偷窃、提货不着险（theft, pilferage and non-delivery，TPND），承保货物因遭偷窃，以及货物运抵目的地以后，货物的全部或整件提货不着的损失；

② 淡水雨淋险（fresh water & rain damage，FWRD），承保由淡水、雨水、融雪，包括舱汗、船舱淡水管漏水等造成货物浸水导致的损失；

③ 短量险（risk of shortage），承保袋装或散装货的数量或重量短少的损失；

④ 混杂、沾污险（risk of intermixture & contamination），承保货物由混入杂质或被玷污所造成的损失，如油漆污染了地毯，矿砂、矿石混进了泥土、草屑等；

⑤ 渗漏险（risk of leakage），承保流质或半流质货物由包装容器损坏发生渗漏造成货物短量的损失，或用液体浸泡的货物因液体流失而变质的损失；

⑥ 碰损、破碎险（risk of clash breakage），承保易碎货物，如陶瓷器皿、玻璃花瓶、大理石等，因受压、碰撞和震动而出现破碎、凹瘪等的损失；

⑦ 串味险（risk of odor），承保同舱装载的货物受到异味的影响而使品质受到损坏，如茶叶、香料、药材等在运输过程中受到一起堆储的皮张、樟脑丸的影响而造成的串味损失；

⑧ 受热、受潮险（damage caused by heating & sweating），承保航行途中，气温骤变或船上通风设备失灵使船上水汽凝结，货物受潮或受热所导致的损失；

⑨ 钩损险（hook damage），承保装卸过程中使用钩子或碰撞使货物遭受钩损，或钩破包装使货物外漏、散失的损失，以及为修补、调换包装所支付的费用；

⑩ 包装破裂险（loss or damage caused by breakage of packing），承保因运输或装卸不慎，包装破裂所造成的损失，以及为满足继续安全运输的需要而对包装进行修补或调换所支付的费用；

⑪ 锈损险（risk of rust），承保运输途中货物生锈造成的损失。

2. 特殊附加险

特殊附加险（special additional risks）承保的是由特殊外来风险造成的全部或部分损失，常见的有战争险和罢工险。

① 战争险（war risk），承保战争、类似战争、敌对行为、武装冲突或海盗引起的被保险货物的直接损失；由上述行为引起的捕获、拘留、扣留、禁制、扣押所造成的损失；各种常规武器，包括水雷、鱼雷、炸弹所致的损失；条款责任范围内引起的共同海损的牺牲、分摊和救助费用。

② 罢工险（strike risk），承保由罢工者、被迫停工工人或参加工潮、暴动、民众斗争的人员的行为，或任何人的恶意行为所造成的直接损失和上述行动或行为所引起的共同海损的牺牲、分摊和救助费用。

需要注意，按照国际保险市场的习惯做法，被保险货物如已投保战争险，再加保罢工险时，一般不再加收保险费。人保财险有限公司也采用该做法。

3. 其他附加险

除以上一般附加险和特殊附加险外，在人保财险有限公司附加险条款中，还列有六种不包括在基本险中的其他附加险别，即交货不到险（failure to deliver risk）、进口关税险（import duty risk）、舱面险（deck risk）、拒收险（rejection risk）、黄曲霉素险（aflatoxin risk）、出口货物到中国香港（包括九龙）或中国澳门存储火险责任扩展条款（fire risk extension clause for storage of cargo at destination HK, including Kowloon, or Macao）。这六种附加险所承保的风险大多与国家或地区行政法令、政策措施与航海贸易习惯有关。这六种附加险必须在投保基本险的基础上另行投保才能获得保障。

【案例讨论 8-6】

中方公司按 CIF 纽约出口冷冻羊肉一批，合同规定投保一切险加保战争险、罢工险。货到纽约后适逢码头工人罢工，货物因港口无法作业而不能卸载。第二天货轮无法补充燃料，以致冷冻设备停机。等到第五天罢工结束，该批冷冻羊肉已变质。问：进口商向保险公司索赔是否有理？

（三）保险责任的起讫与除外责任

人保财险有限公司《海洋运输货物保险条款》除了规定上述基本险和附加险的承保范围，还对保险责任的起讫和除外责任作了具体的规定。

1. 保险责任的起讫

保险责任的起讫又称承保责任期限，是指保险人承担责任的起讫时限。国际保险业惯用"仓至仓条款"（warehouse-to-warehouse clause, W/W clause）来规定保险期限。人保财险有限公司《海洋运输货物保险条款》对"仓至仓条款"的规定如下：

第一，仓至仓条款是指保险人对被保险货物所承担的保险责任，自被保险货物运离（此处的"运离"是指货物在仓库或储存处所开始搬动时起算）保险单所载明的起运地仓库或储存处所开始运输时生效，包括正常运输过程中的海上、陆上、内河和驳船运输在内，直至该项货物到达（此处的"到达"是指运至并完成卸货）保险单所载明目的地收货人的最后仓库或储存处所，或被保险人用作分配、分派或非正常运输的其他储存处所为止。如未抵达上述仓库或储存处所，则以被保险货物在最后卸载港全部卸离海轮后满 60 天为止。如在上述 60 天内被保险货物需转运到非保险单所载明的目的地，则承保责任在该项货物开始转运时终止。

第二，由于被保险人无法控制的运输延迟、绕道、被迫卸货、重新装载、转载或承运人运用运输契约赋予的权限所作的任何航海上的变更或终止运输契约，被保险货物被运到非保险单所载明的目的地时，在被保险人及时将获知的情况通知保险人，并在必要时加交保险费的情况下，本保险合同仍继续有效，保险责任按下列规定终止：① 被保险货物如在非保险单所载明的目的地出售，保险责任至交货时为止，但不论任何情况，均以被保险货物在卸载港全部卸离海轮后满 60 天为止；② 被保险货物如在上述 60 天期限内继续运往保险单所载原目的地或其他目的地，保险责任仍按上述第 1 条的规定终止。

战争险的责任起讫不是"仓至仓"，而是以"水上危险"为限，即以货物装上保险单载明的装运港海轮或驳船开始，到货物卸离保险单载明的目的港海轮或驳船为止。如果被保险货物不卸离海轮或驳船，保险责任期限以海轮到达目的港当日零点起算 15 天为止。

罢工险的保险责任起讫与基本险一致，采用"仓至仓"原则。

【案例讨论 8-7】

2024 年 5 月，中国某公司以 CFR 条件在上海从国外进口一批汽车零件，并根据卖方提供的装船通知及时向人保财险有限公司投保了水渍险，后来由于国内用户发生变更，该公司通知承运人将货物改卸到黄浦港。货物在黄浦港装火车运往南京的途中遇到山洪，致使部分货物受损，该进口公司据此向保险公司索赔，但遭拒绝。请思考：（1）保险公司拒赔有无道理？（2）如果海轮正常于 2024 年 6 月 1 日抵达上海港并开始卸货，6 月 3 日全部卸在码头货棚中而未运往收货人仓库，保险公司的保险责任至哪一天终止？

2. 除外责任

除外责任（exclusion）是指保险人不负赔偿责任的范围。下列损失不在平安险、水渍险和一切险的承保范围内：

① 被保险人的故意行为或过失所造成的损失；

② 属于发货人责任所引起的损失；

③ 在保险责任开始前，被保险货物已存在的品质不良或数量短差所造成的损失；

④ 被保险货物的自然损耗、本质缺陷、特性以及市价跌落、运输延迟所造成的损失或费用；

⑤ 战争险和罢工险条款规定的责任范围和除外责任。

【案例讨论 8-8】

中国某公司按 CIF 条件向南美某国出口花生酥糖 1000 箱，投保一切险。由于货轮陈旧，航速太慢且沿线到处揽货，结果航行 4 个月才到达目的港。花生酥糖因受热时间过长而全部软化，难以销售。问：这种货损保险公司是否负责赔偿？为什么？

三、英国伦敦保险协会海运货物保险

英国是一个海运历史悠久和海运业务比较发达的国家。长期以来，它所制定的各种保险规章制度，对世界各国有着广泛的影响，其中包括海运保险单格式和保险条款。目前，世界上有很多国家在海运保险业务中，直接采用伦敦保险协会制定的《协会货物条款》（Institute Cargo Clauses，ICC）或者在制定本国保险条款时参考或部分采用上述条款。

《协会货物条款》最早制定于 1912 年，为了适应不同时期法律、判例、商业、航运等方面的变化和发展，需要经常对条款进行补充和修订，最后一次修订完成于 2009 年 1 月 1 日。伦敦保险协会的海运货物保险条款主要有以下六种：

① 协会货物条款（A），Institute Cargo Clauses（A），简称 ICC（A）；

② 协会货物条款（B），Institute Cargo Clauses（B），简称 ICC（B）；

③ 协会货物条款（C），Institute Cargo Clauses（C），简称 ICC（C）；

④ 协会货物战争险条款（货物），Institute War Clauses—Cargo，简称 IWCC；

⑤ 协会货物罢工险条款（货物），Institute Strikes Clauses—Cargo，简称 ISCC；

⑥ 恶意损害险条款（Malicious Damage Clauses）和偷窃、提货不着险条款（Institute Theft, Pilferage and Non-delivery Clause）。

前五个险别条款可以单独投保，而恶意损害险和偷窃、提货不着险属于附加险，不能单独投保。这里主要介绍 ICC（A）、ICC（B）、ICC（C）三种基本险别。

（一）ICC（A）险的承保范围和除外责任

ICC（A）险承保的责任范围最大，承保责任以一切风险减"除外责任"的形式出现，即"除外责任"项下所列风险不予负责，其他风险保险人都予承保。

ICC（A）险的除外责任主要包括以下三种。

一是一般除外责任，包括归因于被保险人故意的不法行为造成的损失或费用；自然渗漏、自然损耗、自然磨损、包装不当或准备不足造成的损失或保险标的内在缺陷或特性造成的损失或费用；直接由延迟所引起的损失或费用；船舶所有人、经营人、租船人经营破产或不履行债务造成的损失或费用；使用任何原子或核子裂变和（或）聚变或其他类似反应或放射性物质的武器或设备直接或间接造成的损失或费用。

二是不适航、不适货除外责任。所谓不适航、不适货除外责任，是指保险标的在装船时，若被保险人或其受雇人已经知道船舶不适航，以及船舶、装运工具、集装箱等不适货，保险人不负赔偿责任。

三是战争除外责任和罢工除外责任。

（二）ICC（B）险的承保范围和除外责任

ICC（B）险的承保范围采用列明风险的形式，凡属于列出的就是承保的，没有列出的，不论何种情况均不负责。凡归因于下列情况者均予承保：火灾、爆炸；船舶或驳船触礁、搁浅、沉没；陆上运输工具碰撞出轨；船舶、驳船或运输工具与水以外的外界物体碰撞；在避难港卸货；地震、火山爆发、雷电；共同海损牺牲；抛货或浪击落海；海水、湖水或河水进入运输工具或储存处所；货物在装卸时落海或跌落造成的整件全损。

ICC（B）险的除外责任，除对任何人故意损害或破坏、海盗等造成的损失或费用不负责外，其余与 ICC（A）险的除外责任相同。

（三）ICC（C）险的承保范围和除外责任

ICC（C）险的承保范围比ICC（A）险、ICC（B）险要小得多，它只承保重大意外事故，而不承保自然灾害及非重大意外事故的风险，其具体承保的风险是：火灾、爆炸；船舶或驳船触礁、搁浅、沉没；陆上运输工具倾覆或出轨；在避难港卸货；共同海损牺牲、抛货。ICC（C）险的除外责任与ICC（B）险完全相同。

综上所述，ICC（A）险的承保范围类似于我国的一切险，ICC（B）险的承保范围类似于水渍险，ICC（C）险的承保范围类似于平安险，但比平安险的责任范围要小些。

ICC（A）险、ICC（B）险、ICC（C）险的责任起讫也是"仓至仓"条款。ICC附加险的规定与中国保险条款的规定大致相同，但对战争险和罢工险专门制定了独立完整的条文，可以作为独立险别单独投保，而中国保险条款中的这两种特殊附加险是不能作为独立险别单独投保的。

四、我国其他货运险别

除了《海洋运输货物保险条款》，人保财险有限公司还分别制定了适用于不同运输方式的货物保险条款，包括陆上运输货物保险、航空运输货物保险、邮包运输保险。

（一）陆上运输货物保险

陆上运输货物保险是承保铁路、公路货物运输损失的保险。

1. 陆运险

陆运险（overland transportation risks）负责对被保险货物在运输途中遭受暴风、雷电、洪水、地震等自然灾害，或运输工具遭受碰撞、倾覆、出轨，或在驳运过程中因驳运工具遭受搁浅、触礁、碰撞，或遭受隧道坍塌、崖崩，或失火、爆炸等意外事故等情况造成的损失进行赔偿。

陆运险的承保范围相当于海运货物保险中的水渍险。

2. 陆运一切险

陆运一切险（overland transportation all risks）除包括陆运险的责任范围外，还负责对被保险货物在运输途中的一般外来原因所致的全部或部分损失进行赔偿。

陆运一切险的承保范围相当于海运货物保险中的一切险。

陆运险和陆运一切险的保险责任起讫按照"仓至仓条款"办理，但是，货物未进仓者，以该货物到达最后卸货车站满60天为止。

3. 陆上运输货物战争险

陆上运输货物战争险（overland transportation cargo war risks）是陆上运输货物险的一种附加险，承保陆上运输途中由战争、类似战争行为和敌对行为、武装冲突以及各种常规武器所致的货物损失。

4. 陆上运输冷藏货物险

陆上运输冷藏货物险（overland transportation cargo insurance—frozen products）是陆上运输货物险的一种专门保险，承保范围除陆运险所列的损失外，还负责赔偿由冷藏机器或隔温设备在运输途中损坏造成货物解冻融化而腐坏的损失。

陆上运输冷藏货物险的保险责任起讫时间为自货物运离保单所载起运地点的冷藏仓库，装入运输工具开始运输时生效，直至运达目的地收货人仓库为止，但是最长保险期限以货物到达目的地车站后10天为限。

（二）航空运输货物保险

航空运输货物保险是承保以飞机进行货物运输的保险。

1. 航空运输险

航空运输险（air transportation risks）的承保范围相当于海运货物保险中的水渍险。

2. 航空运输一切险

航空运输一切险（air transportation all risks）的承保范围相当于海运货物保险中的一切险。

航空运输险和航空运输一切险的保险责任起讫按照"仓至仓条款"办理，但是，货物未进舱者，以该货物到达最后目的地卸离飞机满 30 天为止。

3. 航空运输货物战争险

航空运输货物战争险（air transportation cargo war risks）是航空运输货物险的一种附加险，承保航空运输途中由战争、类似战争行为和敌对行为、武装冲突以及各种常规武器所致的货物损失。

（三）邮包运输保险

邮包运输保险主要承保邮包在运输途中由自然灾害、意外事故和外来原因所造成的损失。

1. 邮包险

邮包险（parcel post risks）的承保范围相当于海运货物保险中的水渍险。

2. 邮包一切险

邮包一切险（parcel post all risks）的承保范围相当于海运货物保险中的一切险。

邮包险和邮包一切险的保险责任起讫为自邮包离开保险单所载起运地点寄件人的处所，运往邮局时开始生效，直至邮包运达保险单载明的目的地邮局，发出通知书给收件人的当日零点起算满 15 天为止，在此期限内，邮包一经交至收件人的处所，保险责任即行终止。

3. 邮包战争险

邮包战争险（parcel post war risks）是一种附加险，承保邮包在运输途中由战争、类似战争行为和敌对行为、武装冲突、海盗行为以及各种常规武器所致的邮包损失。

第五节　保险实务与合同中的保险条款

一、保险实务

在进出口业务中，与运输保险相关的问题包括买卖双方如何办理保险手续、如何填写保险单据，以及在发生货损时如何办理保险索赔。

（一）投保

进出口双方签订合同后，在履约过程中，不管采用何种贸易术语成交，必须由出口方或进口方按合同的规定办理货运保险。

1. 出口货物的投保手续

我国出口货物如按 CIF 或 CIP 条件成交，由出口方办理货运保险手续。投保手续一般是：投保人填写投保单→保险公司审核→投保人缴纳保险费→保险公司签署保险单据。

（1）投保人填写投保单

投保人根据合同或信用证的规定备齐货物并确定装船出运日期后，在货物尚未装船前，向保险公司填写一份"海运出口货物投保单"。

（2）保险公司审核

保险公司收到投保人递交的投保单后，根据有关规定对其进行审核，以决定是否承保。

（3）投保人缴纳保险费

投保人按约定方式缴纳保险费（premium）是保险合同生效的条件。保险费率（premium rate）是由保险公司根据一定时期、不同种类货物的赔付率，按不同险别和目的地确定的。保险费的计算公式为：

$$保险费＝保险金额 × 保险费率$$

（4）保险公司签署的保险单据

投保人缴纳保险费后，保险公司根据投保人的投保单内容缮制保险单据并签署。保险单据是保险公司与投保人之间的保险合同，是保险公司对投保人的承保证明。

2. 进口货物的投保手续

我国进口货物如按FOB或CFR条件成交，需由我国进口方办理保险。为了简化投保手续，以及防止漏保或来不及办理投保等差错，进口方可以与保险公司签订预约保险合同。

按照海运进口货物预约保险合同的规定，投保人在获悉每批货物的起运消息后，给保险公司发出书面的装运通知，准确地将船名、开航日期、航线、货物品名及数量、货物价值等内容通知保险公司，就被视为向保险公司办理了投保手续，无须再填写投保单。如被保险人未按预约保险合同的规定给保险公司发出书面的装运通知，则保险公司不负赔偿责任。

在进口业务中，按双方签订的预约保险合同规定，保险金额按以下公式计算，其中的保险费率按"特约费率表"规定的平均费率计算。

$$保险金额 ＝[FOB 价格 × （1+平均运费率）]÷ （1-平均保险费率）$$
$$＝CFR 价格 ÷ （1-平均保险费率）$$

（二）保险单据

保险单据是保险公司与投保人订立的保险合同，它反映了保险人与投保人之间的权利和义务关系，也是保险公司对投保人出具的承保证明。当发生保险责任范围内的损失时，它又是保险索赔和理赔的主要依据。常用的保险单据有以下几种。

1. 保险单

保险单（insurance policy），又称大保单，用于承保一个指定航程内某一批货物的运输保险。它是一种正规的保险合同，包括正面内容和背面条款。其正面内容一般包括被保险人的名称和地址、保险标的、运输标志、运输工具、起讫地点、承保险别、保险币别和金额、出单日期等项目，背面印有保险人与被保险人各自权利和义务方面的保险条款，保险单是使用最广泛的保险单据。

2. 保险凭证

保险凭证（insurance certificate），又称小保单，是一种简化的保险单。这种凭证除背面不载明保险人与被保险人的权利和义务条款外，其余内容与保险单相同。保险凭证与保险单具有同等效力。

3. 预约保单

预约保单（open policy），又称开口保单，是保险公司承保被保险人一定时期内所有进出口货物使用的保险单。凡属于其承保范围内的货物一经起运即自动承保。被保险人在获悉每批货物起运时，必须及时将装运通知书送交保险公司。

4. 批单

保险单签发以后，投保人如果需要对保险单的内容进行变更或修改，可以根据保险公司的规定，以书面形式向保险公司提出申请。经保险公司同意后可另外使用一种凭证，注明更改或补充的内容，这种凭证称为批单（endorsement）保险单。一经批改，保险公司即按批改后的内容承担责任。批单须粘贴在原保险单上，并加盖骑缝章，作为保险单不可分割的一部分。图 8-3 为国际货物运输保险投保单样本。

（三）投保金额和保险费

投保金额也称保险金额（insured amount），是被保险人的投保金额，是保险公司赔偿的最高限额，也是计算保险费的基础。

一般来说，保险金额是以商业发票的价值为基础的，确保对货物进行充分的投保是非常有必要的。按照国际保险市场的习惯做法，出口货物的保险金额一般按 CIF 或 CIP 价加成计算，即按发票金额再加一定的百分率，此百分率称为投保加成率。投保加成率一般按 10% 计算。

$$保险金额 = CIF 货价 \times （1+投保加成率）$$
$$= CIF 货价 \times 投保加成$$

保险费是根据投保金额和费率计算得到的。

$$保险费 = 保险金额 \times 保险费率$$

（四）保险索赔

保险索赔是指当被保险人的货物遭受承保责任范围内的风险损失时，被保险人向保险人提出的索赔要求。在国际贸易中，如由卖方办理投保，卖方在交货后将保险单背书转让给买方或其收货代理人，当货物抵达目的港（地）后发现残损时，买方或其收货代理人作为保险单的合法受让人，可就地向保险人或其代理人要求赔偿。

被保险人或其代理人在向保险人索赔时，应做好下列几项工作。

一是当被保险人得知或发现货物已遭受保险责任范围内的损失时，应及时通知保险公司并尽可能保留现场，由保险人会同有关方面查勘损失程度、调查损失原因、确定损失性质和责任、提出施救意见，并签发联合检验报告。检验报告是被保险人向保险人索赔的重要文件。

二是当被保险货物运抵目的港（地）后，被保险人或其代理人提货时发现货物有明显的受损痕迹、整件短少或散装货物已经残损，应立即向理货部门索取残损或短少证明。如货损涉及第三者的责任，则首先应向有关责任方提出索赔或声明保留索赔权。在保留向第三者索赔权的条件下，可向保险公司索赔。被保险人在获得保险补偿的同时，须将受损货物的有关权益转让给保险公司，以便保险公司取代被保险人的地位或以被保险人的名义向第三者责任方进行追偿。保险人的这种权利，叫作代位追偿权（the right of subornation）。

三是采取合理的施救措施。当被保险货物受损后，被保险人和保险人都有责任采取可能的、合理的施救措施，以防止损失扩大。因抢救、阻止、减少货物损失而支付的合理费用，保险公司负责补偿。在被保险人能够施救而不履行施救义务时，保险人对于扩大的损失甚至全部损失有权拒赔。

四是备妥索赔证据，在规定时效内提出索赔，并注意是否有免赔率的规定。在进行保险索赔时，通常应提供的证据有：保险单或保险凭证正本；运输单据；商业发票和重量单、装箱单；检验报告单；残损、短量证明；向承运人等第三者责任方请求赔偿的函电或其证明文件，必要时还需提供海事报告；索赔清单，主要列明索赔的金额及其计算依据，以及有关的费用项目和用途等。

中国人民财产保险股份有限公司
PICC PROPERTY AND CASUALTY COMPANY LIMITED

地址: 邮编:
ADD:
电话(TEL):   传真(FAX):

货物运输保险投保单
APPLICATION FORM FOR CARGO TRANSPORTATION INSURANCE

被保险人
Insured:_____

发票号(INVOICE NO.)
合同号(CONTRACT NO.)
信用证号(L/C NO.)
发票金额(INVOICE AMOUNT)   投保加成(PLUS)
_____

兹有下列物品向中国人民保险公司北京市分公司投保: (INSURANCE IS REQUIRED ON THE FOLLOWING COMMODITIES:)

标记 MARKS & NOS.	包装及数量 QUANTITY	保险货物项目 DESCRIPTION OF GOODS	保险金额 AMOUNT INSURED

起运日期: 装载运输工具:
DATE OF COMMENCEMENT_____   PER CONVEYANCE_____
自   经   至
FROM_____ VIA_____ TO_____
提单号: 赔款偿付地点:
B/L NO.:_____ CLAIM PAYABLE AT_____
投保险别: (PLEASE INDICATE THE CONDITIONS &/OR SPECIAL COVERAGES:)
_____

请如实告知下列情况: (如 "是" 在 [ ] 中打 "√","不是" 打 "×") (IF ANY, PLEASE MARK "√" OR "×")
1.货物种类: 袋装 [ ]   散装 [ ] 冷藏 [ ] 液体 [ ] 活动物 [ ] 机器/汽车 [ ] 危险品等级 [ ]
   GOODS: BAG/JUMBO BULK   REEFER   LIQUID   LIVE ANIMAL MACHINE/AUTO DANGEROUS CLASS
2.集装箱种类: 普通 [ ]   开顶 [ ]   框架 [ ]   平板 [ ]   冷藏 [ ]
   CONTAINER: ORDINARY OPEN   FRAME   FLAT   REFRIGERATOR
3.装运工具: 海轮 [ ]   飞机 [ ]   驳船 [ ]   火车 [ ]   汽车 [ ]
   BY TRANSIT: SHIP   PLANE   BARGE   TRAIN   TRUCK
4.船舶资料: 船籍 [   ]   船龄 [   ]
   PARTICULAR OF SHIP: REGISTRY   AGE

备注: 被保险人确认本保险合同条款和内容已经完全了解。   投保人(签名盖章) APPLICANT'S SIGNATURE
   THE ASSURED CONFIRMS HEREWITH THE TERMS
   AND CONDITIONS OF THESE INSURANCE CONTRACTS
   FULLY UNDERSTOOD.
                          电话: (TEL)
  投保日期: (DATE)_____   地址: (ADD)

本公司自用(FOR OFFICE USE ONLY)
费率: 保费: 备注:
RATE _____   PREMIUM _____
经办人: 核保人: 负责人:
BY _____

图 8-3 国际货物运输保险投保单样本

根据人保财险有限公司《海洋运输货物保险条款》的规定,当被保险货物遭受承保范围内的损失时,保险索赔失效,是从保险事故发生之日起算,最多不超过两年。

二、合同中的保险条款

一笔进出口业务由谁办理货运保险,主要看双方采用的是什么贸易术语。采用不同的贸易术语成交，合同中的保险条款内容会有所不同。

（一）规定由买方办理保险手续

如以FOB、CFR、FCA、CPT等贸易术语成交，则由买方办理保险，合同中只需规定：保险由买方负责办理（Insurance: to be effected by the buyers）。

如买方要求卖方代为办理保险，则需规定"由买方委托卖方按发票金额××%代为投保××险，保险费由买方负担（Insurance to be covered by the sellers on behalf of the buyers for ...% of the invoice value against ... risks and premium is to be paid by the buyers）"。

（二）规定由卖方办理保险手续

如按CIF、CIP贸易术语成交，由卖方办理保险。合同中的保险条款除约定险别、保险金额等内容外，还应标明条款版别，如"按人保财险有限公司《海洋运输货物保险条款》（2018版）投保"。保险条款如下：

保险由卖方按发票金额的110%投保一切险和战争险，以人保财险有限公司《海洋运输货物保险条款》（2018版）为准。（Insurance to be covered by the sellers for 110% of the invoice value against all risks and war risk as per Ocean Marine Cargo Clauses of the PICC dated 2018.）

◇ 导入案例分析

G公司业务人员想当然地以为合同规定卖方投保，卖方一定会投保一切险或协会货物条款（A），但按照INCOTERMS® 2020解释，在CIF条件下，如果合同没有具体规定，卖方只需投保最低责任范围险别，即平安险和协会货物条款（C）就算履行其义务。我们应从该案例中吸取教训：① 当进口合同使用CIF、CIP等由卖方投保的贸易术语时，应在合同中明确规定按发票金额的110%投保具体险别；② 进口合同应争取按CFR、CPT等贸易术语成交，由买方在国内办理货运保险；③ 应根据货物特点及运输路线等选择合理的基本险别和附加险别。

📝 本章练习

一、单项选择题

1. 班轮运输的基本运费应该（　　　）。

A. 包括装卸费，但不计滞期费和速遣费

B. 包括装卸费，也计算滞期费和速遣费

C. 不包括装卸费，但计算滞期费和速遣费

D. 不包括装卸费，也不计滞期费和速遣费

2. 某出口商品每件净重30千克，毛重34千克，体积为每件40厘米×30厘米×20厘米，如果班轮运价计算标准为W/M，船公司应按货物的（　　　）计收班轮运费。

A. 净重　　　　　　B. 毛重　　　　　　C. 体积　　　　　　D. 件数

3. 海运提单日期应理解为（　　　）。

A. 货物开始装船的日期　　　　　　　　B. 货物在装船过程中的任何一天

C. 货物装船完毕的日期　　　　　　　　D. 签订运输合同的日期

4. 经过背书才能转让的提单是（　　　）。

A. 指示提单　　　　B. 不记名提单　　　C. 记名提单　　　　D. 清洁提单

5. 中国某公司与外商签订了一份交易1200公吨小麦的出口合同。来证规定1、2、3、4月份分批等量装运。中方1月份装出300公吨，2月份因货源不足未装运，则（　　　）。

A. 3月份可装600公吨

B. 2 月份不补装，3、4 月份照装

C. 3 月份装 300 公吨，4 月份装 600 公吨

D. 该信用证失效，卖方违约

6. 根据人保财险有限公司《海洋运输货物保险条款》的规定，不能单独投保的险别是（　　）。

A. 平安险　　　　　B. 水渍险　　　　　C. 一切险　　　　　D. 战争险

7. 中国某公司按 CIF 条件成交一批罐头食品，卖方投保时，按（　　）投保是正确的。

A. 平安险加水渍险　　　　　　　　　B. 一切险加偷窃提货不着险

C. 水渍险加偷窃提货不着险　　　　　D. 平安险＋一切险

8. 中国某公司从法国的马赛港装运一批货物，到达中国上海港，经海关人员检查发现，部分货物因受雨淋已霉变，另外还存在严重短量现象。该运输合同中注明投保的是水渍险。此种情况下保险公司应（　　）。

A. 拒绝赔偿　　　　　　　　　　　B. 只赔偿霉变部分

C. 只赔偿短量部分　　　　　　　　D. 全部赔偿

9. 某外贸公司按 CIF 价格条件出口一批冷冻食品，合同总金额为 10000 美元，加一成投保平安险、短量险，保险费率分别为 0.8% 和 0.2%，则保险金额和保险费分别为（　　）美元。

A. 8000, 200　　　B. 10000, 100　　　C. 11000, 110　　　D. 10200, 210

10. "仓至仓条款"规定，当货物从目的港卸离海轮时起满（　　）天，不论货物是否进入收货人的仓库，保险责任均告终止。

A. 30　　　　　　B. 60　　　　　　C. 90　　　　　　D. 100

二、多项选择题

1. 下列属于装运期的规定方法的有（　　）。

A. 明确规定在某一天装运　　　　　B. 规定在收到信用证后某期限内装运

C. 采用某装运术语　　　　　　　　D. 规定在交货期若干天前装运

2. 在进出口业务中，不能作为物权凭证的运输单据有（　　）。

A. 铁路运单　　　　B. 海运提单　　　C. 航空运单　　　D. 邮包收据

3. 规定装运通知的目的在于（　　）。

A. 选定何种运输方式　　　　　　　B. 明确买卖双方责任

C. 促使买卖双方共同搞好船货衔接　　D. 便于办理货运保险

4. 下列关于转运的叙述，正确的有（　　）。

A. 货物中途转运，会延误时间和增加费用开支

B. 卖方一般不愿意转运

C. 买方在商定合同时，可提出订立"限制转运"的条款

D. UCP600 规定，除非信用证有相反规定，可允许转运

5. 班轮运输的特点有（　　）。

A. 定线、定港、定期和相对稳定的运费率

B. 由船方负责对货物的装卸，运费中包括装卸费，不规定滞期、速遣条款

C. 承运货物的品种、数量较为灵活

D. 双方权利、义务、责任豁免以船公司签发的提单的有关规定为依据

6. 共同海损的构成条件有（　　　）。

A. 必须确有共同危险

B. 采取的措施是有意的、合理的

C. 构成共同海损的牺牲和费用的支出是非常性质的

D. 构成共同海损的牺牲和费用的开支最终必须是有效的

7. 中国某公司以 CFR 条件进口一批货物，在海运途中部分货物丢失。此种情况若要得到保险公司的赔偿，该公司可投保（　　　）。

A. 平安险　　　　　　　　　　　　　B. 一切险

C. 平安险加保偷窃提货不着险　　　　D. 一切险加保偷窃提货不着险

8. 某载货船载着甲货主的 3000 箱棉织品、乙货主的 50 公吨小麦、丙货主的 200 公吨大理石驶往美国纽约。货轮起航的第二天不幸遭遇触礁事故，导致船底出现裂缝，海水入侵严重，使甲货主的 250 箱棉织品和乙货主的 5 公吨小麦被海水浸湿。因裂口太大，船长为解除船、货的共同危险，使船舶浮起并及时修理，下令将丙货主的 50 公吨大理石抛入海中，船舶修复后继续航行。货轮继续航行的第三天又遭遇恶劣气候，使甲货主另外 50 箱货物被海水浸湿，下列说法正确的有（　　　）。

A. 触礁而产生的船底裂缝及甲、乙货主的货物损失属于单独海损

B. 使船舶浮起并及时修理而将大理石抛入海中导致的丙货主的损失属于共同海损

C. 恶劣气候导致的甲货主 50 箱货物的损失属于单独海损

D. 本案中各货主都投保了平安险，保险公司将对甲、乙、丙的损失给予赔偿

9. 根据英国《协会货物条款》的规定，下列险别中，可以单独投保的有（　　　）。

A. ICC（A）　　　　B. ICC（B）　　　　C. ICC（C）　　　　D. 协会战争险条款

10. 有一批货物，已投保平安险，分两艘船装运，一起运往目的港。由于航运过程中遇到暴风雨的袭击，甲轮船身颠簸，致使船上货物相互碰撞发生部分损失，而乙轮则不慎与另一货轮发生碰撞，致使船上货物发生部分损失。此种情况下保险公司应如何予以赔偿？（　　　）

A. 保险公司应对甲轮的货物损失予以赔偿

B. 保险公司不应对甲轮的货物损失予以赔偿

C. 保险公司应对乙轮的货物损失予以赔偿

D. 保险公司不应对乙轮的货物损失予以赔偿

三、判断题

1. 在采用集装箱运输时，LCL 是指拼箱运输。（　　　）

2. FIO 的含义为船方不负担装卸费。（　　　）

3. 集装箱堆场（CY）是专门用来保管和堆放拼箱货（LCL）的地方。（　　　）

4. 如果合同中规定装运条款为"2025 年 7/8 月份装运"，那么出口公司必须将货物于 7 月、8 月两个月内，每月各装运一批。（　　　）

5. 凡装在同一航次、同一条船上的货物，并且抵达同一个目的港，即使装运时间和装运地点不同，也不视为分批装运。（　　　）

6. 共同海损要由受益各方根据获救利益的大小按比例分摊。（　　　）

7. 出口的茶叶在装运途中最大的问题是串味。因此，投保货运险时，除投保一切险之外，还应加保串味险。（　　　）

8. "仓至仓条款"是指承运人负责将货物从卖方仓库运至买方仓库的运输条款。（　　　）

9. 英国伦敦保险协会所制定的《协会货物条款》的A险相当于人保财险有限公司中的一切险。 （　　）

10. 海运货物投保人在投保时必须对该货物拥有保险利益。 （　　）

四、案例分析题

1. 中国某农产品进出口公司向国外某贸易公司出口一批花生仁，国外客户在合同规定的开证时间内开来一份不可撤销的跟单信用证，信用证中的装运条款规定"Shipment from Chinese port to Singapore in May, partial shipments prohibited."。农产品进出口公司按照规定，于5月15日将200公吨花生仁在福州港装上"嘉陵"号轮，又由该轮在厦门港续装300公吨花生仁，5月20日农产品公司同时取得了福州港和厦门港签发的两套提单。农产品公司在信用证有效期内到银行交单议付，却遭到银行以单证不符为由拒付货款。请根据以上内容回答下列问题：

（1）银行拒付是否有理？为什么？（　　）

A. 有理，该公司违反了分批装运规定

B. 有理，该公司单证不符

C. 无理，该公司未违反分批装运规定

D. 无理，该公司单证相符

（2）你作出上述判断的理由是（　　）。

A. 信用证中规定不许转运

B. 该公司提供了两套单据

C. 该公司的做法符合UCP600的相关规定

D. 该公司在福州港和厦门港两地装运

（3）下列不属于UCP600对分批装运所作的规定的是（　　）。

A. 运输单据表明货物是使用同一运输工具并经由同一路线运输的，即使运输单据注明装运日期及装运地不同，只要目的地相同，也不视为分批装运

B. 除非信用证另有规定，允许分批装运

C. 除非信用证另有规定，不允许分批装运

D. 如信用证规定在指定的时间内分批装运，若其中任何一批未按约定的时间装运，则信用证对该批和以后各批均告失效

（4）选择分批装运的原因主要有（　　）。

A. 货物数量大，卖方不能做到货物一次交付或备货资金不足

B. 有的进口商自己没有仓库，货到后直接送工厂加工。提前到货则无处存放，迟交货可能造成停产

C. 运输条件的限制

D. 银行不愿意一次性支付货款

（5）下列关于分批装运的叙述，正确的有（　　）。

A. 分批装运使得卖方比较有主动权

B. 卖方一般不愿意分批装运，因为太麻烦

C. 买方一般不愿意卖方分批装运，除非有特殊原因

D. 分批装运不适用溢短装条款

2. 中国某外贸公司向日、英两国商人分别以CIF和CFR价格出售蘑菇罐头，有关被保险

人均办理了保险手续。这两批货物在自家仓库运往装运港的途中均遭受损失。

请根据以上内容回答下列问题：

（1）"与日本商人的交易"由（　　　）办理货运保险手续。

A. 卖方　　　　　　B. 买方　　　　　　C. 承运人　　　　　D. 银行

（2）"与日本商人的交易"的保险责任起讫期间是（　　　）。

A. 船至船　　　　　B. 仓至船　　　　　C. 船至仓　　　　　D. 仓至仓

（3）"与英国商人的交易"由（　　　）办理货运保险手续。

A. 卖方　　　　　　B. 买方　　　　　　C. 承运人　　　　　D. 银行

（4）"与英国商人的交易"的保险责任起讫期间是（　　　）。

A. 船至船　　　　　B. 仓至船　　　　　C. 船至仓　　　　　D. 仓至仓

（5）保险公司应对（　　　）。

A. 日、英两国商人的货损都拒绝赔偿

B. 日、英两国商人的货损都给予赔偿

C. "与日本商人交易"的货损给予赔偿

D. "与英国商人交易"的货损给予赔偿

3. 有一份 CIF 合同，卖方甲投保了一切险，保险责任自法国内陆仓库起，直到美国纽约的买方仓库为止。该批货物以 CIF 条件成交的发票总价值为 200 万美元。合同中规定，投保金额是"按发票金额总值另加 10%"。卖方甲在货物装船后，已凭提单、保险单、发票、品质检验证书等单证向买方银行收取货款。后来，货物在运到纽约港时因轮船触礁而全部灭失。

请根据以上内容回答下列问题：

（1）本案中的"自法国内陆仓库起，直到美国纽约的买方仓库为止"属于（　　　）的约定。

A. 保险地点　　　　B. 承保范围　　　　C. 责任起讫　　　　D. 除外责任

（2）本案中发生的风险属于（　　　）。

A. 自然灾害　　　　B. 意外事故　　　　C. 外来风险　　　　D. 特殊风险

（3）本案中的保险金额为（　　　）万美元。

A. 20　　　　　　　B. 180　　　　　　C. 200　　　　　　D. 220

（4）本案中保险公司应承担的赔偿额为（　　　）万美元。

A. 20　　　　　　　B. 180　　　　　　C. 200　　　　　　D. 220

（5）本案中保值的 10% 部分应归（　　　）所有。

A. 买方　　　　　　B. 卖方甲　　　　　C. 保险公司　　　　D. 买卖双方

五、计算题

1. 中国某公司向澳大利亚出口商品 1000 箱，经新加坡中转，用纸箱包装，每箱毛重 50 千克，体积为 0.06 立方米，运费计算标准为 W/M 10 级，基本运费为 400 美元，加燃油附加费 29%，绕航附加费 18%，则应支付多少运费？

2. 我国出口某国商品 100 箱，每箱毛重 40 千克，体积为 40 厘米×30 厘米×20 厘米，其运费计算标准为 W10 级，基本费率为 80 美元，另收燃油附加费 15%，计算该批货物的总运费。

3. 中国深圳某公司对国外某商出口茶叶 200 箱（每箱净重 30 千克），价格条款 CIF 伦敦每箱 50 英镑，向人保财险有限公司投保 FPA，以 CIF 价格加成 10% 为投保金额，保险费率为 0.6%。分别计算保险金额及保险费。

第九章

国际贸易货款的结算

◎ 学习目标

知识目标：

1.理解汇票、本票和支票的定义、种类、必要项目和当事人

2.了解汇付与托收的定义、种类、特点以及在国际贸易中的应用

3.掌握信用证的定义、特点、当事人和种类

技能目标：

1.能区分汇票、本票和支票

2.能订立合同中不同支付方式的支付条款

3.掌握电汇、信用证的业务流程

素养目标：

1.具备良好的风险控制意识，能合理安排国际贸易货款的结算

2.具备持续学习和更新知识的意识，能跟上国际贸易货款结算领域的最新发展和变化

■ 导入案例

国外一家贸易公司与中国某进出口公司订立合同，购买大豆5000吨，支付方式为不可撤销的即期付款信用证。合同规定，2025年1月20日前开出信用证，2月5日前装船。1月18日买方开立信用证，信用证有效期至2月10日。由于卖方按期装船发生困难，故电请买方将装船期延至2月15日并将信用证有效期延长至2月20日，买方回电表示同意，但未通知开证行改证。2月14日货物装船后，卖方到银行提示付款时，遭到拒付。

问：银行是否有权拒付货款？为什么？作为卖方，应当如何处理此事？

第一节　支付工具

国际贸易货款结算中的支付工具指的是票据。票据（negotiable instrument）是由出票人签发，具有法定格式，约定由自己或指定他人无条件支付一定金额的可以转让流通的有价证券。票据是随着商品生产和流通的扩大，特别是异地贸易的频繁发生而出现的。票据作为国际结算中一种重要的支付凭证，在国际上的使用非常广泛。票据包括汇票、本票和支票。

一、汇票

（一）汇票的概念

各国对汇票的概念采用了不同的立法体例，大陆法系一般不直接下定义，而是以描述汇票具体内容的方式予以规定。比如，日内瓦《汇票和本票统一法公约》第1条就规定："汇票应包含下列内容：① 汇票主文内记载其为汇票之文句，并以汇票本文所使用文字表明之；② 无

169

条件支付一定金额之委托；③ 付款人姓名；④ 付款日期之记载；⑤ 付款地之记载；⑥ 收款人或其指定人之姓名；⑦ 发票日期及发票地之记载；⑧ 出票人签名。"其他大陆法系国家的票据法，如德国、法国和日本，也都采用类似的方式予以规定。

英美法系国家大多在其票据法里对汇票概念作出了明确的定义。比如，英国《1882 年票据法》第 3 条第 1 款就将汇票定义为："A bill of exchange is an unconditional order in writing, addressed by one person to another, signed by the person giving it, requiring the person to whom it is addressed to pay on demand or at a fixed or determinable future time a sum certain in money to or to the order of a specified person, or to bearer."（汇票为一次书面之无条件支付之命令，由一人开至另一人，并由发出命令者签名，要求受票人见票或定期或在某一可预定之日期，将一定金额之款项付予规定之人或其指定人或来人。）美国《统一商法典》、澳大利亚和南非的票据法也都有类似的规定。

我国采用直接定义法定义汇票。比如《中华人民共和国票据法》（以下简称《票据法》）第 19 条对汇票作出了明确规定："汇票是出票人签发的，委托付款人在见票时或者在指定日期无条件支付确定的金额给收款人或者持票人的票据。"

（二）汇票的种类

1. 按出票人的不同，分为银行汇票和商业汇票

银行汇票（banker's bill）指一家银行向另一家银行签发的书面支付命令，其出票人和受票人都是银行。通常用于汇款业务。

商业汇票（trader's bill）指由企业或个人签发的，付款人可以是企业、个人或银行的汇票。一般应用于国际贸易中的托收结算和信用证结算。商业汇票分为即期商业汇票和远期商业汇票，远期商业汇票需要进行承兑。远期商业汇票允许进口商在未来的某个时间点付款，让进口商有时间筹集资金，从而降低交易双方的信用风险，而出口商可以选择持有汇票直至到期要求付款，或者通过将汇票贴现给银行或其他金融机构来提前获得资金，进行融资。远期商业汇票还可以通过背书转让票据权利，提高票据的流通性，因而在国际贸易中被广泛使用。

2. 按付款时间不同，分为即期汇票和远期汇票

即期汇票（sight bill），又称见票即付汇票，指收款人或者持票人向付款人提示汇票、请求付款之时，付款人立即付款的汇票。银行汇票大多是即期汇票。

远期汇票（time bill）是指付款人于出票后一定期限或特定日期付款的汇票。根据付款日期的不同，远期汇票又分为以下几种。

① 定日付款的汇票，指记载具体付款日期的汇票。如 "on 19 Jan., 2023 fixed pay to..."（在 2023 年 1 月 10 日这一天，付款给×××）。

② 出票后定期付款的汇票，指记载在出票日后一定期限付款的汇票。如 "at 90 days after date of this First of Exchange (Second of Exchange Being Unpaid) pay to..."（出票日后 90 天付款给×××，付一不付二）

③ 见票后定期付款的汇票，指记载在见票日后一定期限付款的汇票。如 "at 90 days after sight of this Second of Exchange (First of Exchange Being Unpaid) pay to..."（见票后 90 天付款给×××，付二不付一）。

我国《票据法》第四十条规定："见票后定期付款的汇票，持票人应当自出票日起一个月内向付款人提示承兑。汇票未按照规定期限提示承兑的，持票人丧失对其前手的追索权。"

④ 分期付款汇票。分期付款汇票是指将汇票金额分为几部分，分别确定到期日予以支付的汇票。对于分期付款汇票，英美票据法与日内瓦《汇票和本票统一法公约》的规定是不同的。日内瓦《汇票和本票统一法公约》不承认分期付款汇票，认定分期付款汇票为无效票据；英美票据法则承认分期付款汇票。我国票据法不承认分期付款汇票的效力。

3. 按承兑人不同，分为商业承兑汇票和银行承兑汇票

商业承兑汇票（trader's acceptance bill）指工商企业或个人承兑的汇票，以承兑人的商业信用为基础，信用等级较低。一般在托收结算中常见。

银行承兑汇票（banker's acceptance bill）指由银行承兑的远期汇票，以银行信用为基础，信用等级比商业承兑汇票高。一般在信用证结算中常见。

4. 按有无随附单据，分为光票和跟单汇票

光票（clean bill）指不随附任何单据即可收付票款的汇票。银行汇票多为光票，凭银行的信用在市面上流通而无物资作保证。

跟单汇票（documentary bill）指随附有关贸易单据才能获得承兑、付款的汇票，体现了钱款和单据对流的原则。商业汇票多为跟单汇票，国际结算中较多以跟单汇票为结算工具。

汇票一般为一式两份，第一联、第二联在法律上无区别，其中一联生效则另一联自动作废。另外，为了防止汇票可能在邮寄途中遗失造成的麻烦，很多远洋汇票都是二次邮寄的，即第一联和第二联分开邮寄，支付时遵循"付一不付二，付二不付一"的原则。

（三）汇票的必要项目

我国《票据法》第二十条规定，汇票必须记载下列事项。

① 表明"汇票"的字样（words expressing it to be a bill of exchange）。汇票名称一般使用bill of exchange、exchange、draft。

② 无条件支付的委托（an unconditional entrustment to pay）。汇票中应显示无条件支付命令的语句如"pay to"。在汇票法律关系中，出票人与付款人相互分离，除在持票人行使追索权的情况下，出票人不承担付款责任。所以，汇票的出票人和付款人之间必须具有真实的委托付款关系，并具有支付汇票金额的可靠的资金来源。

③ 确定的金额（a sum certain in money）。汇票中需写明大写金额和小写金额。需要注意的是，在国际业务中，当汇票的金额大小写不一致时，此汇票依然有效，但付款金额通常以汇票的大写金额为准。但我国《票据法》第八条规定，票据金额以中文大写和数码同时记载，二者必须一致；二者不一致的，票据无效。

④ 付款人名称（name of the drawee）。

⑤ 收款人名称（name of the payee）。汇票收款人的记载，通常称为"抬头"。

⑥ 出票日期（date of issue）。

⑦ 出票人签章（signature of the drawer）。

汇票缺少必要项目，在法律上会被视为无效汇票。

（四）汇票的当事人

汇票的当事人分基本当事人和附属当事人。

1. 基本当事人

汇票的基本当事人有三个：出票人、付款人和收款人。

出票人（drawer）是做成汇票、在汇票上签名并发出汇票的人，一般是合同的买方或进口商。出票人的责任是对收款人及正当持票人承担汇票在提示付款或承兑时必须付款或者承兑的保证责任。

付款人（drawee 或 payer）又称受票人，是根据出票人的命令支付票款的人。付款人的责任是对汇票承担付款责任。

收款人（payee）是汇票记载的获取票据款项的人，一般是合同的卖方或出口商，是汇票的主债权人。收款人有权向付款人提示承兑或提示付款，若遭到拒绝，有权向出票人追索票款。票款到期前收款人也可以背书将汇票转让，成为背书人。

如果汇票不具备以上三个基本当事人，则汇票不能成立。出票人和付款人属于汇票的债务人，收款人属于债权人。

2.附属当事人

汇票的附属当事人包括背书人、被背书人、承兑人、保证人、持票人。

背书人（endorser）指收款人或持票人取得汇票后，在背面签字（即背书，指在票据背面或者粘单上记载有关事项并签章的票据行为），将汇票转让给他人的人。背书人的责任是对继其之后成为汇票当事人的相关各方及持票人承担责任，若付款人或承兑人拒付票款，背书人应付款。

被背书人（endorsee）指经背书行为取得汇票的人或受让人。被背书人享有汇票的全部权利，包括付款请求权、追索权和转让权。

承兑人（acceptor）指付款人同意接受出票人的命令并在汇票上正面签认（accept）的人。汇票付款人一经承兑，即上升为汇票主债务人，承担汇票到期付款的责任和最终的被追索责任。

保证人（guarantor）指为出票人、背书人等特定债务人向付款人以外的第三人担保支付全部或部分汇票金额的人。保证人与被保证人承担连带责任，汇票到期后得不到付款的，持票人有权向保证人请求付款，保证人应当足额付款。

持票人（holder）指汇票占有人，即汇票的收款人、被背书人或者来人（bearer）。只有持票人才能向付款人或其他关系人要求履行汇票所规定的义务。

二、本票

（一）本票的定义

英国《1882 年票据法》第 83 条对本票的定义是："A promissory note is an unconditional promise in writing made by one person to another signed by the maker, engaging to pay, on demand or at a fixed or determinable future time, a sum certain in money, to, or to the order of, a specified person or to bearer."（本票为一项书面之无条件支付之承诺，由一人开至另一人，并由出票人签名，保证凭票或在规定日期或在某一可预定之日期，将一定金额之货币付与规定之人或其指定人或来人。）

我国《票据法》第七十三条对本票作出明确规定："本票是出票人签发的，承诺自己在见票时无条件支付确定的金额给收款人或者持票人的票据。"我国《票据法》对本票的定义，指的是银行本票。

（二）本票的种类

按出票人不同，可将本票分为商业本票和银行本票。

商业本票，又称一般本票，是由企业或个人签发的本票，可以是即期的或远期的。商业本票是建立在商业信用基础上的，目的是清偿国际贸易中产生的债务关系。商业本票一般通过银行背书保证，融入银行信誉。

银行本票，是由银行签发的本票，常用于代替现金支付或进行现金转移。银行本票是建立在银行信用基础上的。

国外票据法允许企业和个人签发本票，但在国际贸易中使用的本票，均为银行本票。而狭义的本票仅指银行本票，不包括商业本票、个人本票。本票的出票人必须具有支付本票金额的可靠资金来源，并保证支付。后面内容所说的本票指的是银行本票。

（三）本票的必要项目

我国《票据法》第七十六条规定，本票必须记载下列事项。

① 表明"本票"的字样（words expressing it to be a promissory note）。本票名称一般使用 promissory note。

② 无条件支付的承诺（a promise of unconditional payment）。本票中应显示无条件支付承诺的语句如"promise to pay"。

③ 确定的金额（a sum certain in money）。

④ 收款人名称（the business or personal name of the payee）。

⑤ 出票日期（date of issue）。

⑥ 出票人签章（signature of the drawer）。

本票缺少必要项目，在法律上会被视为无效本票。本票的付款期限只有即期付款。

（四）本票的当事人

在票据的基本当事人出票人、付款人、收款人中，由于本票是出票人自己对收款人支付并承担绝对付款责任的票据，因此出票人和付款人均为同一个人。综上所述，本票的基本当事人实际上只有两个，即出票人和收款人。本票的附属当事人包括背书人、被背书人、保证人、持票人，不包括承兑人，因为本票无须承兑。

三、支票

（一）支票的定义

英国《1882 年票据法》第 73 条对支票的定义为："A cheque is a bill of exchange drawn on a banker payable on demand. Except as otherwise provided in this Part, the provisions of this Act applicable to a bill of exchange payable on demand apply to a cheque."（支票是以银行为付款人的凭票即付之汇票。除本节另有规定外，凡适用于凭票即付之汇票之本法条文也适用于支票。）

我国《票据法》第八十一条对支票的定义是："支票是出票人签发的，委托办理支票存款业务的银行或者其他金融机构在见票时无条件支付确定的金额给收款人或者持票人的票据。"

（二）支票的种类

1. 记名支票

记名支票（cheque/check payable to order）是指在支票的收款人一栏，写明收款人姓名，如"限付A"（Pay A Only）或"指定人"（Pay A Order）的支票。记名支票取款时须由收款人签章，方可支取。

2. 不记名支票

不记名支票（cheque/check payable to bearer）又称空白支票或来人支票，支票上不记载收款人姓名，只写"付来人"（Pay bearer）的支票。不记名支票取款时持票人无须在支票背后签章，即可支取，仅凭交付而转让。

3.画线支票

画线支票（crossed cheque/check）又称转账支票，是指在支票正面左上角斜画两道平行线的支票，以区别于一般支票。一般支票既可通过银行办理转账收款，也可由持票人自行提取现金，而画线支票只能委托银行转账收款，不允许提取现金，其目的在于保障出票人和持票人的资金安全。一旦画线支票遗失或被盗窃，即使被他人冒领，也只能将票款收在银行账上，所以有可能通过银行代收票款的转账线索追回票款。

4.保付支票

保付支票（certified cheque/check）是指由付款银行在支票上加具"certified"（保付）字样并签章的支票。支票一经保付，即由保付银行承担付款责任，其他债务人（如出票人、背书人）一概免责。持票人可以不受付款期限的限制，在支票过期后提示，银行仍要付款。付款银行对支票保付后，将票款从出票人的账户转入一个专户，以备付款，所以保付支票提示时，不会被退票。

5.银行支票

银行支票（banker's cheque/check）是由银行签发，并由银行付款的支票，也是银行即期汇票。银行代顾客办理票汇汇款时，可以开立银行支票。

（三）支票的必要项目

我国《票据法》第八十五条规定，支票必须记载下列事项。

① 表明"支票"的字样（the word expressing it to be a cheque/check）。支票名称一般使用 cheque、check。

② 无条件支付的委托（an entrustment of unconditional payment）。支票中应显示无条件支付命令的语句如"pay to"。

③ 确定的金额（a sum certain in money）。

④ 付款人名称（name of the drawee）。支票的付款人为银行或其他金融机构。

⑤ 出票日期（date of issue）。

⑥ 出票人签章（signature of the drawer）。支票缺少必要项目，在法律上会被视为无效支票。支票的付款期限只有即期付款。

（四）支票的当事人

与汇票一样，支票的基本当事人有三个：出票人、付款人和收款人。支票的附属当事人包括背书人、被背书人、保证人、持票人，不包括承兑人，因为支票和本票一样，属于即期付款，无须承兑。

知识链接 9-1

第二节　支付方式

在国际贸易中，货款的结算是通过支付方式来完成的。国际结算（international settlement）是指为清偿国际上由于经济、政治、军事、文化等方面的交往或联系产生的债权和债务关系，而发生在不同国家（地区）之间的货币收付活动。国际结算分为由服务贸易、资金调拨、国际借贷等产生的非贸易结算（non-trade settlement）和由国际贸易产生的贸易结算（settlement of trade）。我们常说的贸易结算指的是商品进出口的结算，其支付方式主要有汇付、托收和信用证。

一、汇付

（一）汇付的定义及当事人

1.汇付的定义

汇付（remittance），又称汇款，是指交易双方订立贸易合同后，进口商将货款交给进口商所在地银行，要求银行通过一定的方式，委托在出口地的代理行或联行，将款项支付给出口商的一种结算方式。

汇付是产生最早和最简单的结算方式，也是各种结算方式的基础。

2.汇付的当事人

使用汇付结算会涉及四个基本当事人：汇款人、汇出行、汇入行、收款人。

汇款人（remitter），是指拥有款项并申请汇出的一方，一般是进口商、合同的买方或其他经贸往来中的债务人。

汇出行（remitting bank），是指受汇款人委托而汇出款项的银行，一般是进口商所在地的银行。

汇入行（paying bank），也称解付行，是接受汇出行委托协助办理汇款业务的银行，一般是出口商所在地的银行。汇入行通常是汇出行在收款人所在地的联行或代理行。

收款人（payee），是指汇款的最终接收者，一般是出口商、合同的卖方或其他经贸往来中的债权人。

（二）汇付的种类及业务流程

汇付根据汇出行向汇入行转移资金发出指示的方式，可分为电汇、信汇、票汇三种。

1.电汇

电汇（telegraphic transfer，T/T），是汇出行应汇款人的申请，通过电子方式（SWIFT），指示或委托汇入行解付一定金额给收款人的汇付方式。

电汇的优点在于速度快，收款人可以迅速收到货款，安全可靠，但电汇的费用较高，费用根据汇款金额和银行政策而定。电汇是一种安全、快捷、可追踪的国际汇款方式，通常用于跨国交易或跨境汇款。目前汇付业务中，电汇所占比例很大，其中SWIFT方式更是得到广泛使用。

贸易结算中，电汇业务的基本流程如图9-1所示。

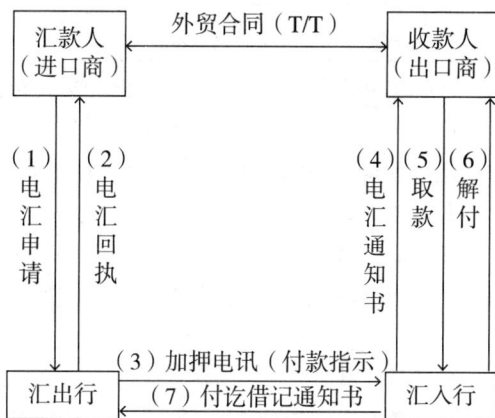

图9-1 电汇业务基本流程

（1）汇款人填写境外汇款申请书（电汇），向汇出行交款付费。

（2）汇出行接受汇款人申请，给汇款人以电汇回执。

（3）汇出行根据汇款人申请书内容，将汇款金额、收款人和汇款人的名称与地址、汇款附言等内容以电文方式通知汇入行解付。汇出行在发电文时，要加列与汇入行约定使用的密押，以证实电文内容确实是汇出行所发。

（4）汇入行收到汇出行汇款电文并核对密押相符后，立即通知收款人取款。目前国际贸易结算的汇款，收款单位一般都在汇入行开有账户，故汇入行可以仅凭电文将款项打入收款人账户，然后给收款人一张收账通知单。

（5）收款人持通知书到汇入行取款，收款时必须在"收款人收据"上签名或盖章。

（6）汇入行向收款人解付汇款。

（7）汇入行将付讫借记通知书邮寄给汇出行，使双方的债权和债务得以结算。

2.信汇

信汇（mail transfer，M/T），是汇出行应汇款人的申请，用航空信函的方式指示汇入行解付一定金额给收款人的一种汇付方式。

信汇的优点是费用较低廉，但收款人收到汇款的时间较长。

贸易结算中，信汇业务的基本流程如图9-2所示。

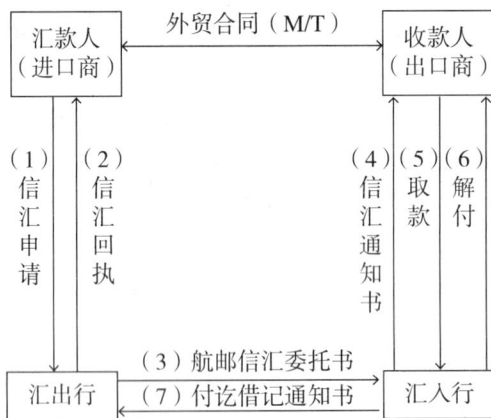

图9-2　信汇业务基本流程

（1）汇款人填写境外汇款申请书（信汇），向汇出行交款付费。

（2）汇出行接受汇款人申请，给汇款人以信汇回执。

（3）汇出行根据汇款人申请书内容，将汇款金额、收款人和汇款人的名称与地址、汇款附言等内容以航空信函形式邮寄信汇委托书，通知汇入行解付。

（4）汇入行收到汇出行汇款信函并核对印鉴相符后，立即通知收款人取款。

（5）收款人持通知书到汇入行取款，收款时必须在"收款人收据"上签名或盖章。

（6）汇入行向收款人解付汇款。

（7）汇入行将付讫借记通知书邮寄给汇出行，使双方的债权和债务得以结算。

3. 票汇

票汇（remittance by banker's demand draft，D/D），是汇出行应汇款人的申请，开立以汇入行为付款人的银行即期汇票，并交给汇款人，由汇款人自寄或自带给境外收款人，由收款人到汇入行凭票取款的汇付方式。

票汇的优点是取款方便，手续简单，收款人可以将汇票背书转让，具有一定的流通性和灵活性。缺点是汇票有丢失或被调包伪造的风险。

票汇与电汇、信汇的不同之处在于，票汇的汇入行无须通知收款人取款，而由收款人持票登门取款，这种汇票除有限制流通的规定外，经收款人背书，可以转让流通，而电汇、信汇的收款人则不能将收款权转让。

贸易结算中，票汇业务的基本流程如图 9-3 所示。

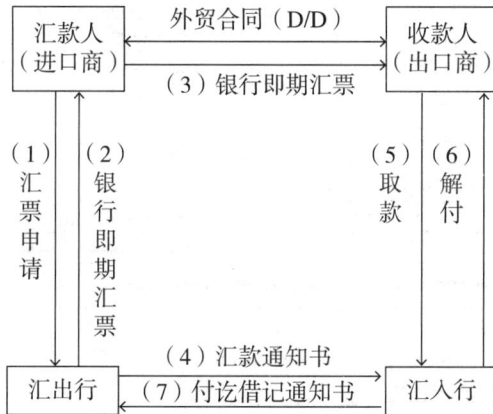

图 9-3　票汇业务基本流程

（1）汇款人填写境外汇款申请书（票汇），并交款付费给汇出行。
（2）汇出行开立银行即期汇票交给汇款人。
（3）汇款人将银行即期汇票自行邮寄给收款人。
（4）汇出行将票汇通知书即票根邮寄给汇入行。
（5）收款人凭银行即期汇票向汇入行取款。
（6）汇入行对汇票和票根审核无误后，付款给收款人。
（7）汇入行把付讫借记通知书寄给汇出行，以使双方的债权债务得以清算。

图 9-4 为境外汇款申请书样本（电汇 T/T）。

（三）汇付在国际贸易中的使用

在国际贸易中，买卖双方之间要实现货款和货物的双向流动。根据货款交付和货物运送的时间不同，汇付在国际贸易中的使用可分为预付货款和货到付款。

1. 预付货款

预付货款（payment in advance）是指在国际贸易中，处理汇入款项业务的银行向出口商结汇后，出口商才将货物运出的结算方式，也称为"先结后出"。

预付货款方式下，对卖方（或出口商）比较有利，因为卖方（或出口商）先拿到货款再发货，可以降低货物出售的风险并且可以无息占用预收货款。预付货款对买方（或进口商）却不利，因为买方要承担货物运送和质量风险以及资金周转困难和利息的损失。

预付货款的适用范围：

① 出口商的商品是进口国（地区）市场上的抢手货，进口商需求迫切；

② 进出口双方关系密切，相互了解对方的资信情况，进口商愿意以预付货款购入货物；

③ 卖方货物旺销，为收汇安全，卖方提出预付货款作为发货的前提条件。

境 外 汇 款 申 请 书

APPLICATION FOR FUNDS TRANSFERS (OVERSEAS)

致： STANDARD BANK OF SOUTH AFRICA LT
TO:

日期：2024-07-25
DATE:

☑电汇 T/T □票汇 D/D □信汇 M/T

发电等级 Priority　☑普通 Normal □加急 Urgent

申报号码 BOP Reporting NO.		
20	银行业务编号 Bank Transac. Ref. No.		收电行/付款行 Receiver/Drawn on	
32A	汇款币种及金额 Currency & Interbank Settlement Amount	[USD][100000]	金额大写 Amount in Words	USD ONE HUNDRED THOUSAND ONLY
其中	现汇金额 Amount in FX	[ ][ ]	账号 Account NO. / Credit Card NO.	
	购汇金额 Amount of Purchase	[USD][100000]	账号 Account NO. / Credit Card NO.	6101001247409
	其他金额 Amount of Others		账号 Account NO. / Credit Card NO.	
50a	汇款人名称及地址 Remitter's Name & Address	South Africa Xinyuan Import and Export Trading Company No.90 United Street, Capetown, South Africa		
			对私	个人身份证件号码 Individual ID No. □中国居民个人 Resident Individual □中国非居民个人 Non-Resident Individual
☑对公 组织机构代码 Urut Code 000124740				
54/56a	收款银行之代理行名称及地址 Correspondent of Beneficiary's Bank Name & Address	FAR EASTERN BANK 1st Building, 11th Tower, Zhi Street, St. Petersburg, Russia		
57a	收款人开户银行名称及地址 Beneficiary's Bank Name & Address	收款人开户银行在其代理行账号 Beneficiary's Bank A/C NO. FAR EASTERN BANK 1st Building, 11th Tower, Zhi Street, St. Petersburg, Russia		
59a	收款人名称及地址 Beneficiary's Name & Address	收款人账号 Beneficiary's A/C NO. 6101001247397 Russia Yisi Import and Export Trade Company No.88 Nevsky Avenue, St. Petersburg, Russia		
70	汇款附言 Remittance Information	只限 140 个字位以内 Not Exceeding 140 Characters	71A	国内外费用承担 All Bank's Charges if Any Are to Be Borne By ☑汇款人 OUR □收款人 BEN □共同 SHA

收款人常驻国家（地区）名称及代码 Resident Country/Region Name & Code RUSSIA 344

请选择：☑预付货款 Advance Payment □货到付款 Payment Against Delivery □退款 Refund □其他 Other

最迟装运日期

交易编码 BOP Transac. Code	101010	相应币种及金额 Currency & Amount	[USD][100000]	交易附言 Transac. Remark	
是否为进口核销项下付款	□是 □否	合同号		发票号	
外汇局批件/备案表号		报关单经营单位代码		
报关单号		报关单币种及总金额		本次核注金额
报关单号		报关单币种及总金额		本次核注金额

银行专用栏 For Bank Use Only		申请人签章 Applicant's Signature	银行签章 Bank's Signature
购汇汇率 Rate		请按照贵行背页所列条款代办以上汇款并申报 Please Effect the Upwards Remittance, Subject to the Conditions Overleaf	
等值人民币 RMB Equivalent			
手续费 Commission			
电报费 Cable Charges		申请人姓名 Name of Applicant	核准人签字 Authorized Person
合计 Total Charges		电话 Phone No. South Africa Xinyuan Import and Export 79542430 戴里克	日期 Date
支付费方式 In Payment of the Remittance	现金 By Cash 支票 By Check 账户 From Account		
核印 Sig. Ver.		经办 Maker	复核 Checker
		填写前请仔细阅读各项背面条款及填报说明 Please read the conditions and instructions overleaf before filling in this application	

图9-4 境外汇款申请书样本

2.货到付款

货到付款（payment after arrival of the goods）是指出口商先发货、进口商后付款的结算方式，此结算方式实际上属于赊账交易（open account transaction，O/A）或延期付款（deferred payment）结算。

货到付款方式对买方（或进口商）比较有利，因为买方先收货后付款，不承担资金风险且可以无形中占用卖方资金。对卖方（或出口商）却不利，因为卖方要承担买方不付款的风险，并且资金不能及时收回，被占用造成一定损失。

货到付款的适用范围：

① 鲜活商品贸易，目的是使卖方通过方便买方的需求，进一步巩固和扩大市场。

② 有些空运进出口合同，目的是使卖方适应空运货物到货迅速的特点，一般用于资信可靠、双方关系密切的客户。

③ 寄售商品，目的是使卖方开拓新市场，尤其是消费品市场。

汇付的手续简单，费用较低，节省时间，适用于已经建立长期贸易伙伴关系的双方，或是公司内的贸易，以及小金额的贸易、支付定金、佣金、运费、保险费、样品费等。但汇付是建立在商业信用基础上的结算方式，卖方能否收到货款或买方能否收到合格货物取决于买方的资信。银行不介入进出口双方的买卖合同，不对货物质量和货款收付的风险承担任何责任。

二、托收

（一）托收的定义及当事人

1.托收的定义

国际商会《托收统一规则（URC 522）》第 2 条规定："(a) 'Collection' means the handling by banks of documents as defined in sub-Article 2(b), in accordance received, in order to: i. obtain payment and/or acceptance, or ii. deliver documents against payment and/or against acceptance, or iii. deliver documents on other terms and conditions. (b) 'Documents' means financial documents and/or commercial documents."（托收是指银行依据所收到的指示处理下述第二条（b）款所限定的单据，以便于取得付款和/或承兑；或凭以付款或承兑交单；或按照其他条款和条件交单。（b）款的单据是指金融单据和/或商业单据。）

在该定义中，金融单据是指汇票、本票、支票或其他类似的可用于取得款项支付的凭证；商业单据是指发票、运输单据、所有权单据或其他类似的单据，或者不属于金融单据的任何其他单据；按照其他条款和条件一般指的是信托收据（trust receipt，T/R）或付款承诺书。

2.托收的当事人

（1）托收的基本当事人

托收的基本当事人有四个，分别是委托人、托收行、代收行和付款人。

委托人（principal），是指委托银行办理托收的有关人，通常是出口商或合同的卖方。

托收行（remitting bank），是指委托人委托办理托收的银行。一旦接受委托，托收行负责将有关单据寄送代收行，因此托收行又称寄单行。托收行通常是委托人所在地的银行。

代收行（collecting bank），是指除寄单行以外的参与处理托收业务的任何银行。代收行通常是付款人所在地的银行。

付款人（drawee），是指托收行根据托收指示向其提示单据的人。付款人履行贸易合同的付款义务，通常是进口商或合同的买方。

（2）托收的其他当事人

托收的其他当事人包括提示行和需要时的代理。

提示行（presenting bank），是指向付款人提示单据的银行，一般为代收行；但当付款人与代收行无往来关系时，可委托付款人的往来银行为提示行。

需要时的代理（principal's representative in case of need），是指委托人为防止因付款人拒付而发生无人照料货物的情形，在付款地事先指定代理人，由其在发生拒付时代为办理货物存仓、转售、运回等事宜。

（二）托收的种类及基本流程

按托收时是否附带商业货运单据来分类，托收分为光票托收和跟单托收。

1.光票托收

光票托收（clean bill for collection），是指不附有商业单据的金融单据项下的托收。光票托收多用于贸易的从属费用、货款尾款、佣金、样品费的结算和非贸易结算等。

光票托收的基本流程如图9-5所示。

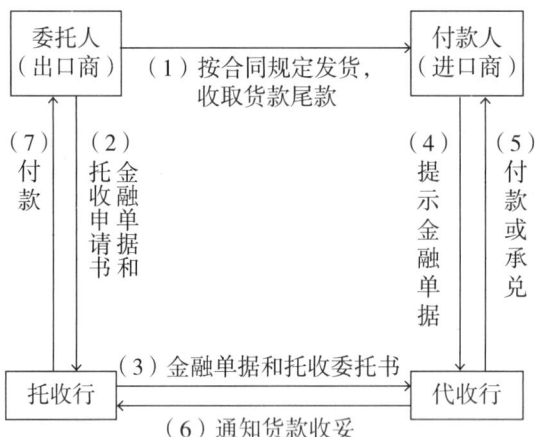

图9-5 光票托收基本流程

（1）委托人按合同规定的义务向付款人发货，收取货款尾款。

（2）委托人向托收行提出托收申请，填写托收申请书，并把金融单据（汇票或本票或支票）交给托收行代收货款尾款。

（3）托收行根据托收申请书缮制托收委托书，连同金融单据交进口地代收行委托代收货款尾款。代收行一般是托收行在国外的联行或代理行。

（4）代收行按照委托书的指示向付款人提示金融单据。

（5）付款人付款或承兑（远期汇票需要承兑汇票后到期付款）。

（6）代收行通知托收行货款尾款已经收妥。

（7）托收行付款给委托人。一般委托人都在托收行开有账户，故托收行将款项收入委托人账户，然后给委托人一张收账通知单。

2.跟单托收

跟单托收（documentary bill for collection），是指附有商业单据的金融单据项下的托收或不附有金融单据的商业单据项下的托收。国际贸易中所讲的托收大多指前一种。

跟单托收根据交单条件的不同，又可分为承兑交单和付款交单两种。

承兑交单（documents against acceptance，D/A），是指出口商以进口商承兑远期汇票为条件交付单据。即出口商在装运货物后开具远期汇票，连同商业单据，通过银行向进口商提示，进口商承兑远期汇票后，代收银行将商业单据交给进口商，在汇票到期时，进口商履行付款义务。

承兑交单的基本流程如图9-6所示。

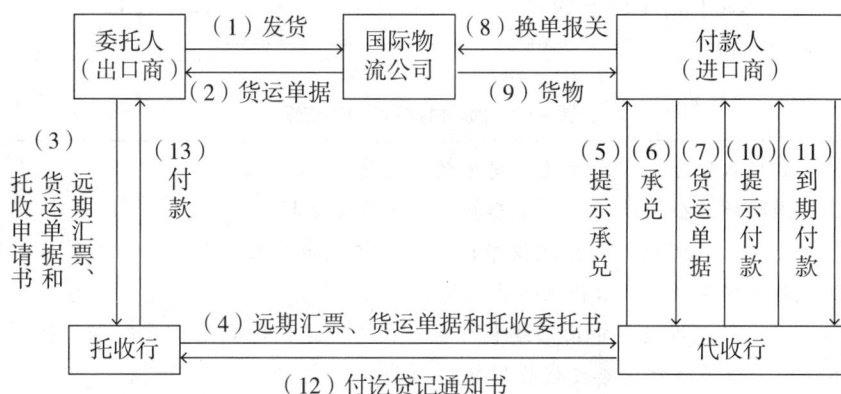

图9-6 承兑交单基本流程

（1）委托人按合同规定的义务向付款人发货。

（2）国际物流公司收货后，给委托人相关货运单据。

（3）委托人向托收行提出托收申请，填写托收申请书，开立远期汇票，连同货运单据交给托收行代收货款。

（4）托收行根据托收申请书缮制托收委托书，连同远期汇票及货运单据交进口地代收行委托代收货款。

（5）代收行按照委托书的指示向付款人提示远期汇票和单据。

（6）付款人对远期汇票进行承兑。

（7）代收行向付款人交单。

（8）付款人凭单据到国际物流公司处换单报关。

（9）付款人报关后从国际物流公司取走货物。

（10）代收行到期提示付款人付款。

（11）付款人到期付款。

（12）代收行贷记托收行账户收款金额，通知托收行货款已经收妥。

（13）托收行付款给委托人。

付款交单（documents against payment，D/P），是指出口商以进口商付款为条件交付单据。付款交单又分为即期付款交单（D/P at sight）和远期付款交单（D/P at ... days after sight）。

即期付款交单的基本流程如图9-7所示。

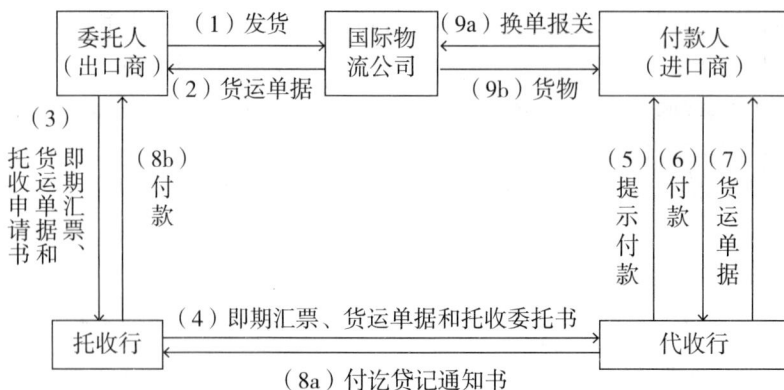

图9-7 即期付款交单基本流程

（1）委托人按合同规定的义务向付款人发货。

（2）国际物流公司收货后，给委托人相关货运单据。

（3）委托人向托收行提出托收申请，填写托收申请书，开立即期汇票或即期付款指示，连同货运单据交给托收行代收货款。

（4）托收行根据托收申请书缮制托收委托书，连同即期汇票或即期付款指示及货运单据交进口地代收行委托代收货款。

（5）代收行按照委托书的指示向付款人提示即期汇票和单据。

（6）付款人审单无问题后付款。

（7）代收行向付款人交单。

（8a）代收行通知托收行货款已经收妥。

（8b）托收行向委托人付款。

（9a）付款人凭单据到国际物流公司处换单报关。

（9b）付款人报关后从国际物流公司取走货物。

远期付款交单的基本流程如图9-8所示。

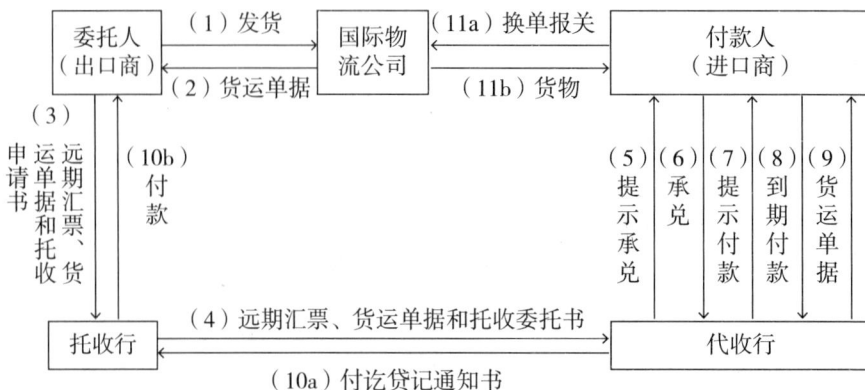

图9-8 远期付款交单基本流程

（1）委托人按合同规定的义务向付款人发货。

（2）国际物流公司收货后，给委托人相关货运单据。

（3）委托人向托收行提出托收申请，填写托收申请书，开立远期汇票，连同货运单据交给托收行代收货款。

（4）托收行根据托收申请书缮制托收委托书，连同远期汇票及货运单据交进口地代收行委托代收货款。

（5）代收行按照委托书的指示向付款人提示远期汇票。

（6）付款人对远期汇票进行承兑。

（7）代收行提示付款人付款。

（8）付款人审单无问题后到期付款。

（9）代收行向付款人交单。

（10a）代收行通知托收行货款已经收妥。

（10b）托收行向委托人付款。

（11a）付款人凭单据到国际物流公司处换单报关。

（11b）付款人报关后从国际物流公司取走货物。

远期付款交单是卖方给予买方的资金融通，融通时间的长短取决于汇票或双方合同约定的付款期限。通常有两种规定远期付款期限的方式：一种是付款日期和到货日期基本一致。买方在付款后，即可提货。另一种是付款日期比到货日期要推迟许多。如果付款人资信好，可以通过信托收据从代收行借出单据，到期再付款，减少资金占用。另外，付款人可以计算好货物的在途时间，规定远期付款交单的期限为到港日，以避免付款交单后单等货的情况出现，也能留有充足的时间筹款。

（三）托收在国际贸易中的使用

光票托收不涉及商业单据或贸易合同，业务程序相对比较简单，广泛使用于非贸易结算中。在贸易结算中，光票托收通常用于收取货款尾数、样品费、佣金、代垫费用等。

跟单托收方式在一般贸易结算中的应用不是很广泛，但在加工装配贸易中以及跨国公司的不同子公司之间常用。

在托收方式下，银行只是接受出口商的委托，以代理人的身份向境外进口商收款，并不承担保证收到货款的责任，货款能否顺利收取取决于进口商的资信，银行对货物情况也不承担任何责任。因此，托收方式仍是以商业信用为基础的结算方式。买卖双方的风险分布同样是不同的。托收手续比汇付方式烦琐，费用相对较高，但比信用证方式简单，费用较低。

三、信用证

（一）信用证的定义及当事人

1.信用证的定义

《跟单信用证统一惯例UCP600》第2条对信用证（letter of credit，L/C）的定义是："Credit means any arrangement, however named or described, that is irrevocable and thereby constitutes a definite undertaking of the issuing bank to honour a complying presentation."（信用证指一项不可撤销的安排，无论其名称或描述如何，该项安排构成开证行对相符交单予以承付的确定承诺。）定义中的"相符交单"（complying presentation）是指与信用证中的条款及条件、本惯例

中所适用的规定及国际标准银行实务相一致的交单。简而言之，信用证是一项附有条件的银行付款保证。

定义中的"承付"（honour）有三层含义：

① 如果信用证为即期付款信用证，则即期付款。

② 如果信用证为延期付款信用证，则承诺延期付款并在承诺到期日付款。

③ 如果信用证为承兑信用证，则承兑受益人开出的汇票并在汇票到期日付款。

2.信用证的当事人

信用证的基本当事人一般为两个：开证行和受益人。如果是保兑信用证，保兑行也是基本当事人。

开证行（issuing bank）指应申请人要求或者代表自己开出信用证的银行。一般是进口商或合同买方所在地的银行。

受益人（beneficiary）指接受信用证并享受其利益的一方。一般是出口商或合同的卖方。

保兑行（confirming bank）指根据开证行的授权或要求对信用证加具保兑的银行。信用证的附属当事人包括申请人、通知行、指定银行和偿付行。

申请人（applicant）指要求开立信用证的一方。一般是进口商或合同的买方。

通知行（advising bank）指应开证行的要求通知信用证的银行。通常是出口商或合同的卖方所在地的银行，而且是开证行在海外的联行或代理行。

指定银行（nominated bank）指信用证可在其处兑用的银行，如信用证可在任一银行兑用，则任何银行均为指定银行。指定银行包括议付行、付款行、承兑行等。

议付行（negotiating bank）指根据开证行在议付信用证中的授权，买进或贴现受益人提交的汇票和单据的银行。

付款行（paying bank）指付款信用证下承担审单付款义务的银行。

承兑行（accepting bank）指远期信用证下对受益人签发的远期汇票进行承兑，并到期付款的银行。

偿付行（reimbursing bank）指应开证行要求或授权，向指定的议付行或付款行进行偿付的银行。一般是开证行在信用证结算货币清算中心的联行或代理行。

（二）信用证的特点

1.开证行承担第一性付款责任

UCP600 第 7 条对开证行责任作了明确规定：

a.只要规定的单据提交给指定银行或开证行，并且构成相符交单，则开证行必须承付。

b.开证行自开立信用证之时起即不可撤销地承担承付责任。

c.指定银行承付或议付相符交单并将单据转给开证行之后，开证行即承担偿付该指定银行的责任。对承兑或延期付款信用证下相符交单金额的偿付应在到期日办理，无论指定银行是否在到期日之前预付或购买单据。开证行偿付指定银行的责任独立于开证行对受益人的责任。

信用证是一种银行信用，体现的是开证行对受益人承担的首要的、独立的付款责任。

2.信用证是一项独立的文件，不依附于贸易合同

UCP600 第 4 条对信用证与合同的阐述是：

就其性质而言，信用证与可能作为其开立基础的销售合同或其他合同是相互独立的

交易，即使信用证中含有对此类合同的任何援引，银行也与该合同无关，且不受其约束。因此，银行关于承付、议付或履行信用证项下其他义务的承诺，不受申请人基于与开证行或与受益人之间的关系而产生的任何请求或抗辩的影响。受益人在任何情况下不得利用银行之间或申请人与开证行之间的合同关系。

在信用证业务中，各当事人的权利和责任完全以信用证条款为依据，开证行只对信用证负责，并凭符合信用证条款规定的单据付款。

3. 信用证是纯粹的单据业务

UCP600 第 5 条规定：

银行处理的是单据，而不是单据可能涉及的货物、服务或履约行为。

只要受益人提交的单据在表面上符合信用证的要求，不管装运的货物是否与合同一致，银行都应承担承兑、议付或付款的责任，申请人也应该接受单据并偿还银行支付的款项。

（三）信用证的种类以及在国际贸易中的使用

1. 根据是否附带商业单据来划分

光票信用证（clean L/C）指不附商业单据，仅凭汇票付款的信用证。受益人（出口商）可以在装运货物取得货运单据前开出汇票请求银行议付，起到预先支取货款的作用。

跟单信用证（documentary L/C）指凭规定的单据或跟单汇票付款的信用证。国际贸易结算中绝大多数信用证都是跟单信用证。

2. 根据是否有另一家银行进行保兑划分

保兑信用证（confirmed L/C）指有另一家银行保证对符合信用证条款规定的单据履行承付义务的信用证。保兑信用证具有开证行和保兑行的双重付款承诺。该信用证的使用范围：① 受益人对开证行的资信不够了解，或认为其资信不够，或对进口国（地区）的政治经济有顾虑时；② 开证行担心自身开出的信用证不易被接受时。

不保兑信用证（unconfirmed L/C）指未经另一家银行保兑的信用证。该信用证一般用于开证行资信良好或信用证金额较小时，国际结算中大多数信用证都是不保兑信用证。

3. 根据付款期限不同划分

即期信用证（sight L/C）指开证行或指定银行收到受益人提交的符合信用证条款规定的即期跟单汇票或单据后立即付款的信用证。

远期信用证（usance L/C）指开证行或指定银行收到符合信用证条款规定的单据和汇票后，不立即付款，要等到信用证规定日期才付款的信用证。远期信用证对买方有利，对卖方不利。使用该信用证时，卖方应谨慎考虑结算风险。

假远期信用证（usance credit payable at sight）指申请人远期付款，而受益人即期收汇的信用证。与其他信用证相比，假远期信用证最大的特点是贴现利息由进口商承担。在国际贸易中，使用假远期信用证结算的原因主要有两个：① 可以摆脱某些进口国家（地区）外汇管制法令上的限制。比如某国（地区）法令规定，进口交易必须远期付款，银行只能开出远期信用证。② 进口商可以利用假远期信用证的做法以较低的贴现利息和费用来融通资金，解决资金周转不足的问题。

预支信用证（anticipatory L/C）指受益人可在发运货物前先开出汇票并向指定银行收款的信用证。进口商愿意使用预支信用证的原因主要是：① 获得市场紧缺的货物。进口商需货心切，或在市场看涨的情况下，为了不失时机抢购现货。② 取得有利价格或其他有利的交易条件。在出口商资金短缺的情况下，进口商企图以预支货款的方式进行压价。

4.根据兑用方式划分

即期付款信用证（sight payment L/C）指开证行、保兑行或指定付款行在收到符合信用证条款规定的跟单汇票或单据时，立即付款的信用证。即期付款信用证对受益人有利。

延期付款信用证（deferred payment L/C）指开证行在信用证中规定货物装船后若干天或受益人交单后若干天付款的一种远期信用证，但受益人不需要开立汇票，也无须承兑。因为没有汇票，受益人无法获得票据法保护，无法贴现。延期付款信用证对进口商比较有利，对出口商不利。出口商为了收款顺利，倾向于接受延期付款加保兑的信用证。

承兑信用证（acceptance L/C）指开证行或付款行在收到符合信用证条款的单据和远期汇票时，先对远期汇票进行承兑，到期时再付款的信用证。受益人取得承兑汇票后，可办理贴现提前取得现款；也可以持承兑汇票在到期日向承兑行要求付款，承兑行付款后无追索权。

议付信用证（negotiation L/C）指开证行允许受益人向某一指定银行或任何银行交单议付的信用证。在议付信用证方式下，指定银行提前买入受益人的汇票或单据，向受益人预付款项。实际上是议付行对受益人的一种融资方式，使得受益人可以提前获得资金，加速资金周转。议付行若遭到开证行拒付，有权向受益人追索票款。开证行资信较差时，议付行可以拒绝议付。

混合付款信用证（mixed payment L/C）是一种特殊类型的信用证，指允许在同一交易中使用不同的付款方式。通常，信用证规定了特定的付款方式，如即期付款、承兑汇票或延期付款。然而，对于某些交易，可能需要使用多种付款方式来满足双方的需求，例如货款部分即期付款，部分承兑汇票付款。

使用混合付款信用证的好处是可以灵活地满足买卖双方的需求，同时减少支付风险。然而，混合付款信用证的处理可能更加复杂，需要确保各种付款方式的条件和要求都得到满足，并且需要确保所有付款方式都符合信用证的规定。需要注意的是，混合付款信用证的使用需要买卖双方的共识和同意，并且需要在信用证开立之前明确约定各种付款方式的比例和条件。

5.根据受益人的权利是否可以转让来划分

可转让信用证（transferable L/C）指特别注明"可转让（transferable）"字样的信用证。可转让信用证的使用范围：① 中间贸易；② 合同由总公司统一对外成交，分公司交货；③ 实际供货商出口受限，需借用他人名义出口时。

不可转让信用证（non-transferable L/C）指受益人不能把信用证项下的权利转让给他人的信用证。凡未注明"可转让"字样，均视为不可转让信用证。国际结算中大多数信用证都是不可转让信用证。

6.根据信用证的作用划分

循环信用证（revolving L/C）指信用证金额全部或部分被使用之后，可以恢复到原金额再次被使用，直到规定的循环次数或规定的金额用完为止的信用证。进出口双方若签订长期的购销合同，需要均衡地分批装运货物，为了节省开证手续费和保证金，进口商可申请开立循环信用证。

对背信用证（back to back L/C）指信用证的受益人（中间商）以该信用证为保证，要求一家银行开立以该行为开证行，以该受益人为申请人，以实际供货人为受益人的一份条款相似的信用证。进口商申请开立的信用证成为原信用证；中间商在原信用证基础上要求银行开立的信用证成为对背信用证。对背信用证的使用范围：① 中间商转售他人货物赚取差价；② 两国（地区）不能直接贸易，需要通过第三方来交易的情况。

对开信用证（reciprocal L/C）指交易双方互为申请人和受益人、开立金额大致相等的两张信用证。对开信用证多用于易货贸易或加工贸易和补偿贸易业务，交易的双方都担心凭第一张信用证出口或进口后，另一方不履行进口或出口的义务，于是采用这种互相联系、互为条件的开证办法，用于约束对方。

（四）信用证的基本流程

以议付信用证为例，信用证的基本流程如图 9-9 所示。

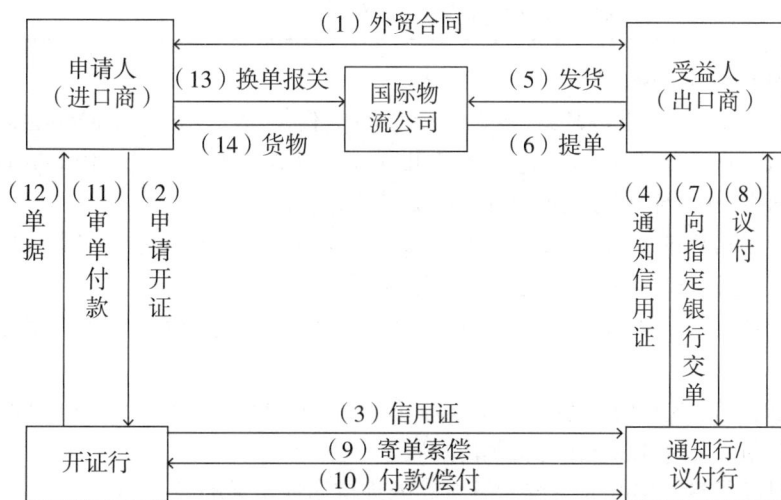

图 9-9　信用证的基本流程

（1）进口商与出口商签订外贸合同，约定以议付信用证结算。

（2）申请人（进口商）向开证行提出开证申请，填写开证申请书，交纳信用证下的押金或保证金，保证金比例由开证行根据进口商的资信、市场动向、货物销售情况等来收取，同时提供贸易合同等相关文件给开证行。

（3）开证行按申请人提交的开证申请书开立信用证，并选择通知行进行信用证的通知。通知行一般是开证行在出口商所在地的联行或代理行，以方便业务的办理。

（4）通知行收到信用证后，根据印鉴或密押验明信用证的真实性后，按信用证要求将信用证通知到受益人。

（5）受益人根据外贸合同逐一审核信用证条款。如果审核中发现信用证条款与合同不符或某些条款不合理或无法做到，受益人应及时联系申请人要求修改信用证。信用证审核无误后，按信用证条款的要求向申请人及时发货。

（6）国际物流公司装货后，给受益人签发提单。

（7）受益人填制或取得信用证规定的单据后，在规定的交单期限内向指定银行交单。受益人制单时应严格做到单证相符、单单相符，否则会影响收汇。

（8）指定银行在接到受益人提交的单据后合理审慎地审核单据，以确定单据表面是否符合信用证条款。若单证相符、单单相符，指定银行承付。对于远期汇票，若出口商急需资金，可向议付行议付，提前取得货款（此货款不是货物全款，而是减去贴现息后的货款）。

（9）指定银行向开证行寄单索偿。

（10）开证行审单无误后付款或指示偿付行偿付。

（11）开证行及时通知申请人付款赎单，申请人审单无误后付款。如果审核时单证不符，申请人可以拒绝付款赎单，此时损失由开证行承担。

（12）进口商付款后开证行向申请人放单。

（13）申请人凭单据到国际物流公司处换单报关。

（14）申请人报关后从国际物流公司处提走货物。

（五）SWIFT 信用证MT700

SWIFT信用证是指通过环球同业银行金融电信协会（Society for Worldwide Interbank Financial Telecommunication，SWIFT）系统开立或予以通知的信用证。SWIFT是一个全球性的金融电信网络，用于银行之间的国际金融交易和通信。

在国际贸易结算中，SWIFT信用证是正式的、合法的，为信用证各当事人接受的、国际通用的信用证。通过SWIFT系统进行的信用证交易具有以下特点。

一是快速和安全。SWIFT系统能够实现快速、安全的信息传输，确保信用证交易的及时性和准确性。

二是全球覆盖。SWIFT系统连接了全球超过11000家金融机构，涵盖了200多个国家和地区，使得信用证交易可以在全球范围内开展。

三是自动化处理。SWIFT系统能够自动处理信用证交易的各个环节，包括信用证开立、修改、付款和交单等，提高了交易的效率和准确性。

四是电子化文档。通过SWIFT系统开展的信用证交易可以使用电子化的文档，如电子信用证、电子提单等，减少了纸质文档的使用和传输成本。

五是跟踪和查询。SWIFT系统提供了跟踪和查询功能，买卖双方可以实时了解信用证交易的进展和状态。

通过SWIFT信用证，买卖双方可以在国际贸易中实现安全、高效的付款和交货，减少了交易风险和不确定性。同时，SWIFT系统的全球覆盖也为国际贸易提供了更广阔的市场和合作机会。

SWIFT 信用证MT700是SWIFT系统中开证行发送本行开立的信用证的基本报文格式。一份SWIFT信用证报文由若干个项目构成，每个项目的格式固定，由"项目编号""条款属性""条款内容"三部分组成。如"40A: FORM OF DOCUMENTARY CREDIT: IRREVOCABLE"，其中"40A"为项目编号；"FORM OF DOCUMENTARY CREDIT"是条款属性，为"跟单信用证的类型"；"IRREVOCABLE"是条款内容，指"不可撤销"。全句的意思是，该信用证为不可撤销的跟单信用证。有些条款内容很长，中间还分好几个部分，通常用"+"来分割。

SWIFT 信用证MT700 样例：

MT700	ISSUE OF A DOCUMENTARY CREDIT
SENDER	UOVBSGSGXXX
	UNITED OVERSEAS BANK LIMITED TRANSACTION BANKING

RECEIVER		ICBKCNBJNBO
		INDUSTRIAL AND COMMERCIAL BANK OF CHINA NINGBO CITY BRANCH
SEQUENCE OF TOTAL	27:	1/1
FORM OF DOC. CREDIT	40A:	IRREVOCABLE
DOC. CREDIT NUMBER	20:	UOB207698
DATE OF ISSUE	31C:	220224
APPLICABLE RULES	40E:	UCP LATEST VERSION
DATE AND PLACE OF EXPIRY	31D:	DATE 220425 PLACE IN CHINA
APPLICANT	50:	STAR LIGHT TRADING CO., LTD.
		56, LOWER KENT RIDGE ROAD, SINGAPORE 119078
BENEFICIARY	59:	ZHOUXIANG ELECTRIC IMPORT AND EXPORT CORP.
		NO. 3, HUANCHENG NORTH ROAD, ZHOUXIANG TOWN, CIXI CITY, NINGBO, ZHEJIANG, CHINA
AMOUNT	32B:	CURRENCY USD AMOUNT 124400,00
AVAILABLE WITH/BY	41A:	ICBKCNBJNBO
		BY NEGOTIATION
DRAFTS AT ...	42C:	SIGHT
DRAWEE	42A:	ICBKUS33
		INDUSTRIAL AND COMMERCIAL BANK OF CHINA, NEW YORK
PARTIAL SHIPMENT	43P:	NOT ALLOWED
TRANSHIPMENT	43T:	ALLOWED
PORT OF LOADING / AIRPORT OF DEPARTURE	44E:	NINGBO, CHINA
PORT OF DISCHARGE / AIRPORT OF DESTINATION	44F:	SINGAPORE, SINGAPORE
LATEST DATE OF SHIPMENT	44C:	220410
DESCRIPTION OF GOODS AND/OR SERVICES	45A:	4,000 PIECES OF ELECTRIC KETTLE

DESCRIPTION OF GOODS (45A) continued:

TYPE NO.	QUANTITY	UNIT PRICE	AMOUNT
HX-A1811S	2,000 PCS	USD30.20/PC	USD60,400.00
K17-F630	2,000 PCS	USD32.00/PC	USD64,000.00

AT CIF SINGAPORE, SINGAPORE AS PER INCOTERMS 2020

DOCUMENTS REQUIRED	46A:	+ COMMERCIAL INVOICE SIGNED IN TRIPLICATE.
		+ PACKING LIST IN TRIPLICATE.
		+ CERTIFICATE OF ORIGIN CERTIFIED BY CCPIT.
		+ FULL SET (3/3) OF CLEAN "ON BOARD" OCEAN BILLS OF LADING MADE OUT TO ORDER MARKED FREIGHT PREPAID AND NOTIFY APPLICANT.

		+ INSURANCE POLICY/CERTIFICATE IN DUPLICATE ENDORSED IN BLANK FOR 110% INVOICE VALUE, COVERING ALL RISKS OF CIC OF PICC INCL. WAREHOUSE TO WAREHOUSE AND I.O.P AND SHOWING THE CLAIMING CURRENCY IS THE SAME AS THE CURRENCY OF CREDIT. + CERTIFICATE OF QUALITY ISSUED BY THE CUSTOMS, P. R. CHINA CERTIFYING THAT ALL PRODUCTS MEET QUALITY REQUIREMENTS. + SHIPPING ADVICE SHOWING THE NAME OF THE CARRYING VESSEL, DATE OF SHIPMENT, MARKS, QUANTITY, NET WEIGHT AND GROSS WEIGHT OF THE SHIPMENT TO APPLICANT WITHIN 3 DAYS AFTER THE DATE OF BILL OF LADING.
ADDITIONAL CONDITION	47A:	+ DOCUMENTS DATED PRIOR TO THE DATE OF THIS CREDIT ARE NOT ACCEPTABLE. + THE NUMBER AND THE DATE OF THIS CREDIT AND THE NAME OF ISSUING BANK MUST BE QUOTED ON ALL DOCUMENTS. + SHORT FORM/CHARTER PARTY/THIRD PARTY BILL OF LADING ARE NOT ACCEPTABLE. + ONE COPY OF BILL OF LADING, COMMERCIAL INVOICE AND PACKING LIST SHOULD BE MAILED TO THE APPLICANT BY DHL WITHIN THREE DAYS AFTER BILL OF LADING DATE, BENEFICIARY'S CERTIFICATE TO THIS EFFECT IS REQUIRED. + ALL PRESENTATIONS CONTAINING DISCREPANCIES WILL ATTRACT A DISCREPANCY FEE OF USD60.00 PLUS TELEX COSTS OR OTHER CURRENCY EQUIVALENT. THIS CHARGE WILL BE DEDUCTED FROM THE BILL AMOUNT WHETHER OR NOT WE ELECT TO CONSULT THE APPLICANT FOR A WAIVER.
CHARGES	71D:	ALL CHARGES AND COMMISSIONS OUTSIDE SINGAPORE ARE FOR ACCOUNT OF BENEFICIARY EXCLUDING REIMBURSING FEE.
PERIOD FOR PRESENTATION IN DAYS	48:	15
CONFIRMATION INSTRUCTION	49:	WITHOUT.

| REIMBURSING BANK | 53A: | ICBKUS33 INDUSTRIAL AND COMMERCIAL BANK OF CHINA, NEW YORK |
| INSTRUCTIONS TO THE PAYING/ACCEPTING/ NEGOTIATION BANK | 78: | ALL DOCUMENTS ARE TO BE REMITTED IN TWO LOTS BY COURIER TO UNITED OVERSEAS BANK LIMITED, TRANSACTION BANKING, TRADE FINANCE SERVICES, 146, OWER KENT RIDGE ROAD, SINGAPORE 119077. |

四、其他支付方式

在国际贸易中，除了汇付、托收、信用证等主要的支付方式，还有一些其他的支付方式。

（一）易货

易货是指商品或劳务经过计价后在买卖双方之间进行等值或基本等值的直接交换，不涉及现金的收付，也没有第三方介入。通俗来讲，易货就是以货换货。在采用易货方式进行交易时，买卖双方当事人以一份易货合同，确定交易商品的价值以及作为交换的商品或劳务的种类、规格、数量等内容。易货主要是用于补充现汇不足的贸易。政府间的易货贸易也称协议贸易，需要签订贸易协定与支付协定。

（二）赊销

赊销（open account，简写O/A）是指用赊欠的方式销售。赊销是以信用为基础的销售，卖方与买方签订购货协议后，卖方让买方取走货物，而买方按照协议在规定日期付款或以分期付款形式付清货款的过程，此种方式对卖方的资金流和买方的信誉是极大考验。

赊销一般用于与老客户的交易，或者支持新客户开拓市场。O/A中信保是一种新的结算方式。

（三）西联汇款

西联汇款是国际汇款公司（Western Union）的简称，是世界上领先的特快汇款公司。1871年推出汇款服务，迄今已有150多年的历史，它拥有全球最大最先进的电子汇兑金融网络，代理网点遍布全球200多个国家和地区。2020年，西联汇款向世界上除伊朗和朝鲜之外的每个国家提供汇款服务，将超过50万代理商的零售网络与平均每秒24笔交易的数字平台相结合。在国际贸易中，西联汇款主要用于小额支付，常用于样品费和快递费的支付。西联汇款只收取汇款人一方的手续费，取款不需手续费，取款人只需要提供银行名称和所在城市的信息，即可提取汇款。

（四）第三方支付平台

1. PayPal

PayPal是目前全球最大的第三方在线支付提供商，成立于1998年12月，总部在美国加利福尼亚州。PayPal在全球200多个国家和地区运营，支持100多种货币快速、安全在线支付。PayPal因其便捷性、安全性和广泛的全球网络而受到全球数百万用户的青睐，成为在线支付和电子商务的重要组成部分。

PayPal提供了安全、快捷和多样化的支付解决方案。用户可以通过连接银行账户、信用卡或借记卡与PayPal账户关联，进行资金的存入和提取。PayPal还提供了买家保护和卖家保护等安全措施，以保障用户的交易安全。任何人只要有一个电子邮件地址，就可以方便而安全地使用 PayPal 在线发送和接收付款，避免了传统的邮寄支票或者汇款的方法。

2. Skrill

Skrill，原名为 Moneybookers（成立于 2001 年，2010 年更名为 Skrill），总部位于英国伦敦，是欧洲使用率很高的网络电子支付方式。Skrill 集成了借记卡/信用卡、电子钱包、即时银行转账、现金等 100 多种支付方式，提供在线支付、汇款、ATM 取款、借记卡预付等一系列服务，覆盖全球 200 多个国家和地区，支持 40 种不同的流通货币，其便于使用、安全性高的性能为它赢得了良好的口碑。Skrill 通过电子邮箱地址安全支付以及收款的功能、广阔的地域覆盖性深得西方消费者和商家乃至一些境内商家与消费者的青睐。Skrill 支持美元、欧元、英镑等国际主流货币之间的电子支付、转账和汇款服务。作为 Skrill 支付安全保障制度的重要一环，系统对大额美金或者欧元的支付有所限制。而且，不同于其他网络支付系统，Skrill 要求用户必须激活认证自己的注册账号后才能开始使用其服务，这样就很大程度地遏制了网络支付诈骗的发生。

3. 支付宝国际版（Alipay Global）

支付宝是我国知名的第三方支付平台，由阿里巴巴集团旗下的蚂蚁金服运营。支付宝国际版（Alipay Global），是支付宝针对境外用户提供的一项支付服务。通过提供多货币支付、支持国际银行卡、丰富的应用场景和多语种客服等功能，支付宝国际版为全球用户提供了便捷的支付解决方案，促进了全球化贸易和旅游的便利性。

通过支付宝国际版，用户可以享受海外支付、跨境转账、外币兑换、电子钱包管理等服务。支付宝国际版支持美元、欧元、英镑、日元、澳大利亚元、加拿大元、新加坡元、港元等多种货币支付。

第三节　合同中的支付条款

合同中的支付条款（terms of payment）是指在合同中规定货款交付方式的条款，是合同条款中的重要组成部分。外贸合同中的支付条款要对货款付款的时间、地点、方式作详细的规定，其中支付方式和时间是支付条款的重要内容。支付条款可以约束买方按照支付条款的约定按时按方式付款，否则构成违约，买方需要承担违约责任，从而减少贸易争端或纠纷。

一、汇付支付条款

以汇付方式结算货款的贸易，合同中的支付条款应明确规定汇付的时间、具体的汇付方式和汇付金额等内容。

（一）电汇（T/T）支付条款

1. T/T 90 days after shipment（装船后 90 天电汇）

2. Payment terms will be 100% by T/T after delivery within 30 days.（货到 30 天内 100% 电汇付款。）

1) Progress payment (1): 50% by T/T equipment after shipment (against B/L).（中途款[1]：设备装船后以电汇方式支付设备款的 50%[收到提单后]。）

2) Progress payment (2): 40% by T/T equipment after completion of the installation and test.

（中途款[2]：设备安装完成并验收合格后以电汇方式支付设备款的 40%。）

3) Balance payment: 10% by T/T after the warranty period under the premise that the equipment does not appear any quality problem during the warranty period. （尾款：质保期结束且质保期内设备未出现任何质量问题的，买方以电汇方式支付设备款的 10%。）

Seller shall provide formal invoice to buyer prior to each payment, otherwise the buyer shall be entitled to delay the payment of equipment without any liability and indemnity. （付款前卖方应提供正规发票，否则买方有权迟延支付设备款，而不承担任何违约责任。）

3. T/T 30 days from B/L date（提单日起 30 天电汇汇款）

4. T.T. remittance within 30 days after B/L date（提单日后 30 天内电汇汇款）

5. Payment terms will be（付款方式如下：）

1) Progress payment (1): 30% prepayment by T/T after contracted. （中途款[1]：合同签订后以电汇方式预付 30% 货款。）

2) Balance payment (2): 70% payment by T/T before shipment (against B/L and 10% bank bond). （尾款[2]：装船前以电汇方式预付 70% 货款[收到提单及 10% 银行保函后]。）

6. Payment terms will be 100% by T/T in advance (100% 60 days before shipment). （全额电汇预付[装运前 60 天 100% 支付全款]。）

7. Payment terms will be 100% by T/T after shipment (30 days after B/L date). （装船后以电汇方式支付 100% 货款[收到提单日后 30 天内]。）

8. T/T 100% prepayment should be paid with 3 working days after contract date. （电汇 100% 预付款应在合同签订后 3 个工作日内支付。）

（二）信汇（M/T）支付条款

The buyer must pay in full by M/T within 90 days after receiving the goods. （买方必须在收到货物后 90 天内以信汇方式付清货款。）

（三）票汇（D/D）支付条款

The buyer shall pay 100% of the sales proceeds in advance by D/D to reach the seller not later than Feb. 1. （买方应不迟于 2 月 1 日将 100% 的货款用票汇预付并抵达卖方。）

二、托收支付条款

以托收方式结算货款的贸易，合同中的支付条款应明确规定交单条件、付款、承兑责任和付款期限等内容。

（一）承兑交单支付条款

The buyer shall dully accept the documentary draft drawn by the seller at 30 days sight upon first presentation and make payment on its maturity. The shipping documents are to be delivered against acceptance. （买方应承兑卖方开具的见票后 30 天付款的跟单汇票，并于汇票到期日付款。货运单据得到承兑后交付给买方。）

（二）付款交单支付条款

The buyer shall pay against documentary draft drawn by the seller at sight. The shipping documents are to be delivered against payment only. （买方应对卖方开具的即期跟单汇票付款。货运单据仅在付款后交付给买方。）

（三）远期付款交单

The buyers shall duly accept the documentary draft drawn by the sellers at 30 days sight upon first presentation and make payment on its maturity. The shipping documents are to be delivered against payment only. （买方应对卖方开具的见票后 30 天付款的跟单汇票，于第一次提示时进行承兑，并于汇票到期日付款。货运单据仅在付款后交付给买方。）

三、信用证支付条款

以信用证方式结算货款的贸易，合同中的支付条款应对开证时间、开证行、受益人、信用证种类、金额、装运期和交单期等作出明确规定。

（一）即期信用证支付条款

Documentary Letter of Credit at sight to be issued by Buyer through Bank of America.（买方通过美国银行开具即期跟单信用证。）

The buyer shall open through a bank acceptable to the seller an irrevocable sight letter of credit to reach the seller 30 days before the month of shipment, valid for negotiation in China until the 15th day after the date of shipment.（买方应通过卖方可接受的银行于装运月份前 30 天开立并送达卖方不可撤销的即期信用证，有效期至装运日后 15 天内在中国议付。）

（二）远期信用证支付条款

The buyer shall open through a bank acceptable to the seller an irrevocable letter of credit at 30 days' sight to reach the seller 30 days before the month of shipment, valid for negotiation in Beijing within the 15th day after the date of shipment.（买方应通过卖方可接受的银行于装运月份前 30 天开立不可撤销的见票 30 天后付款的信用证并送达卖方，有效期至装运日后 15 天内在北京议付。）

（三）混合付款信用证支付条款

30% of contract amount pay advance shipment by T/T, balance amount pay by L/C draft at sight remain valid for negotiation in beneficiary's country until the 15th day after shipment date.（合同金额的 30%在装运前用电汇预付，其余部分用即期信用证支付，议付有效期至装运日后 15 天在受益人国家有效。）

80% of the invoice value is available against L/C clean draft at sight while the remaining 20% of documents be held against payment at sight under this credit. The full set of the shipping documents of 100% invoice value shall accompany the collection item and shall only be released after full payment of the invoice value.（80%发票金额凭即期光票信用证议付，其余 20%即期付款交单支付。100%发票金额的全套货运单据随附于托收项下，于申请人付清发票全部金额后交单。）

（四）循环信用证支付条款

The buyer shall open through a bank acceptable to the seller an irrevocable revolving letter of credit at sight to reach the seller 30 days before the month of first shipment. The credit shall be automatically available during the period of 2024 for 20,000 US Dollar per month, and remain valid for negotiation in Beijing until Jan. 15, 2025.（买方应通过卖方可接受的银行于第一批装运月份前 30 天开立并送达卖方不可撤销的即期循环信用证，该证在 2024 年期间，每月自动可供 20000 美元，并保持有效期至 2025 年 1 月 15 日在北京议付。）

四、其他方式支付条款

O/A 60 days from B/L date（从提单日起 60 天内赊账）

◇ 导入案例分析

（1）银行有权拒绝议付。理由如下：根据UCP600的规定，信用证虽是根据买卖合同开立的，但一经开立就成为独立于买卖合同的法律文件。银行只受原信用证条款约束，而不受买卖双方之间合同的约束。合同条款改变，信用证条款未改变，银行就只按原信用证条款办事。买卖双方达成修改信用证的协议而未通知银行并得到银行同意的，银行可以拒付。

（2）作为卖方，当银行拒付时，可依修改后的合同条款直接要求买方履行付款义务。

📝 本章练习

一、单项选择题

1.当前，业务覆盖面积最大的银行间电信网络是（　　　）。

A. CHIPS　　　　　　B. CHAPS　　　　　C. SWIFT　　　　　　D. ABA

2.只能即期付款的票据是（　　　）。

A. 汇票　　　　　　B. 本票　　　　　　C. 支票　　　　　　D. 发票

3.由出口商签发，要求银行在一定时间内付款的汇票，不可能是（　　　）。

A. 远期汇票　　　　B. 银行汇票　　　　C. 即期汇票　　　　D. 商业汇票

4. T/T、D/D和M/T的中文含义分别为（　　　）。

A. 信汇、票汇、电汇　　　　　　　　B. 电汇、票汇、信汇

C. 电汇、信汇、票汇　　　　　　　　D. 票汇、信汇、电汇

5.根据我国的《票据法》，当票据上金额的大小写不一致时，（　　　）。

A. 以大写金额为准　　　　　　　　B. 以小写金额为准

C. 以金额较小者为准　　　　　　　D. 票据无效

6.以下结算方式，按出口商所承担的风险从大到小的顺序排列，应该是（　　　）。

A. 付款交单托收、承兑交单托收、跟单信用证

B. 承兑交单托收、付款交单托收、跟单信用证

C. 跟单信用证、承兑交单托收、付款交单托收

D. 跟单信用证、付款交单托收、承兑交单托收

7.从汇款速度来看，（　　　）是一种最快捷的方式，也是目前广泛使用的方式。

A. M/T　　　　　　B. D/D　　　　　　C. T/T　　　　　　D. D/A

8.按照UCP600的规定，对开证行审核单据和决定提出不符点的合理时间是（　　　）。

A. 收到单据后的 3 个工作日内　　　B. 收到单据后的 4 个工作日内

C. 收到单据后的 5 个工作日内　　　D. 收到单据后的 6 个工作日内

9.在托收业务中，如发生拒付，为了照料处理存仓、保险，重新议价，转售或运回等事宜，委托人可指定一个在货运目的港的代理人办理，这个代理人是（　　　）。

A. 委托行　　　　　B. 需要时的代理　　C. 代收行　　　　D. 承运人

10.在信用证业务中，负责向受益人传递信用证，并证实信用证的真实性，但不承担其他责任的银行是（　　　）。

A. 开证行　　　　　B. 通知行　　　　　C. 保兑行　　　　D. 议付行

二、判断题

1.我国内地与香港之间的结算不属于国际结算。　　　　　　　　　　（　　　）

2.与信汇和票汇相比，电汇方式费用较高，应该尽量避免使用。　　　（　　　）

3.银行汇票通常都是光票。　　　　　　　　　　　　　　　　　　　（　　　）

4.托收是通过银行办理的，因此，托收的结算基础是银行信用。　　　（　　　）

5.信用证结算方式可以使进口商避免出口商提交伪劣商品。　　　　　（　　　）

6.信用证是一种银行开立的无条件的付款承诺。　　　　　　　　　　（　　　）

7.若信用证未明确指出"不可撤销"，则可以认为是"可撤销信用证"。（　　　）

8.以汇款方式办理贸易结算时，进出口双方必然有一方要承担对方不严格履约的风险。

　　　　　　　　　　　　　　　　　　　　　　　　　　　　　　（　　　）

9.汇票金额写为"约100美元"或"550或600美元"的汇票为有效汇票。（　　　）

10.在保兑信用证方式下，开证行和保兑行都承担第一性的付款责任。（　　　）

三、简答题

1.比较汇票、本票和支票的不同点。

2.跟单托收分为承兑交单和付款交单两种。请从风险、资金负担方面分析承兑交单和付款交单分别对进出口商的影响。

3.信用证的种类有哪些？

四、案例分析题

1.中国某外贸公司向日本某进口商以D/P见票即付方式推销某商品，日方答复如中方接受"D/A at 45 days after sight"付款则可接受。请分析日方提出此项要求的出发点。

2.中国某公司向外国某商进口一批钢材，货物分两批装运，支付方式为不可撤销的即期信用证，每批分别由中国银行开立一份信用证。第一批货物装运后，卖方在有效期内向银行交单议付，议付行审单后该行议付货款，中国银行也对议付行作了偿付。中方在收到第一批货物后，发现货物品质不符合合同规定，要求开证行对第二份信用证项下的单据拒绝付款，但遭到开证行拒绝。问：开证行拒绝是否有道理？

第十章

商品检验、索赔、不可抗力及仲裁

◎ **学习目标**

知识目标：

1.了解国际货物贸易中商品检验的一般做法

2.熟悉违约、索赔、不可抗力及仲裁等概念

技能目标：

1.能处理进出口合同的争议与索赔

2.掌握不可抗力事件的认定及处理原则

3.掌握处理进出口业务纠纷的方法，妥善解决合同纠纷

素养目标：

1.树立依法、依规工作意识

2.具备法律意识，能正当维护公司及国家的利益

■ **导入案例**

中国某公司向A国出口一批商品，合同的商检条款规定："以装运港（地）签发的品质检验证书作为信用证项下议付所提交单据之一，买方对货物的索赔须在货物到达目的港（地）后7天内提出，并须提供经卖方同意的公证机构出具的公证报告。"货到A国口岸后，A国进口商办理进口手续提货，并将商品转卖给当地零售商销售。商品在销售过程中，零售商提出部分产品品质存在瑕疵，要求退货，进口商认为还在索赔期限内，于是向出口商提出索赔。

出口商认为货物已经转卖，产品存在的"瑕疵"可能是在零售过程中保管不当造成的；并且买方没有提供官方检验报告，仅凭零售商的退货要求就认定产品存在品质问题是没有道理的，卖方对买方的索赔不予理会。

问：卖方是否应为该批货物存在的"瑕疵"负责？

第一节　商品检验

在国际贸易中，卖方所交货物的品质、数量、包装等必须符合合同规定。但在实际业务中，买卖双方一般不是当面交接货物，而且在长途运输和装卸过程中，各种风险或承运人的责任都可能造成货损货差。为了便于分清责任，确认事实，往往需要由权威的、公正的商检机构对商品进行检验并出具检验证书以资证明。因而在买卖双方交接货物过程中，对商品进行检验并出具检验证书，是常见的进出口业务环节之一，商品可以由买卖双方自行检验。检验证书已成为国际贸易中买卖双方交接货物、结算货款、索赔和理赔的主要依据。

一、买方的检验权

各国法律和《联合国国际货物销售合同公约》（以下简称《公约》）都对买方的检验权作了相似的规定：除非合同另有规定，当卖方履行交货义务以后，买方有权对货物进行检验。《公约》第 38 条提道："（1）买方必须在按情况实际可行的最短时间内检验货物或由他人检验货物。（2）如果合同涉及货物的运输，检验可推迟到货物到达目的地后进行。（3）如果货物在运输途中改运或买方须再发运货物，没有合理机会加以检验，而卖方在订立合同时已知道或理应知道这种改运或再发运的可能性，检验可推迟到货物到达新目的地后进行。"《公约》第 58 条明确规定："买方在未有机会检验货物前，无义务支付价款，除非这种机会与双方当事人议定的交货或支付程序相抵触。"买方的这项权利是与卖方应当提交与合同相符的货物的义务相对应的。卖方必须提交与合同相符的货物，按照一般原则，如果合同已对货物的品质、规格有具体规定，卖方应按合同规定的品质和规格交货；如果合同没有具体规定，则卖方所交货物应符合法律规定的要求。

买方的检验权不是买方接收货物的前提条件。根据《公约》第 39 条第（1）款规定："买方对货物不符合同，必须在发现或理应发现不符情形后一段合理时间内通知卖方，说明不符合同情形的性质，否则就丧失声称货物不符合同的权利。"以上《公约》规定，要求买方利用合理的机会对货物进行检验，否则买方无法说明货物不符合合同情形的性质，丧失声称货物不符合同的权利，相当于放弃了检验权，丧失了拒收货物的权利。

买方的检验权是为了维护买方在收到货物与合同不符时保留索赔直至拒收货物的权利，但以下几种情形除外。一是合同约定的检验期限已过；二是买方发现货物与合同不符之后没有在合理期限内向卖方提出索赔，丧失声称货物不符合同的权利；三是买方表示无条件地接受货物；四是买方所做的检验不符合合同的规定，如没有通过合同约定的商检机构进行检验。

二、检验的时间和地点

货物检验的时间和地点是指买方或卖方何时、何地行使对货物的检验权。明确检验的时间和地点，关系到买卖双方的切身利益，决定哪一方行使对货物的检验权以及检验结果以哪一方提供的检验证书为准的问题。因此，规定检验时间和地点是合同中商定检验条款的核心内容。在国际贸易中，有关商品检验的时间和地点的规定方法，主要有以下四种。

（一）在出口国检验

在出口国检验可分为工厂检验（产地检验）和装船前检验（装船时检验）两种。

1. 工厂检验（产地检验）

工厂检验（产地检验）是指按合同约定，检验人员对出口商品在其工厂或产地实施检验，检验结果作为交货的最终依据。例如，出口大宗农产品，如棉花、粮谷、水果等商品，由于产地分散，生产季节性强，集中口岸检验有一定困难，为便利产地发运，商检机构通常派员到产地实行检验。在进口重要货物和大型成套设备时，国际上习惯的做法是在出口国工厂进行检验或安装、测试，出口商承担货物离厂前的责任，在出口国工厂的检验结果作为交货的最终依据。

2. 装船前检验（装船时检验）

在装船前或装船时，由双方约定的商检机构对货物进行检验后出具检验证书，作为买方接受货物的依据。这种做法被称为"以离岸品质和重量（或数量）为准"（shipping quality weight or quantity as final）。采用这种方法时，若卖方取得检验证书符合合同规定，则意味着卖方按质、按量履行合同义务，所交货物的品质和重量与合同规定相符。货物运抵目的港（地）后，买方无复验权。

在出口国检验的方法以出口地的检验结果为最终依据，买方无复验权。因此，此种方法对卖方有利。但若运输途中承运人原因或遇到保险责任范围内的风险导致货物损失的，买方可向承运人或保险公司索赔。

（二）在进口国检验

在进口国检验可分为目的港（地）检验和买方营业处所或最终用户所在地检验两种。

1. 目的港（地）检验

在目的港（地）检验是指由双方约定检验机构在目的港（地）对进口货物进行检验后出具检验证书，作为买方接收货物的依据。这种做法被称为"以到岸品质和重量（或数量）为准"（landing quality, weight or quantity as final）。如果检验证书证明货物与合同规定不符，则卖方应负相应责任。

2. 买方营业处所或最终用户所在地检验

对于一些不便在目的港卸货时检验的货物，例如密封包装，在使用之前打开有损于货物质量或会影响使用的货物，或是规格复杂、精密程度高、需要在一定操作条件下用精密仪器或设备检验的货物，一般不能在卸货地进行检验，需要将检验延迟到用户所在地进行。使用这种方法时，货物的品质和重量（数量）以用户所在地的检验结果为最终依据。

在进口国检验的方法以目的地的检验结果为最终依据，卖方应承担货物在运输途中品质、重量变化的风险，买方有权根据货物到达目的港时的检验结果，对属于卖方应该负责的货损、货差，向卖方提出索赔，或按事先约定的价格调整办法进行调整。因此，此种方法对买方有利。

（三）在出口国检验，在进口国复验

在出口国检验，在进口国复验是以出口国装运港（地）的检验证书为买方收取货的依据，货到进口国目的港（地）后，买方行使复验权。若在进口国验货后发现货物不符合合同规定，并证明这种不符不属于承运人或保险公司的责任范围，买方可在规定的时间内凭复验证书向卖方提出异议和索赔。这种做法对买卖双方都有好处，而且比较公平合理，因此，在国际贸易中被广泛使用。

（四）装运港（地）检验重量，目的港（地）检验质量

在大宗商品交易的检验中，为了调和买卖双方在商品检验问题上存在的矛盾，常见的做法是将商品的重量检验和品质检验分开进行，称作"离岸重量，到岸品质"（shipping weight and landed quality）。在装运港（地）检验货物后，检验机构出具重量检验证书，作为卖方所交货物重量的最后依据；在目的港（地）检验货物后，买方检验机构出具品质检验证书，作为货物品质的最后依据。使用这种做法，若买方检验货物结果与合同规定的品质和重量不符，买方只可凭品质检验证书就货物品质向卖方提出索赔，但货物重量仍以卖方检验证书为准，买方无权提出异议。

三、检验机构

在国际货物买卖合同中的商检条款，除了明确商品检验的时间和地点，一般还须明确商

品检验机构。商品检验机构在国际上名称各异，有的称公证行，有的称实验室等，是根据客户的委托或有关法律的规定对进出境商品进行检验、鉴定和管理的机构。

（一）商品检验机构的类型

商品检验机构可分为官方、半官方和非官方检验机构三种类型。

1.官方检验机构

官方检验机构是由国家或地方政府投资，按国家有关法律、法令对出入境商品实施强制性检验、检疫和监督管理的机构。如美国食品药品监督管理局、法国国家实验室检测中心、日本通商产业检查所等。

2.半官方检验机构

半官方检验机构是由国家政府授权、代表政府行使某项商品检验或某一方面检验管理工作的民间机构。如美国保险商试验所。

3.非官方检验机构

非官方检验机构是指由私人创办、具有专业检验鉴定技术能力的公正行或检验公司。如瑞士日内瓦通用鉴定公司、英国英之杰检验集团、日本海事鉴定协会、苏黎世认证有限公司等民间或社团检验机构。

（二）我国的商检机构

在我国，2018年4月14日起，国家出入境检验检疫管理职责和队伍统一划入海关总署，由海关总署主管全国出入境卫生检疫、出入境动植物及其产品检验检疫、进出口商品法定检验等工作。海关总署设在省、自治区、直辖市以及进出口商品的口岸、集散地的出入境检验检疫机构及其分支机构，管理所负责地区的进出口商品检验工作。海关总署于2018年8月21日启用新的检验检疫证书和新的签证印章。

海关总署商品检验司作为海关总署的署内部门，内设综合处、商品检验一处、商品检验二处、检验鉴定业务管理处，其工作职责包括：拟订进出口商品法定检验和监督管理的工作制度，承担进口商品安全风险评估、风险预警和快速反应工作；承担国家实行许可制度的进口商品验证工作，监督管理法定检验商品的数量、重量鉴定；依据多双边协议承担出口商品检验相关工作。

四、检验证书

检验证书是检验机构对进出口商品进行检验、鉴定后出具的书面证明文件。它是证明卖方所交货物的品质、数量、包装等项内容是否符合合同规定的依据，是买方对货物的不符点向卖方索赔和卖方理赔的主要依据，是海关凭以查验放行的单据，有时还是卖方办理出口结汇的单据。在实际业务中，究竟需要提供何种检验证书，应根据交易商品的种类、特性、进出口国的贸易习惯及有关政策法令而定，并在合同中予以明确规定。在进出口贸易中，常见的检验证书有：品质检验证书（Certificate of Quality）、数量检验证书（Certificate of Quantity）、重量检验证书（Certificate of Weight）、卫生检验证书（Sanitary Inspection Certificate）、兽医检验证书（Veterinary Inspection Certificate）、植物检疫证明书（Plant Quarantine Certificate）、消毒检验证书（Disinfection Inspection Certificate）等。

五、合同中的检验条款

合同中订立商品检验条款的目的在于确定商品的质量、数量（重量）和包装等是否符合要求，凭以验证卖方是否履行合同规定的交货义务。交易双方应结合商品的自身特点、国家法律法规规定及贸易惯例等因素，综合考虑、合理商定商检条款。合同商检条款的主要内容一般包括检验的时间与地点、检验机构、检验的标准与方法、复验的期限与地点、商品检验的内容、检验证书的种类等。

国际货物买卖合同中常用的商检条款举例：

The Certificate of Quality and Weight (Quantity) issued by ... (name of the inspection organization) at the port (place) of shipment shall be part of the documents to be presented for negotiation under the relevant letter of credit. Any claim by the Buyers regarding the goods shipped shall be filed within ... days after the arrival of the goods at the port (place) of destination, and supported by a survey report issued by a surveyor approved by the Sellers. （以装运港[地]××[检验机构名称]签发的品质和重量[数量]检验证书为信用证项下议付所提交单据的一部分。买方对于装运货物的任何索赔，须于货物到达目的港[地]后××天内提出，并须提供经卖方同意的公证机构出具的公证报告。）

第二节　索赔

在国际货物买卖合同的履行过程中，任何一个环节发生意外或差错，或是某一方当事人的故意或过失，导致争议时有发生。争议发生后，受损方往往会向违约方提出索赔，以维护自身利益。

一、争议产生的原因及违约的法律后果

（一）争议产生的原因

争议（disputes）是指交易的一方认为另一方未能全部或部分履行合同规定的责任而引起的业务纠纷。在国际货物买卖合同的履行过程中，争议产生的原因主要有以下方面。

1. 卖方违约

卖方违约主要表现在对交货义务的不能履行或不能完全履行。如果卖方不能履行或不能完全履行合同约定，如卖方不交货，或未按合同规定的时间、品质、数量、包装交货，运输安排不当，交货地点不当或是移交的单证不全或单证之间不符等，都会导致争议的产生。在实践中，卖方违约是产生争议和索赔案件的主要原因。

2. 买方违约

买方违约主要表现在对合同约定的条款，买方不同程度地违反其应承担的基本义务，如不开或延迟开立信用证，不支付或不按时支付货款，无理拒收货物，或在FOB条件下不派船或不按期派船等，都有可能导致争议的产生。

3. 合同中的某些条款规定不当

买卖合同条款规定不当，会导致合同的履行失去可操作性，造成双方当事人对合同条件理解上的不一致，从而引发争议。如贸易术语选用不当，交货时间规定得过于笼统，计量单位书写不规范，等等。

4. 引用不可抗力事故条款争议

在合同的履行过程中，合同一方当事人认为发生了某种合同规定的不可预见或无法预防、

无法控制的突发事件，需要引用相关条款予以免责，而合同另一方当事人对此的解释又不一致时，也会导致争议的产生。

5. 与运输合同当事人、保险合同当事人的争议

国际货物买卖合同的履行过程中，涉及运输合同、保险合同相关当事人的责任，相关当事人违反运输合同或保险合同的规定，未尽到本应尽的责任，或合同双方对有关问题认定不清，也是产生争议的常见原因。

（二）违约的法律后果

违约是指合同的当事人全部或部分未履行合同所规定的义务，或者拒绝履行合同义务的行为。违约是争议产生的主要原因，违约行为不同，所导致的法律后果和违约方应承担的责任也不同，对此，各国法律及公约有着不同的规定。

英国的《货物买卖法》将违约分为违反要件和违反担保两种，并规定：如果一方违反要件，受损方有权解除合同并要求损害赔偿；而如果违约方违反担保约定，受损方只能要求损害赔偿，而无权解除合同。一般认为与交易标的物直接相关的品质、数量、包装、交货期等条件属于要件，与标的物不直接联系的为担保。《联合国国际货物销售合同公约》把违约分为根本性违约和非根本性违约两类，并规定，如果交易一方根本性违约，另一方有权撤销合同并要求损害赔偿，否则只能要求损害赔偿，不能撤销合同。

虽然根据违约的法律责任不同，受损方可以有不同的救济措施，但最基本也是最主要的违约救济措施就是索赔。

二、索赔与理赔

索赔（claim）是指受损方向违约方提出损害赔偿要求。理赔（settlement of claim）则是违约方对受损方所提出的赔偿要求予以受理并处理。可见，索赔和理赔是一个问题的两个方面。

买卖合同当事人在向对方索赔时，应注意查明责任，遵守索赔期限，正确确定索赔款项，并备齐索赔所需的单证。索赔应在索赔期限内提出，否则将丧失索赔权。若合同中明确规定索赔期限的，应在合同规定的期限内提出索赔；若合同中未规定索赔期限，则应按有关法律或公约的规定办理。《联合国国际货物销售合同公约》第 39 条第②款规定："如果买方不在实际收到货物之日起两年内将货物不符合合同的情形通知卖方，他就丧失声称货物不符合合同的权利。"

在理赔时，应认真分析对方所提索赔理由是否充分、情况是否属实、是否符合合同及法律规定，仔细审核对方的索赔单证和文件，合理确定赔付办法。

在国际货物买卖合同中，索赔条款有两种规定方式：一是只规定异议与索赔条款（discrepancy and claim clause）；二是在规定异议与索赔条款的基础上再加一个罚金条款（penalty clause）。罚金条款也称违约金条款，是在合同中规定，如果一方当事人未按合同履行义务，应向对方支付一定数额的罚金，以补偿对方损失。其数额依违约时间长短或违约造成的损害程度而定，一般在合同中规定罚金的百分率。罚金条款一般适用于卖方延期交货、买方延迟开立信用证或延期接货等情况。但是，罚金的支付并不解除违约方应继续履约的义务，违约方不仅要交罚金，还要继续履行合同规定的义务。

在一般合同中，通常只订异议与索赔条款，而在大宗商品或重大交易合同中，一般要再加订罚金条款。

国际货物买卖合同中常用的异议和索赔条款举例：

Any claim by the Buyers regarding the goods shipped shall be filed within ... days after the arrival of the goods at the place of destination specified in relative multimodal transport documents, and supported by a survey report issued by a surveyor approved by the Sellers. （买方对于装运货物的任何异议，必须于货物抵达多式联运单据所列明的目的地××天内提出，并须提供经卖方同意的公证机构出具的检验报告。）

国际货物买卖合同中常用的罚金条款举例：

Should the Buyers for its own sake fail to open the Letter of Credit on time stipulated in the contract, the Buyers shall pay a penalty to the Sellers. The penalty shall be charged at the rate ...% of the amount of Letter of Credit for every ... days of delay in opening the Letter of Credit, however the penalty shall not exceed ...% of the total value of the Letter of Credit which the Buyers should have opened. （买方自身原因不能按合同规定的时间开立信用证的应向卖方支付罚金。罚金按迟开证每××天收取信用证金额的××%，不足××天者按××计算，但罚金总额不得超过买方应开信用证金额的××%。）

第三节　不可抗力

不可抗力（force majeure）又称人力不可抗拒事故，是指买卖合同签订之后，不是任何一方当事人的疏忽或过失，而是发生了双方当事人不能预见和预防又无法控制的意外事故，致使合同不能履行或不能如期履行，遭受意外事故的一方当事人可依据合同或法律规定，或解除合同或适当变更合同，另一方当事人无权提出索赔。因此，合同中订立的不可抗力条款也可以称为免责条款（escape clause）。

一、不可抗力事故的认定

不可抗力是合同法中的一个重要原则，它在英美法中被称作"合同落空"，在大陆法中被称作"情势变迁"或"契约失效"。同时它又是买卖合同中的一项免责条款，也就是说，如果一方当事人由于遭受不可抗力事故而未能按合同规定履行合同义务，此时，其可以免除不履约或不能如期履约的责任。

一般来讲，导致不可抗力事故发生的因素主要有两种：一种是地震、火灾、水灾、冰灾、雪灾、暴风雨、雷电等自然力量；另一种是战争、罢工、政府禁令、禁运、封锁等社会力量。对上述事故范围，各国对自然力量引起的事故解释比较一致，但对社会力量引起的事故解释往往不同。值得注意的是，并非所有阻碍合同履行的意外事故都可以归纳为不可抗力事故，综合国际上不同法律法规对不可抗力的解释，可以认定构成不可抗力事故者必须同时具备下述三个条件。

第一，事故必须发生在买卖合同签订之后。在合同订立时，这种意外事故并没有发生。假如在订立合同时，这种事故已经存在的话，那么，当事人在签订合同时就应该考虑到该事故对合同的影响，这种事故就不具备偶然性和突发性，就不属于不可抗力事故。

第二，事故不是当事人的疏忽或故意行为造成的。当事人对意外事故的发生并无责任。如果是当事人的过失或故意行为而导致意外事故的发生，从而致使合同不能履行或不能如期履行，那么该事故就不属于不可抗力事故。

第三，事故是当事人不能预见、无法控制的。在意外事故发生之前，当事人根本无法预料到会发生这种事故，或者即使预测到可能会发生该事故，但也无法阻止它的发生。

在实际业务中，应正确区分不可抗力事故与价格、汇率等因素所致的正常的商业风险之间的区别，以防止当事人随意扩大不可抗力事故的范围，推卸应承担的合同责任。

二、不可抗力的法律后果

我国《民法典》对不可抗力的免责问题作了规定："当事人一方因不可抗力不能履行合同的，根据不可抗力的影响，部分或者全部免除责任，但法律另有规定的除外。"

不可抗力事故所造成的法律后果主要有两种，一种是解除合同，另一种是变更合同。所谓变更合同是指由一方当事人提出并经另一方当事人同意，对合同的内容作适当的修改，包括延期履行、分期履行、替代履行和减量履行，其中延期履行是较常见的一种变更合同方式。

究竟什么情况下可以解除合同，什么情况下不能解除合同，而只能变更合同，要看买卖双方在合同中是如何对不可抗力条款予以规定的。如果双方未在合同中作出明确规定，则应根据所发生事故的性质及其对合同履行的影响程度而定。一般的原则是：如果不可抗力事故的发生使履行合同成为不可能，则可以解除合同；如果不可抗力事故只是暂时阻碍合同的履行，待不可抗力事故消失后，仍可以继续履行合同，那么，就只能变更合同，而不能解除合同。

三、不可抗力的处理

我国《民法典》规定："因不可抗力不能履行合同的，应当及时通知对方，以减轻可能给对方造成的损失，并应当在合理期限内提供证明。"即发生不可抗力后，当事人应采取一定措施，不能履约的一方当事人应及时通知另一方，提供必要的证明文件向对方证明所称不可抗力确实存在，并提出处理意见。若未及时通知，造成损失扩大的，对扩大部分不可免责。

在我国一般由中国国际贸易促进委员会出具不可抗力证明文件。在境外，出具不可抗力证明的机构通常是事故发生地的商会、公证机构或政府主管部门。

四、合同中的不可抗力条款

由于世界各国在对不可抗力的认定及不可抗力所引起的法律后果的解释不完全一致，为了避免不必要的纠纷，防止当事人任意扩大或缩小不可抗力事故的范围，买卖双方可在合同中对不可抗力条款作出明确具体的规定。货物买卖合同中的不可抗力条款主要包括四方面的内容：不可抗力事故的范围，不可抗力事故的法律后果，不可抗力事故的证明机构，不可抗力事故发生后通知对方的期限与方法。

国际货物买卖合同中常用的不可抗力条款举例：

If the shipment of the contracted goods is prevented or delayed in whole or in part by reason or war, earthquake, fire, flood, heavy snow, storm or other causes of Force Majeure, the Sellers shall not be liable for non-shipment or late shipment of the goods of this contract. However, the Sellers shall notify the Buyers by cable or telex and furnish the letter within 15 days by registered airmail with a certificate issued by China Council for the Promotion of International Trade attesting such event or events.（战争、地震、火灾、雪灾、暴风雨或其他不可抗力事故，致使卖方不能全部或部分装运或延迟装运合同货物的，卖方对于这种不能装运或延迟装运本合同货物不负有责任。但卖方须用电报或电传方式通知买方，并应在15天内以航空挂号信向买方提供中国

国际贸易促进委员会出具的证明此类事故的证明文件。）

第四节 仲裁

由于政治、经济、自然条件等诸方面的变化和影响，买卖双方在履行合同的过程中，难免会有不履约或不完全履约的情况发生，以致双方产生争议。国际贸易中解决争议的方式有很多，仲裁即是其中之一。由于采用仲裁方式解决争议具有诸多优点，因此它在国际贸易中得到广泛采用，并作为条款列入买卖合同中。

一、国际贸易中解决争议的方式

在国际贸易中，买卖双方发生争议，一般可以通过协商、调解、诉讼或仲裁四种途径来解决。

（一）协商

协商（consultation negotiation），又称友好协商，是指在争议发生后，买卖双方本着友好、协作的精神，在互谅、互让的基础上，不借助外界力量，自行协商解决纠纷，必要时由双方或其中一方作出让步，消除分歧，达成一致。

由于协商方式不受任何形式的限制，具有很大的灵活性，因此当买卖双方发生争议时，一般都愿意最先选择协商方式来解决纠纷。但这种方式也有一定的局限性，因为有时协商的结果并不能使双方消除分歧、达成协议。此时，就需要寻求其他途径以解决争议。

（二）调解

调解（conciliation），也称第三方调解，是指买卖双方发生争议时，在自愿的基础上请第三方从中调和矛盾，以消除双方的分歧，达成和解协议。

调解从本质上讲与协商并无太大的区别，它最重要的特点是，该方式的运用是以双方当事人的自愿为前提，一方当事人或调解员无权强迫另一方当事人接受调解。因此，当事人可以通过调解员在平和的气氛中以比较灵活快捷的方式解决问题，调解的成功与否都不会对买卖双方已经建立起来的业务关系造成太大的不利影响。

但是，由于调解是以当事人自愿为原则，因此，它的使用也有一定的局限性。当争议所涉及的金额巨大、性质严重或当事人对和解无诚意以致调解失败时，一般只能在诉讼或仲裁这两种方式中再作选择。

（三）诉讼

诉讼（litigation），是指发生争议的一方当事人依据一定的法律程序，要求有管辖权的法院对有关的争议予以审理，并依据法律作出裁决。

诉讼与协商及调解最本质的区别是，诉讼具有强制性。诉讼的强制性表现在法院的强制管辖和判决的强制执行两个方面。

采用诉讼方式解决争议程序复杂、耗时久、费用高，常常造成当事人关系紧张，不利于贸易关系的发展。而且跨国判决，执行起来也较为困难。所以，目前国际贸易中越来越多采用仲裁方式解决争议。

（四）仲裁

仲裁（arbitration），是指买卖双方按照在争议发生前或发生后签订协议，自愿将合同争议交给双方同意的仲裁机构进行裁决。

仲裁既不同于诉讼，也不同于协商和调解。仲裁比诉讼更强调自愿性，而较之协商和调解更强调强制性。仲裁的自愿性主要表现在，向仲裁机构提起仲裁时必须有双方达成的协议。它的强制性则体现在仲裁裁决是终局性的，双方当事人必须遵照执行。此外，与诉讼相比，采用仲裁方式解决争议还有如下好处。

第一，当事人双方可以选择仲裁员，仲裁员通常是各相关行业的资深专家、学者，裁决案件较为中肯和合情理。

第二，仲裁机构是非官方机构，审理案件不受外界干预，可以有效地保证裁决的公正性，这就进一步增强了当事人采用仲裁方式解决争议案件的愿望。

第三，仲裁案件的审理一般不公开，可以有效地保守商业机密，维护当事人商业信誉。

第四，仲裁程序比诉讼程序简单，而且仲裁裁决是终局性的。因此，采用仲裁方式解决争议通常比采用诉讼要迅速、及时，而且当事人所支出的仲裁费用也较低。

第五，跨国仲裁的裁决，执行起来相对于诉讼较有保障。

基于上述原因，在合同洽商过程中或在合同履行过程中发生争议而双方通过友好协商或调解不能达成一致时，一般都愿意选用仲裁方式来解决合同争议。

二、仲裁协议的形式及作用

仲裁协议（arbitration agreement）是有关当事人自愿将已经发生或即将发生的争议提交经双方同意的仲裁机构进行裁决的一种意思一致的表示，同时也是仲裁机构和仲裁员受理争议案件的依据。

（一）仲裁协议的形式

包括我国在内的绝大多数国家的仲裁规则及一些国际公约均规定，仲裁协议必须以书面方式订立。书面仲裁协议的形式主要有三种。

一是合同中的"仲裁条款"（arbitration clause），即双方当事人在争议发生之前订立的，一般以合同条款的形式写在买卖合同中，表示愿意将可能发生的争议提交仲裁裁决的协议。

二是"提交仲裁的协议"（submission arbitration agreement），即双方当事人在争议发生后订立的，表示同意将已经发生的争议提交仲裁裁决的协议。这种协议既可以采用协议书的形式，也可以通过双方的往来函件、电报或电传表示。

三是援引（reference）式仲裁协议，即当事人不直接拟订协议的具体内容，而只是同意有关争议按照某公约、双边条约、多边条约的仲裁条款所述的内容进行仲裁。这种协议可以是在争议发生之前或发生之后，通过援引方式签订的仲裁协议。

（二）仲裁协议的作用

仲裁协议虽然在形式上有所不同，但它们的法律效力是相同的，其作用主要表现在三个方面。

首先，约束双方当事人按照协议的规定以仲裁方式解决争议，而不得向法院起诉。

其次，排除法院对有关争议案件的管辖权。只要双方当事人签有仲裁协议，就只能采取仲裁方式解决争议，而不得将有关案件提交法院审理。如果一方违反仲裁协议，自行向法院提起诉讼，另一方即可根据协议要求法院停止司法诉讼程序，把争议案件发还仲裁庭审理。

最后，授予仲裁机构对有关争议案件的管辖权。

虽然上述三种不同形式的仲裁协议在法律上具有相同的效力，但是在实际业务中，如果买卖双方在争议发生前，没有在合同中订立仲裁条款或没有以援引的方式签订仲裁协议，那么一旦争议发生，由于双方处于对立的地位，往往很难再达成仲裁协议，一方当事人就很可能向法院起诉。因此，如果当事人不愿将日后可能发生的争议通过司法诉讼予以解决，而是希望交付仲裁，就应该在买卖合同中加列仲裁条款，以免争议发生后，双方因不能达成提交仲裁的协议而不得不诉诸法律。正是出于上述原因，在国际货物买卖中，较常采取的是在合同中订立仲裁条款并约定仲裁协议的形式。

三、合同中的仲裁条款

合同中的仲裁条款是指写进买卖合同中，约定将日后可能发生的争议提交仲裁的条款，通常包括仲裁地点、仲裁机构、仲裁程序与规则、仲裁裁决的效力等方面内容。

（一）仲裁地点

仲裁地点是指仲裁所选择的地点，一般是仲裁机构的所在地。在商定仲裁条款时，交易双方一般都争取在本国仲裁，其原因主要是当事人对本国的仲裁机构和有关程序规则比较了解，而且没有语言障碍，还可以节省费用。此外，仲裁所适用的程序法，甚至与买卖合同所适用的实体法都与仲裁地点有着密切关系。根据许多国家法律的解释，凡属程序方面的问题，一般都适用审判地法律，即在哪个国家仲裁，如果没有相反的约定，就适用哪个国家的仲裁法规。

我国企业对外签订的贸易合同，在规定仲裁地点时，应首选在我国仲裁。如果争取不到在我国仲裁，可与对方协商，选择在被诉方所在国仲裁，或是按规定在双方较为信任的第三国进行仲裁。

（二）仲裁机构

所谓仲裁机构是指受理仲裁案件并作出裁决的机构。目前，国际商事仲裁机构分为常设机构和临时性的仲裁机构两种。

常设机构组织稳定、制度健全、人员齐备、选用方便，有利于仲裁的顺利进行，因此被国际上绝大多数仲裁争议案件选用。中国国际经济贸易仲裁委员会是我国常设的涉外经济贸易仲裁机构。世界上有许多著名的国际商事仲裁常设机构，如法国巴黎国际商会仲裁院、英国伦敦国际仲裁院、瑞典斯德哥尔摩仲裁院、瑞士苏黎世商会仲裁院、日本商事仲裁协会、美国仲裁协会、意大利仲裁协会、中国香港国际仲裁中心等。

临时性的仲裁机构，是指专门为审理某一争议案件而临时组成的仲裁庭。组成仲裁庭的仲裁员由双方当事人指定，案件审理完毕后，仲裁庭即自动解散。在仲裁地点无常设仲裁机构，或当事人双方为解决特定争议而愿意指定仲裁员专审案件时，常选择临时性的仲裁机构进行仲裁。

（三）仲裁程序与规则

仲裁程序与规则是指实行仲裁的程序和具体做法，包括如何提交仲裁申请，如何进行答辩，如何指定仲裁员，如何组成仲裁庭，如何进行仲裁审理，如何作出裁决及如何交纳仲裁费等。仲裁程序与规则为当事人和仲裁员提供了一套仲裁时必须遵守的行为准则。

仲裁规则与仲裁机构有着密切的关系。通常情况下，合同的仲裁条款中规定在哪个仲裁机构进行仲裁，就应该按照该仲裁机构制定的仲裁规则办理。但是，也有不少国家允许当事人选择仲裁地点以外的其他国家仲裁机构的仲裁规则，但以不违反仲裁地国家仲裁法中的强制性规定为前提条件。临时仲裁机构所适用的仲裁规则由双方当事人自行约定。

（四）仲裁裁决的效力

仲裁裁决的效力是指仲裁机构对争议案件审理后所作的裁决对双方当事人是否有约束力，是否终局性的，以及能否向法院上诉，要求变更裁决。

在国际上，包括中国在内的绝大多数国家都规定，仲裁裁决具有终局效力，对当事人均具有约束力，双方必须遵照执行，任何一方都不得向法院起诉要求变更。也有少数国家允许不服裁决的当事人向法院上诉，但法院一般只审查程序，不审查实体，即只有在发现仲裁员未按仲裁程序规则审理案件时，法院才可以撤销裁决。为了明确仲裁裁决的效力，避免上诉的发生，当事人在订立合同中的仲裁条款时，应明确规定仲裁裁决的效力。仲裁条款中还可写明仲裁费用应由哪一方负担。多数合同规定仲裁费用由败诉方负担，但也有的合同规定由仲裁庭酌情掌握。

（五）合同仲裁条款举例

1. 在我国仲裁的合同仲裁条款

Any dispute arising from or in connection with this contract shall be settled amicably through negotiation. In case no settlement can be reached through negotiation, the case shall then be submitted to China International Economic and Trade Arbitration Commission for arbitration which shall be conducted by the Commission in Beijing in accordance with the Commission's arbitration rules. The arbitration award is final and binding upon both parties. （凡因本合同所引起的或与本合同有关的任何争议，双方应通过友好协商解决。如果协商不能解决，应提交中国国际经济贸易仲裁委员会按该会仲裁规则，在北京进行仲裁。仲裁裁决是终局性的，对双方均有约束力。）

2. 在被诉方所在国仲裁的合同仲裁条款

Any dispute arising from or in connection with this contract shall be settled amicably through negotiation. In case no settlement can be reached through negotiation, the case shall then be submitted for arbitration. The location of arbitration shall be in the country of domicile of the defendant. If in China, the arbitration shall be conducted by China International Economic and Trade Arbitration Commission in Beijing in accordance with its arbitration rules by... (name of the country of domicile of the defendant). Otherwise, the arbitration shall be conducted by... (name of the arbitration organization) in... (name of the place) in accordance with its arbitration rules. The arbitration award is final and binding upon both parties. （凡因本合同所引起的或与本合同有关的任何争议，双方应通过友好协商解决。如果协商不能解决，应提交仲裁，仲裁在被诉一方所在国进行。如在中国，由中国国际经济贸易仲裁委员会根据该会仲裁规则在北京进行仲裁。如在×××［被诉一方所在国家的名称］，则由×××［被诉一方所在国仲裁机构的名称及所在城市］根据该仲裁机构的仲裁规则进行仲裁。仲裁裁决是终局性的，对双方均有约束力。）

3. 在第三国或对方所在国仲裁的合同仲裁条款

Any dispute arising from or in connection with this contract shall be settled amicably through negotiation. In case no settlement can be reached through negotiation, the case shall then be submitted to... (name of the arbitration organization in the third country or the other country) in (name of the place) in accordance with its arbitration rules. The arbitration award is final and binding upon both parties.（凡因本合同所引起的或与本合同有关的任何争议，双方应通过友好协商解决。如果协商不能解决，应提交×××［某第三国或对方所在国仲裁机构的名称及所在城市］根据该仲裁机构的仲裁规则进行仲裁。仲裁裁决是终局性的，对双方均有约束力。）

◇ 导入案例分析

先导案例中，合同中规定了商品检验的时间地点及索赔条款。买方在接收货物之前有权对货物进行检验，但买方对货物的检验并不是买方接收货物的前提条件。进口方没有在货物到港后利用合理的机会对商品进行检验，而是直接把货物转卖给零售商，那就等于买方放弃了对该批货物的检验权。并且，买方没有提供经卖方同意的检验机构出具的报告，不符合索赔要求，卖方对买方的索赔可不予理会。进口商只能自行对该批货物的"瑕疵"负责。

✎ 本章练习

一、单项选择题

1."在出口国检验，在进口国复验"的这种商品检验时间和地点的规定方法（　　）。

A. 对卖方有利　　　　　　　　　　B. 对买方有利

C. 对保险公司有利　　　　　　　　D. 兼顾了买卖双方的利益，比较公平合理

2. 以下内容不属于不可抗力事故范围的是（　　）。

A. 商品市场价格变化　　　　　　　B. 飓风

C. 海啸　　　　　　　　　　　　　D. 政府禁令

3. 仲裁协议是仲裁机构受理争议案件的必要依据，关于仲裁协议的达成时间，以下说法正确的是（　　）。

A. 必须在合同中写上仲裁条款

B. 必须在争议发生之前达成

C. 既可以在争议发生之前达成，也可以在争议发生之后达成

D. 只能在争议之后达成

4. 双方当事人在合同中明确规定："货物运抵目的港后30天内索赔。"这种索赔期限叫作（　　）。

A. 法定索赔期限　　　　　　　　　B. 约定索赔期限

C. 固定索赔期限　　　　　　　　　D. 变动索赔期限

5. 买卖双方在合同中订立仲裁条款，若在履行合同过程中发生争议，则以下说法正确的是（　　）。

A. 只能通过诉讼解决争议

B. 排除法院对争议案件的管辖权，在友好协商或调解都无法解决争议的情形下，只能通过仲裁解决争议

C. 既可以选择诉讼，也可以选择通过仲裁解决争议

D. 应该先选择诉讼，如果一方不服裁决，可再通过仲裁裁决

6. 如果不可抗力事故只是暂时阻碍了合同的履行，待不可抗力事故消失后，仍可以继续履行合同，以下说法正确的是（　　）。

A. 不可抗力事故的发生使得合同无效，双方之间解除合同

B. 发生不可抗力事故的一方必须按合同条款正常履行合同，否则将承担违约责任

C. 合同未经双方同意被宣告无效，只能延迟履行合同，一旦履约障碍消除，双方仍须继续履行合同义务

D. 发生不可抗力事故的一方无须经另一方同意，可决定解除合同或是延期履行

二、多项选择题

1. 仲裁协议的形式包括（　　　）。

A. 合同中的仲裁条款

B. 双方当事人在争议发生之后达成的书面仲裁协议

C. 援引式仲裁协议

D. 口头仲裁协议

2. 在国际贸易中解决争议的方法一般有（　　　）。

A. 友好协商　　　　　B. 调解　　　　　C. 仲裁　　　　　D. 诉讼

3. 用仲裁解决争议的特点有（　　　）。

A. 以双方当事人自愿为基础

B. 任何仲裁机构都不受理没有仲裁协议的案件

C. 仲裁协议必须在争议发生之前达成

D. 仲裁裁决是终局的，对双方均有约束力

4. 合同中关于商品检验时间和地点的规定方法主要有（　　　）。

A. 在出口国检验　　　　　　　　B. 在进口国检验

C. 把货物运到第三国检验　　　　D. 在出口国检验，在进口国复验

三、判断题

1. 为了确保进出口商品的品质符合合同要求，我国要求所有进出口商品均实施法定检验。
（　　　）

2. 合同当事人发生争议需要仲裁时，应向仲裁机构提交仲裁协议，这种协议必须在争议发生之前订立。（　　　）

3. 买卖双方为解决争议而提请仲裁裁决时，必须向仲裁机构递交仲裁协议，否则，仲裁机构不予受理。（　　　）

4. 《联合国国际货物销售合同公约》规定，在履行合同过程中如果一方当事人发生非根本性违约，受损方只能要求损害赔偿，不能撤销合同。（　　　）

5. 争议也称异议，是指交易一方认为对方未能部分或全部履行合同规定的责任与义务而产生的纠纷。（　　　）

6. 根据《中华人民共和国进出口商品检验法实施条例》，法定检验的出口商品未经检验或者经检验不合格的，不准出口。（　　　）

7. 在订立合同前已经发生的自然灾害或意外事故，只要阻碍合同履行，即可视为不可抗力事故。（　　　）

8. 在进出口合同履行过程中发生争议后，双方达成仲裁协议，同意通过仲裁解决争议，仲裁裁决是终局性的，双方当事人必须遵照执行。（　　　）

四、案例分析题

1. 某公司以 FOB 贸易术语出口一批货物，合同中的商检条款规定"装运港检验，目的港复验"。货物出口时，已通过商检机构检验并出具检验证书，证明货物装船时包装良好、符合

合同要求，但货到目的港后发现部分货物包装破损，产品质量发生变化。针对以上情况，卖方是否应负赔偿责任？为什么？

2. A 公司委托 B 公司进口机器一台，合同规定索赔期限为：货到目的港后 90 天。货到目的港卸船后，B 公司立即将货物转给 A 公司，因 A 公司厂房尚未建好，机器无法安装试车。半年后厂房完工，机器安装完毕并进行试车，A 公司发现机器不能正常运转。经过商检机构检验，该机器是旧货，于是 A 公司要求 B 公司对外索赔。但外商以超过索赔的期限为由拒绝赔偿，A 公司蒙受巨大经济损失，请问我们从中应吸取什么教训？

第十一章

进出口合同的履行

◎ 学习目标

知识目标：

1. 了解出口合同的履行流程

2. 了解进口合同的履行流程

技能目标：

1. 能根据合同内容处理出口合同履行的基本业务操作

2. 能根据合同内容处理进口合同履行的基本业务操作

素养目标：

1. 培养"重合同，守信用"的职业素养

2. 养成外贸业务相关岗位从业人员所需的"专业、敬业、严谨细致"的工作作风

■ 导入案例

中国某公司与澳大利亚客户以CIF贸易术语、即期付款交单（D/P at sight）结算方式达成一笔出口贸易合同。出口商是如何履行合同的呢？请你以出口商的角色简述该笔合同的出口履约流程。

合同签订后，买卖双方应本着"重合同，守信用"的原则，严格按照合同条款履行进出口合同。合同使用的贸易术语不同、结算方式不同，合同的履行流程也有所不同。以信用证方式结算的CIF出口合同的履行涉及的步骤有催证、审证、改证、备货、租船订舱、报检报关、装船、制单结汇等环节；而以信用证方式结算的FOB进口合同的履行步骤包括开证、租船订舱、办理保险、审单付款、报关提货等环节。下面我们分别对进出口业务流程展开介绍。

第一节　出口合同的履行

出口合同履行一般涉及备货、办理出口手续、运输、制单结汇等环节，涉及面较广，手续也较繁杂。因此，出口商履行合同义务时，必须认真梳理工作流程，加强与有关单位的沟通、协作和配合，把各项工作做到精确细致，避免工作脱节导致延误装运日期或是影响安全收汇等事故的发生。同时，出口企业各个部门之间相互协作、共同配合，以保证出口合同的顺利履行。

一、按合同规定备货

按合同规定的货物品名、品质、数量、包装等合同条款给买方交货是卖方的基本义务。根据《联合国国际货物销售合同公约》第35条规定："卖方交付的货物必须与合同所规定的

数量、质量和规格相符，并须按照合同所规定的方式装箱或包装。"因此，按合同约定备货是履行出口合同的重要环节。在备货过程中，出口方应注意以下几个问题。

（一）按合同约定的品质备货

出口方应严格按合同的品质条款生产或采购出口货物。对备齐的出口货物，应认真核实货物的品质、规格，必要时应进行加工整理，以保证货物的品质、规格与合同或信用证规定一致。

（二）货物数量应满足合同的要求

出口货物的数量应保证满足合同或信用证对数量的要求，备货的数量应适当留有余地，有可供调换和适应舱容之用，以防止装运时发生意外或损失。

（三）出口货物包装应足以保护货物

出口货物要经过各种长途运输，甚至运输途中还会涉及转运，经过多次搬运、装卸或使用不同的运输工具运输，才最终送达客户手中。出口商应本着最大限度地使货物保持完好无损的原则，对出口货物进行包装。合同中若写明包装条款的，出口商应按合同中的包装条款对出口货物进行包装。若合同中未明确规定商品包装的具体要求，则应结合货物运输方式及出口货物通用的方式进行包装。

（四）合理安排时间备货

出口备货时间应根据合同及信用证规定，结合船期安排，以便于船货衔接。

二、出口订舱

采用CFR、CIF等贸易术语成交的合同，出口商承担租船订舱的责任。出口公司根据船公司提供的船期表掌握船、货情况，在船舶抵达港口或截止签单前，及时办理托运手续。船公司根据能提供使用的载重吨、货舱容积和具体订舱的货载特点，拟订合理的选载方案，通过代理人与订舱人联系落实，并发出订舱单。订舱单上通常会有货名，重量及尺码、起运港，目的港、收发货人、船名等内容。承运人对这种订舱申请（预约）给予承诺后，即表明承托双方已建立有关货物运输的关系，并开始着手货物装船承运的一系列准备工作。

出口业务中，租船订舱的主要步骤有：① 出口商向承运人填写、提交托运单（shipping note）。托运单是按照合同和信用证条款内容填写向船公司或者其代理人办理货物运输的单证。内容包括货物描述、起止港口、托运人、收货人名称地址以及其他与货物运输有关需要说明的事项。② 配舱。船方根据托运单内容，结合航线、船期和舱位的情况，如果认为可以承运，则安排具体航班，然后在载明相关信息的托运单上签章，返回托运人一份，至此订舱手续才算完成。

中国国际贸易"单一窗口"（以下简称"单一窗口"）建设了航空物流公共信息平台。平台上线后，外贸企业的航空货运进出口可实现订舱、称重、安检等多种信息的数据交换传输，企业信息录入进一步简化，有效解决了航空物流公共信息多头填报、流转不畅及效率不高等问题。

三、办理出口手续

货物在出口环节可能涉及办理出口许可证、申报出口检验检疫、出口报关等出口手续。目前，我国已实现通过"单一窗口"口岸执法申报服务平台，以"总对总"方式与各口岸管理和国际贸易相关部门系统对接。"单一窗口"依托中央和地方两级电子口岸公共平台,共同打造全国一体化"单一窗口"环境,实现申报人通过"单一窗口"一点接入、一次性提交满足口岸管理和国际贸易相关部门要求的标准化单证和电子信息。相关部门通过电子口岸平台共享数据信息、实施职能管理,处理状态(结果)统一通过"单一窗口"反馈给申报人,简化了货物通关手续,降低了通关费用,基本满足了国际贸易"一站式"业务办理需求。

(一)办理出口许可证

凡实行出口配额许可证管理和出口许可证管理的货物,出口企业应当在出口前按规定向指定的发证机构申领出口许可证,海关凭出口许可证接受申报和验放。

1. 查询货物是否需办理出口许可证

出口商可通过查询商务部、海关总署每年联合发布的年度《出口许可证管理货物目录》和《出口许可证管理分级发证目录》,了解货物是否属于出口许可证管理商品。涉及出口配额或资质管理货物的,出口货物还应取得出口配额或相应出口资质。

出口商也可以通过商务部网站的"政策发布"栏,查找商务部公告公布的年度货物进口、出口、自动进口、两用物项和技术进出口许可证发证目录。属于目录内商品的,如无特殊规定,均需办理相应的许可证。

出口商还可以通过中国海关报关实用手册中海关商品编码后对应的监管条件,查询货物是否需要办理相应的许可证件。如,出口许可证监管证代码为"4",加工贸易出口许可证监管证代码为"x",边境小额贸易出口许可证监管证代码为"y"。对列入实施出口管制的货物,出口经营者应按照相关规定办理出口许可手续。

2. 出口许可证的签发机构

我国商务部配额许可证事务局和商务部驻各地特派员办事处及受商务部委托的地方商务主管部门负责签发进出口许可证件。商务部驻各特派员办事处只负责签发属于配额管理、配额招标管理和国有贸易管理商品的出口许可证,地方商务主管部门负责签发进口、出口、自动进口、两用物项和技术进出口许可证。各发证机构负责签发的许可证种类和商品种类每年都会随管理政策的调整而调整,具体出口许可证的签发机构以商务部发布的下一年度《进出口许可证件发证机构名录》为准。

3. 货物出口许可证办理流程

属于需要办理出口许可证的货物,出口商在合同签订后,通过企业电子钥匙登录商务部业务系统统一平台,向主管部门申请办理出口许可证,全程电子化。

出口商登录商务部业务系统统一平台进入业务大厅,选择商务部进出口许可证统一管理平台,点击进入应用。申请出口许可证分为录入申请、上报申请、待审申请、复审未通过列表、打印申请表、已打印申请表、申请企业信息、查看电子凭证等模块。

企业在网上申请出口许可证,提交满足商务部要求的证书申请信息,主管机关按照确定的规则进行审核,并将审核结果通过"单一窗口"反馈给企业。提交的申请表信息在审核通过之后,将生成电子许可证,电子许可证信息被发往海关。同时,企业可在系统中查看并下载本企业的电子许可证。目前除进口关税配额系统外,其他许可证发证系统均与海关通关系统实现联网核查。

(二)出口报关

自2018年实行关检融合以来,进出口企业统一通过"单一窗口"实现报关报检,对进出口货物全面实施一次查验，凭海关放行指令提离货物，实现一次放行。

1. 出口货物检验检疫申报

一般来说，出境货物最迟应在出口报关或装运前 7 天报检，并由产地/组货地海关受理出口申报前的监管申请。对于个别检验检疫周期较长的货物，应留有相应的检验检疫时间。

出口商根据出口货物是否属于法检货物或合同中是否约定出具检验证书来办理出境货物检验检疫申报。根据我国进出口商品检验法及其实施条例的规定，列入必须实施检验的进出口商品目录的进出口商品和其他法律法规规定须经商检机构检验的进出口商品，必须经过国家商检机构检验合格方能进口或出口，上述商品未经检验合格的，不准进口或出口。另外，合同约定必须凭检验检疫机构签发的证书进行结算时，未申报检验检疫的商品无法获得检验证书，将影响顺利结汇。

出口商备货完毕后，在"单一窗口"填写出境检验检疫申请单，将数据向相关业务主管部门发送，并等待其审批。填写出境检验检疫申请单时应注意结合结算单据需求明确选择所需要的证单代码、名称、正副本份数，录入随附单据的单据代码、名称、编号等信息。审核通过后，出口企业根据需要可到领证海关领取检验检疫证单。

属于法定检验的出口货物，须在报关前通过"单一窗口"的"出境检验检疫申请"页面录入报检信息，向产地/组货地海关申报；海关实施检验检疫监管后建立电子底账，向企业反馈电子底账数据号，符合要求的按规定签发检验检疫证书；企业或其委托的代理报关企业进行报关时，填写电子底账数据号，办理出口通关手续。

2. 出口货物报关

出口货物发货人、受委托的报关企业应当在货物运抵海关监管场所后、装货的 24 小时以前向海关申报。经电缆、管道或其他特殊方式进出境的货物，进出口货物收发货人或其代理人按照海关规定定期申报。

出口货物报关的流程一般包括在"单一窗口"录入出口货物报关单上需申报的数据和内容；海关接受申报数据，完成审核、货物查验后，出口商根据海关"单一窗口"查询海关反馈的报关单放行状态信息，自行打印海关放行通知书，凭通知书办理发货手续。

四、根据需要办理国际货运保险

采用CIF、CIP贸易术语成交的合同，出口商有义务按合同约定的投保险种及投保金额，在货物风险转移前给出口货物办理国际货物运输保险。出口商承担货物到指定目的地（交货地点）的风险的贸易术语成交的合同，出口商一般也会为出口货物办理国际货物运输保险。

出口商应在运输工具起运前，备妥货物并确定装运日后及时办理投保。投保人必须填写一份"海运出口货物投保单"或"运输投保申请单"（Application for Transportation Insurance），并随附发票或提单等，保险公司对此审核无误后，以此为依据出具保险单或其他保险单据，收取保险费。在运输过程中，当被保险货物遭受保险合同责任范围内的损失时，被保险人可凭保险单据向保险人提出索赔。

"单一窗口"金融保险服务通过与银行及保险机构对接，面向收发货人企业提供相关金融服务。出口商可通过"单一窗口"在线上向保险公司递交申请办理国际货运保险的电子信息，并查询办理结果。

五、缮制结汇单据

在国际贸易实务中，买卖双方签订合同后，在合同的履行阶段，有关货物的交接与货款的结算，往往是通过各种单证的转移来实现的，即买卖双方凭借单证处理货物的交付、运输、保险、商检与结汇等。就出口贸易而言，出口单证是出口货物推定交付的证明，是结算的工具。因此，出口企业在完成交货后，正确、完整、及时、清晰地完成全套单证缮制，是安全顺利结汇的关键。

（一）缮制商业发票和包装单据

1. 商业发票

商业发票（commercial invoice）是卖方向买方开具的发货价目清单，是装运货物的总说明，也是缮制其他单据的中心单据。商业发票的内容一般载有合同的主要交易条款，如货物的品名、规格、数量、重量、单价和总金额等。

2. 包装单据

包装单据（packing documents）是指用于记载或描述商品包装细节的清单，可供进出口双方及各有关当局了解已装箱货物详情。根据不同商品或信用证的规定，有不同类型的包装单据，常用的包装单据主要有：装箱单（packing list）、重量单（weight list）、尺码单（measurement list）、详细装箱单（detailed packing list）、花色搭配单（assortment list）等。出口公司应按信用证的规定以及进口商的要求，并根据不同商品的特点提供适当的包装单据。

包装单据并无统一固定的格式，制作时一般都由出口公司根据信用证或合同的要求和货物的特点自行设计。包装单据的内容一般有：编号和日期、合同号码或信用证号码、唛头、货物名称、规格和数量、包装件数及件号、包装件尺码、包装类别、货物毛净重等。包装单据一般不记载货物的单价和总价。

（二）原产地证书

原产地证书（certificate of origin）简称原产地证，是证明货物原产地或制造地的具有法律效力的书面文件。原产地证书一般是出口商应进口商要求而提供的。不同的原产地证书，签发机构不同，我国出口商一般向海关或中国国际贸易促进委员会申请原产地证书。

我国出口商可登录"单一窗口"，在网上申报，向海关或中国国际贸易促进委员会申请办理原产地证书。向海关申请原产地证书的基本流程是：申请人登录"单一窗口"进行原产地企业备案；企业备案通过之后，添加产品信息，提交产品预审申请；企业备案完成后，可以办理原产地证书申请。申请人应在货物出口前或出口时向海关申请办理原产地证书。申请人在"单一窗口"网站选择"海关原产地证申请"，打开"新建证书"页面，根据需要选择一般原产地证书、RCEP原产地证书或中国—韩国自贸区原产地证书等。新建证书界面为用户提供各类原产地证书的录入、暂存、复制、删除、打印、申报等功能。申请人可在原产地申报系统界面打开"证书查询"查看海关回执，若单据状态显示"审核通过，待打印"，即海关审核通过，企业可自行彩色打印带有印章签名的完整原产地证书。

对于已经签发（审核通过）的原产地证书，申请人证书内容需要更改或是原证书被盗、遗失或损毁的，可在自证书签发之日起1年内向原签证机构申请重发证书。申请重发证书时，申请人应详细填写更改/重发申请书，更改后生成新的证书号，并关联原证书号。对已签发的优惠性原产地证书的更改，申请人须确认未向进口方海关提交过原证书，然后退回原证书，再详细填写并提交更改/重发申请书。

（三）保险单据

保险单据（insurance documents）是保险人与被保险人之间订立的保险合同的证明。在CIF或CIP合同中，出口方必须向进口方提供保险单或保险凭证作为出口结汇单据之一。

投保申请单一般由保险人根据不同险种事先设计内容格式，供投保人在投保时填写。投保申请单的主要内容有：投保人名称、发票号和标记、包装及数量（件数）、货名、保险金额、运输工具与开航日期、赔付地点与币制、运输路程、承包险别、投保单位签章与投保日期等。

（四）运输单据

在出口业务中，运输单据主要包括出口货物托运单以及承运人收到承运货物后签发给出口商的运输单据。运输单据是交接货物、处理索赔与理赔以及向银行结算货款或议付的重要单据，是国际贸易单证中最重要的单据之一。第八章第二节对运输单据有详细介绍，此处只作简要介绍。

1. 出口货物托运单

出口货物托运单（booking note for export cargo，B/N）是出口公司在办理订舱时，根据买卖合同或信用证的有关内容填制，并交给承运人委托其办理货物运输的书面凭证，是托运人向承运人船公司订舱的主要依据。托运单虽然不是结汇单据，却是缮制提单的主要依据。在信用证支付合同中，出口方应按信用证有关条款及内容填制出口货物托运单或订舱委托书的内容。在实际业务中，出口商也可填写订舱委托书委托代理订舱。

2. 承运人签发的运输单据

不同的运输方式，承运人签发的运输单据不同。在国际货物贸易海洋运输及航空运输方式下，常见的运输单据有海运提单和航空运单。

（1）海运提单

海运提单（ocean bill of lading，B/L）简称提单，是在海洋运输方式下，承运人签发的运输单据。根据发行对象的不同，海运提单可分为船东提单和货运代理提单，船东提单通常被称为主运单（master bill of lading，MBL），又称船东运单，货代公司签发的提单通常称作分运单（house bill of lading，HBL），又称货代运单。

出口商通过货运代理办理租船订舱时，海运提单的一般签发流程是：发货人填写订舱委托书给货运代理，货运代理向船公司订舱获取装货单发给托运人，托运人交货后，船公司签发主运单给货运代理，货代签发分运单给发货人。因此，主运单上的托运人是货运代理，收货人和被通知人是货运代理的目的港代理，分运单上面的托运人是发货人，收货人一般填写"凭托运人的指示"（To order of Shipper），被通知人一般为目的港收货人。

（2）航空运单

航空运单（airway bill，AWB）是由承运货物的航空公司或其代理人在接管货物后签发的一份货物运输单据，是托运人和承运人之间就航空货物运输所订立的运输合同。

空运提单一般为一式正本三份及副本若干份。第一份正本空运单由航空承运人（航空公司）留底，第二份正本将随同货物一道交收货人，第三份正本由承运人交托运人，托运人可凭此向银行办理出口押汇。

（五）其他单据

在国际贸易业务中，进口商有时会要求出口商提供船公司证明、受益人证明、装船通知等单据。出口商应根据合同及信用证的规定，在规定的时间出具相关单据。

（六）汇票

在出口贸易中，出口商通过缮制汇票，命令汇票付款人无条件支付票面金额。汇票的出票包括缮制汇票和提交汇票两个行为，因此，在信用证支付方式下，汇票的出票时间一般填交单期。汇票的票面金额往往根据合同的支付条款及信用证的规定，结合商业发票的金额来填制。例如，合同或信用证规定汇票金额为100%发票金额，则出口商应按商业发票中的货物总金额来填制汇票金额。

六、出口收汇与出口退税

（一）出口收汇

进口方按合同约定的支付条款，将货款支付至出口商的银行账户。出口商收到银行的收汇通知后，须带着相关资料到银行确认收汇，并按规定在国家外汇管理局网上服务平台上进行涉外收入申报。

出口商在国家外汇管理局网上服务平台的涉外收入申报单中录入申报信息，填好后点击保存，等待银行审核。经银行审核通过的，银行意见处会写上"审核通过"字样。出口商可以在系统中"数据查询——涉外收入已申报（已审核）信息查询"中查询已申报的信息，打印出来以备核查。

（二）出口退税

出口商自营或委托出口的货物，除另有规定者外，可在货物报关出口并在财务上做销售核算后，凭有关凭证报送所在地国家税务局申请退还或免征其增值税、消费税。申请退（免）税的货物必须是生产企业的自产货物或视同自产货物才能办理，符合条件的出口企业应当按照出口货物退（免）税的法定程序申请及办理退（免）税相关手续。

我国对出口外贸企业实行免退税政策，对出口生产企业实行免抵退税政策。出口企业登录"单一窗口"的口岸执法申报系统，通过出口退税（外贸版）或出口退税（生产版）申报系统在线申报出口退税。出口外贸企业凭出口结关报关单以及对应的供货商开具的增值税专用发票退税，退税申报期内，一个月可进行多次退税申报。出口生产企业是先"免"后"抵"，出口时不需要先交税，拿退税额去抵销应交税额，凭出口结关报关单以及出口发票退税，退税申报期内，一个月只能进行一次退税申报。

第二节　进口合同的履行

依法订立进口合同后，买卖双方都必须严格按照合同规定，履行各自的合同义务。进口方本着重合同、守信用的原则，按照合同、有关国际条约和国际惯例的规定，支付货物的价款并收取货物。进口商还要随时跟进出口商沟通履行合同的情况，督促出口商按合同规定履行其交货、交单和转移货物所有权的义务。采用不同贸易术语成交的合同，进口合同履行的流程也不同。以FOB贸易术语成交，采用即期信用证方式支付的合同为例，进口商履行这类进口合同的一般程序是：开立信用证、租船订舱、办理保险、审单付款、办理进口手续、提货。这些进口环节的工作，需要进出口公司与运输部门、海关、银行、保险公司等紧密配合，共同完成。

一、申请开立信用证

进口商与出口商签订以信用证为结算方式的国际货物买卖合同后，进口商应在合同规定的时间内向有关银行申请开立信用证，这是履行进口合同的第一步，是进口业务的重要环节。

进口商作为信用证业务的发起人，在合同规定的时间内向其外汇账户开户行或其他经营外汇业务的银行办理申请开立信用证手续，具体程序如下：进口商按合同填写开证申请书提交开证行，并向银行递交开证所需的相关资料，缴纳开证保证金及开证费用，开证行审核确认后开出信用证。

二、租船订舱

采用FOB贸易术语成交的合同，进口商承担租船订舱的责任。

进口方应与出口方保持沟通，及时了解、掌握出口方的备货情况。出口方一般在交货前一定时期内，将预计装运日期、地点通知进口方。进口方接到通知后，应提前向货运代理公司办理租船订舱手续，办妥后将船期、船名及时通知国外出口方，以便出口方做好出运准备。

三、办理保险

我国的进口货物保险一般都是采取预约保险合同的方式进行。进口商预先与保险公司签订预约保险合同，在租船订舱后一并把船名航次、预约保单号码告知出口方，以便其装运后向保险公司发出装船通知（保险通知书）。预约保险合同一般只载明保险标的物的范围、投保险别、保险责任、保险费率、保险合同有效期限以及双方当事人的其他相关权利和义务等。凡属于预约保险范围内的进出口货物，一经出运，保险公司接到装运通知后自动承保，从装运日起生效。

四、审单付款

根据UCP600规定，即期信用证开证行应在收到相符单据的次日起5个营业日内付款。开证行或付款行在收到国外寄来的汇票和单据后，一般将单据副本交由进口商审核。进口商应根据合同内容认真审核单据，对存在的不符点及时向开证行提出。若经验核，开证行认为单据符合信用证规定，则向议付行偿付票款，开证行一经付款，即无追索权。开证行付款后，进口商需向开证行提交付款赎单。

五、办理进口手续

进口货物的清关程序涉及海关对进口货物的监管、征税、查验、放行等一系列活动，以确保进口货物的合法性、安全性，并符合国家的相关法律法规。进口货物的收货人、受委托的报关企业应当自载货的运输工具申报进境之日起14日内向海关申报进口。申报期限的最后一天是法定节假日或休息日的，顺延至法定节假日或休息日后的第一个工作日。进口货物的收货人超过规定期限向海关申报的，由海关征收滞报金。进口货物自装载货物的运输工具申报进境之日起超过3个月仍未向海关申报的，货物由海关提取并依法变卖。对属于不宜长期保存的货物，海关可以根据实际情况提前处理。

我国货物进口涉及进口许可证、进口配额、进口报关、进口检验检疫等进口通关环节的申报，均可通过"单一窗口"口岸执法申报服务平台申报。进口报关审核通过后，进口商还需按要求缴纳进口关税或进口环节消费税、增值税。一般进口货物办结所有必要的海关进口通关手续，完全履行法律规定的与进口有关的义务后，可以进入生产或消费领域流通。

六、提货

通关一体化作业改革后，海关会将货物放行信息通过计算机同时发送给报关单位和货物存放的监管场所经营人，进口企业提取货物时直接凭电子放行信息办理。进口商通过申报系统查询获知海关放行后，从计算机上自行打印海关通知放行的凭证，凭以提取进口货物。仓库管理人员根据放行通知单安排货物出库，并将货物交给收货人。同时，仓库管理人员会收回相关的运输单据和费用单据。收货人对货物验收无误后，仓库管理人员会将相关的单据交还给收货人，进口商完成提货。

◇ 导入案例分析

在先导案例中，中方与澳大利亚客户以CIF贸易术语、即期付款交单的托收结算方式签订出口合同。在履行出口合同的过程中，出口商应围绕合同中的贸易术语及结算方式梳理出口商的义务，再结合出口货物实际逐一履行出口环节各个流程。本案例中，中方应做好出口备货、办理出口手续、租船订舱、办理货运保险，缮制全套结算单据提交出口地托收行委托银行收款等出口履约工作。

☑ 本章练习

一、单项选择题

1. 在我国，关于法定检验的进出口商品，以下说法正确的是（　　）。

A. 若合同中未要求提供检验检疫证书，则出口时无须向商检机构申请检验检疫

B. 无论进口或出口都须向海关申报检验检疫，检验合格方可进口或出口

C. 在出口时，可提交厂家检验合格证书替代官方检验合格证书

D. 在进口时，是否申报进口检验检疫由进口方自行决定

2. 海运出口报关的时间应在（　　）。

A. 备货前　　　　　　　　　　　　B. 货物装船后

C. 货物装船前　　　　　　　　　　D. 货到目的港后

3. 出口商履行CFR合同，以下不属于出口商履约义务的是（　　）。

A. 按合同规定备货　　　　　　　　B. 租船订舱

C. 办理货运保险　　　　　　　　　D. 缮制并提交货物单据

4. 以信用证方式结算的进口合同履行过程中，（　　）是信用证业务的发起人。

A. 进口商　　　　B. 出口商　　　　C. 开证行　　　　D. 通知行

5. 采用CIF贸易术语成交的合同，（　　）承担为出口货物办理货运保险的责任。

A. 保险公司　　　　B. 货代公司　　　　C. 进口商　　　　D. 出口商

6. 根据UCP600规定，即期信用证开证行应在收到相符单据次日起（　　）个营业日内付款。

A. 3　　　　　　B. 5　　　　　　C. 10　　　　　　D. 15

7. 中国进口货物的收货人、受委托的报关企业应当自载货的运输工具申报进境之日起（　　）日内向海关申报进口。

A. 5　　　　　　B. 7　　　　　　C. 14　　　　　　D. 30

二、判断题

1. 采用FOB贸易术语成交的合同，由进口商承担租船订舱的责任。　　　　（　　）

2. 合同中若未写明包装条款的，出口商无须对出口货物进行包装。　　　　（　　）

3. 商业发票是买方向卖方开具的发货价目清单，是装运货物的总说明。　　（　　）

4. 开证行对议付行提交的符合信用证规定的单据应履行偿付票款义务，开证行一经付款，即无追索权。　　　　　　　　　　　　　　　　　　　　　　　　　　（　　）

5. 出口外贸企业凭出口结关报关单以及对应的供货商开具的增值税专用发票退税，退税申报期内，一个月可进行多次退税申报。　　　　　　　　　　　　　　（　　）

三、简答题

1. 请简述履行CIF贸易术语、L/C支付合同的出口业务流程。

2. 请简述履行FOB贸易术语、L/C支付合同的进口业务流程。

3. 在进口环节中，海关向进口企业或收货人征收（包括代征）的主要税种有哪些？

参考文献
References

陈广，李珊.国际贸易制单实务 [M]. 4 版.北京：中国经济出版社，2024.

国际商会中国国家委员会.ICC 跟单信用证统一惯例（UCP600）及关于电子交单的附则（eUCP）
（版本 1.1）[M].北京：中国民主法制出版社，2006.

国际商会中国国家委员会.国际商会托收统一规则（URC 522）[M].北京：中国民主法制出版
社，2003.

汇票和本票统一法公约 [EB/OL]. (1930-06-07) [2023-09-02]. http://www.mofcom.gov.cn/article/
zhongyts/ci/200207/20020700032146.shtml.

季琼，秦雯.报关与报检实务 [M]. 4 版.北京：高等教育出版社，2020.

黎孝先，王健.国际贸易实务 [M]. 7 版.北京：对外经济贸易大学出版社，2020.

刘珉.国际贸易实务 [M]. 3 版.北京：中国人民大学出版社，2022.

刘卫红，尹晓波.国际结算 [M]. 3 版.大连：东北财经大学出版社，2018.

王垂芳.新编国际商务公约与惯例 [M].上海：上海科技教育出版社，1992.

张燕芳.国际贸易理论与实务（附微课）[M]. 3 版.北京：人民邮电出版社，2025.